岩波現代文庫／学術 216

家父長制と資本制

マルクス主義フェミニズムの地平

上野千鶴子

岩波書店

目　次

PART I　理論篇

PART I
理　論　篇

第一章　マルクス主義フェミニズムの問題構制

1・1　マルクス主義と女性解放

解放の思想は解放の理論を必要とする。誰が、何から、いかに、解放されたいのかを知らなければ、現状に対する不満や怒りのエネルギーは、方向を見失う。女性の抑圧を解明するフェミニズムの解放理論には、次の三つがあり、また三つしかなかったと言える。

1　社会主義婦人解放論
2　ラディカル・フェミニズム
3　マルクス主義フェミニズム［上野 1984：246］

社会主義婦人解放論、ラディカル・フェミニズム、マルクス主義フェミニズムの三つは、いずれもマルクス主義とそれに対する反措定または改訂として成立している。女性解放の理論が、マルクス主義の射程から脱け出ていないのは、マルクス主義だけが、ほとんど唯一の、(近代)産業社会についての抑圧の解明とそれからの解放の理論だったからである。

伝統的な社会主義婦人解放論は、差別と抑圧構造の解明に、階級支配という変数を持ってきた。それによれば、女性の抑圧は階級支配の従属変数であり、したがって階級支配の今日的な形態である資本制に反対する闘いが、女性解放のための闘いであり、プロレタリアの男性と女性とは、共闘しうるはずであった。階級支配が廃絶されれば、女性は自動的に解放されるはずであった。

だが、女性にとっては「近代市民革命」もそれにひきつづく「社会主義革命」も、「自由」と「平等」を約束されながら「裏切られた革命」に終わった。市民革命は「ブルジョアの解放」を、社会主義革命は「プロレタリアの解放」を約束したが、革命のあとに達成されたのは、女性のエネルギーを利用しながら、それぞれ「ブルジョアの男の解放」と「プロレタリアの男の解放」にほかならなかった。女性は、「身分」や「階級」という変数のほかに、自分たちを男から分かつ「性」という独立の変数に行きあたり、その理論化の必要に迫られた。

長い間女性運動を支配した社会主義婦人解放論に、最初の反措定をつきつけたのはウィメンズ・リブこと、ラディカル・フェミニズムである。

ウィメンズ・リブの初期のにない手が、共通して、六〇年代末に全世界を同時代的に席捲したステューデント・パワーの落とし子だった「裏切られた女社会主義者」であった、という事実は興味深い。イギリスではシーラ・ローバサム[Rowbotham 1973]のような人が、そうである。フランスでも六八年「五月革命」の高揚を背景に、中絶自由化を求める動きが出てきた。日本で最初のリブ大会が開かれたのは一九七〇年。六〇年代末までにステューデント・パワーの波がすべて鎮静したあと、ラディカル・フェミニズムは産声を挙げ、新左翼の運動の中にある性差別に対する批判や告発を、つぎつぎとあらわにした。

ラディカル・フェミニズムが主として依拠したのはフロイト理論である。

七〇年以降の女性解放理論の中で、フロイト理論があれほど影響力を持った理由を、北米文化圏で精神分析学が流行の思潮だから、という理由だけで説明することはできない。フロイト理論は、事実上、マルクス主義に並ぶ、近代社会の抑圧の構造を解明するためのもう一つの社会理論だった。フロイトの学説を、社会とは無縁なたんなる「心理学」の理論だと見なす誤解に対しては、はっきり正しておかなければならない。「エディプス・コンプレックス」とは、ギリシャ神話に想を借りたらちもない妄想なのではなく、「息子が父になる物語」なのであり、それを通じて男の子が父との同一化を果たすメカニズムのことである。女性の側から見れば、それは、女児が「男根羨望」を通じて自分の劣等性を内面化し、「性支配」のもとへ組みこまれていくプロセスを意味する。フロイトの心理学説は、人がいかに父と母、息子と娘になっていくかについての物語、つまり、「家族」という制度の再生産のメカニズムについての理論であった。この「家族」という制度は、性と世代の間に抑圧的な差別の構造を組みこんだ「家父長制 patriarchy」と呼ばれる歴史的形態を持っていた。

フロイト理論がマルクス主義とちがう点は、マルクス主義が抑圧からの解放をめざすのに対して、フロイトの理論は、抑圧への適応――精神分析医はこれを「治療」と呼ぶ――をめざすことである。フロイト理論は、たしかに家族が抑圧の構造であるということを解明する。しかし、この抑圧の被害者である個人が、抑圧からの解放を求めてヒステリーのような心身症状を示せば、精神分析医はヒステリーの少女を「患者」と呼ぶことで抑圧の構造の方を救い出し、患者の抑圧への再適応を「治療」という名のもとにおしすすめる。その意味で、フロイト理論は、抑圧の構造を解明する理論ではあっても、解放の理論ではなかった。

フロイト理論を「解放の理論」たらしめるには、だから、フロイト理論の修正が必要であった。ライヒ、マルクーゼら、フロイト左派が行なったのはフロイト理論の読みかえもしくは逆転であった[1]。フロイト理論の影響下にあったフェミニストたちもまた、フロイト説をフェミニズムと適合させるために、ジュリエット・ミッチェルのように「フロイト理論から反フェミニズムのすべての痕跡をとり除こうとした」[Kuhn & Wolpe 1978＝1984：17]。

ラディカル・フェミニストたちが、フロイディズムに訴えることによってなしとげようとしたのは、マルクス主義の解明が及ばない「家族」という再生産の領域の存在と、その抑圧の構造の解明であった。マルクス主義は近代産業社会の抑圧の構造の解明にはすぐれた分析力を発揮したが、「市場」の及ぶ範囲がまたマルクス理論の限界でもあった。「市場」を「市民社会」と同一視すれば、「市場」の外に「社会」はないことになるが、実は「市場」の外には市場原理の及ばない「家族」という領域があって、そこへ労働力を供給していた。近代が社会領域 social sphere を公／私に分割したあと、私領域についての研究は、「自然」や「本能」の名のもとに、手つかずに残されてきた。たとえメンバーが父・母・子供の三人という極小の核家族であっても、それはれっきとした「社会領域」であり、フロイト理論はこの「家族」という市場の外にあるもう一つの「社会制度」を再生産するメカニズムについての、立派な「社会理論」だった。

言い換えればフェミニズムは、フロイト理論の助けを借りて、近代社会の社会領域が「市場」と「家族」とに分割されていること、この分割とその間の相互関係のあり方が、近代産業社会に固有の女性差別の根源であることを、突きとめたのである。

階級支配についての理論を私たちはマルクス主義という名前で持っていたけれども、もう一方で性支配についての理論も、それを明示的にではなかったが、すでに私たちは持っていた。それがフロイト理論だった。そう理解すると、ラディカル・フェミニストがなぜあれほどフロイト理論に傾倒し、フロイト理論とマルクス主義とを統合しようとしたかがわかる。二十世紀思想の中でマルクスとフロイトは二大巨人でありつづけ、この射程を私たちはいまだに脱け出ていない。

1・2　市場とその〈外部〉

ラディカル・フェミニストは「市場」の外部に、「家族」という社会領域を発見した。「市場」が社会の全域をおおっているという前提は誤りで、「市場」には限界とその〈外部〉が存在することが明らかになる。「市場」の限界は、同時に市場についての理論であったマルクス主義理論の限界でもある。マルクス主義者の誤りは、「市場」の支配が社会に全域的に及ぶと考えたところにあった。

ラディカル・フェミニズムが、六〇年代末の対抗文化運動 counterculture movements の中から生まれてきたという事実は、示唆に富んでいる。「市場」の限界は同時に「近代」

の限界でもあった。近代批判として登場した対抗文化運動は「市場」の外側にあるものを次々に明らかにすることで「市場」の行き詰まりを告発していった。

彼らが「市場」の外部に発見した二つの領域とは「自然」と「家族」であった。「市場」は閉鎖系ではなくその実、開放系だったにもかかわらず、たとえば近代経済学は、「市場」内部を閉鎖系としてその中の交換ゲームを扱うというやり方をとってきた。だが、システムには必ずそれに関与する外部「環境」がある。「市場」というシステムもまた「自然」「家族」という二つの「環境」から、ヒトとモノとをそれぞれインプット・アウトプットしていたのである（図1）。「自然」という環境からは、「市場」はエネルギーと資源をインプットし、代わりに産業廃棄物をアウトプットする。この「自然（という）環境」は、ブラックボックスのように見えない存在だった。長い間「自然環境」にとってはエネルギー・資源も無尽蔵なら、汚水やガスのような廃棄物の環境自浄力も無限と思われてきた。

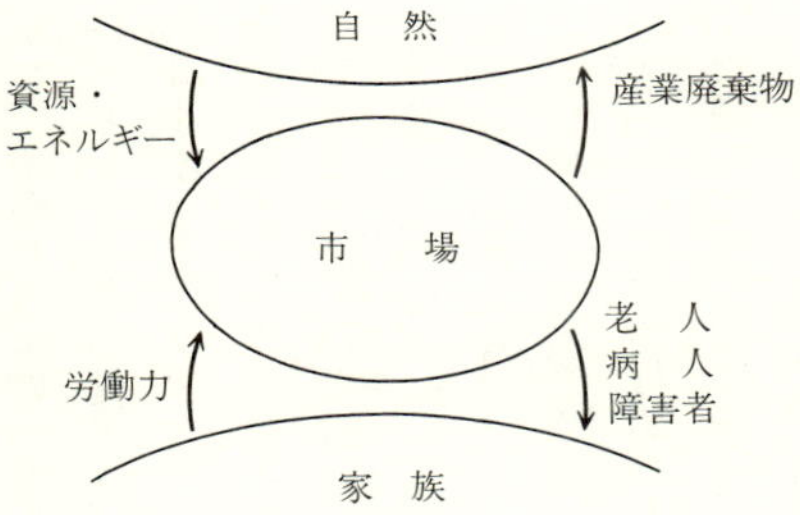

図1

だが、六〇年代高度成長期を通じての日本の産業化の完成は、環境から市場へのインプットにもアウトプットにも、限界があることをあらわにした。インプットの側では、資源・エネルギー危機が七三年のオイルショックとなって成長の夢を壊したし、アウトプットの側では、水俣病の悪夢が、産業廃棄物公害の恐ろしさを通じて自然の自浄力の限界を私たちに示した。

　フェミニストが「市場」の外側に発見した「家族」という環境も、「自然」と驚くべき類似性を持っている。「自然」と「市場」との関係および「家族」と「市場」との関係の間には、論理的なパラレリズムがある。「家族」は第一に、性という「人間の自然」にもとづいている。「家族」という領域から「市場」は、ヒトという資源を労働力としてインプットし、逆に労働力として使いものにならなくなった老人、病人、障害者を「産業廃棄物」としてアウトプットする。ヒトが、「市場」にとって労働力資源としか見なされないところでは、「市場」にとって意味のあるヒトとは、健康で一人前の成人男子のことだけとなる。成人男子が産業軍事型社会の「現役兵」だとしたら、社会の他のメンバー、たとえば子供はその「予備軍」だし、「老人」は「退役兵」、病人や障害者は「廃兵」である。そして女は、これら「ヒトでないヒト」たちを世話する補佐役、二流市民として、彼らと共に「市場」の外、「家族」という領域に置き去りにされる〔図2〕。健康な成人男子だけを「人間 man」と見なす近代思想のもとでは、その実、子供は「人間以前」の存在だったのだし、他方で老人は「人間以後」の存在、女性は「人間以外」の存在なのである。近代主義的な「人間」の概念は、必然的に「人間《ヒト》でない」人々を生み出し排除することによって成り立っていた。

しかし六〇年代末から七〇年代にかけて噴出してきた「家族」問題は、この家族が、インプットの側ではヒトという資源の供給源として無償でかつ自動的に働くわけではなく、またアウトプットの側では「廃棄物」となったヒトを受け容れ支えるキャパシティが無尽蔵だというわけでもない、という事実を示した。女たちは、「家族」という「市場」の外部を支えるコストが、もっぱら女たちの肩にのみかかっている重圧に対して、悲鳴をあげ、抗議をしたのである。

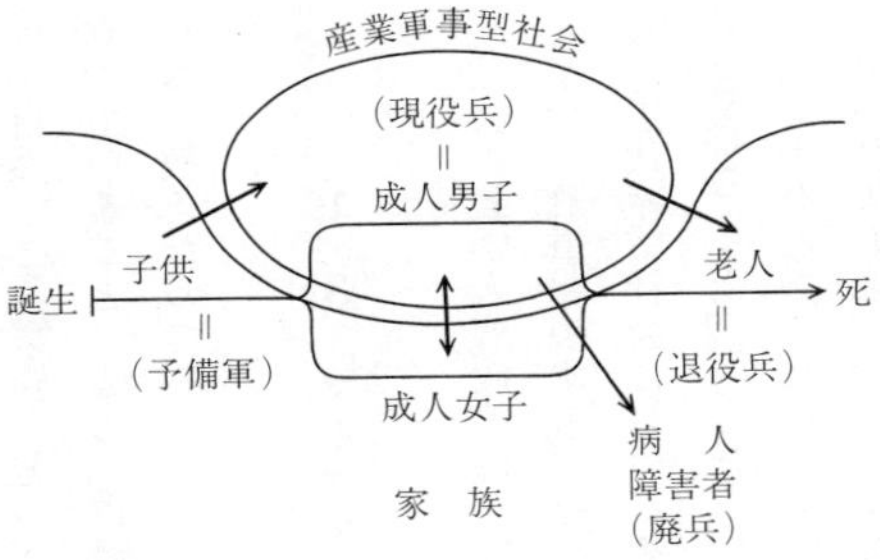

図2

「自然」の崩壊と「家族」の解体は、モノの生産とヒトの生産について、「市場」というシステムが、何を支払ってきたか(そして何を支払ってこなかったか)を、私たちの目の前に明示した。それは、「市場」には「自然」と「家族」という〈外部〉があり「市場」はこの〈外部〉に依存してはじめて成り立っていること、この「市場」にとっての環境を維持するにはコストがかかることを、私たちに教えたのである。

1・3 マルクス主義フェミニズムの成立

社会主義婦人解放論は女性解放を社会主義革命に還元し、ラディカル・フェミニズムは性革命を最重要視する。それぞれの背後には、階級支配一元説と性支配一元説とが存在する。近代産業社会における階級支配の歴史的に固有なあり方を、マルクス主義は「資本制 capitalism」と名づける。同じくフェミニストはブルジョア単婚家族における性支配の歴史的に固有なあらわれ方を、「(近代)家父長制 patriarchy」と名づける。

マルクス主義フェミニズムは、階級支配一元説も性支配一元説もとらない。両者は相互に排他的な、二者択一のものではない。マルクス主義に対する批判を通過したフェミニズムは、行きすぎた性支配一元説を反省して、むしろ社会領域の「市場」と「家族」へのこの分割それ自体を問題視する。そしてこの分割から出発してその間の相互依存関係を問おうとする。マルクス主義フェミニストがとりあえず採用する立場は、階級支配と性支配とをそれぞれ独立変数と見なして、相互の関係の固有に歴史的な形態を解明しようとすることである。この立場からは、近代社会に固有の抑圧の形態は「家父長制的資本制 patriarchal capitalism」と呼ばれる。近代社会の中で、女性は「資本制」の抑圧だけでなく「家父長制」の抑圧もともに受けている。

(ネオ)マルクス主義フェミニズムは、だから、(オールド)社会主義婦人解放論と、それに対するアンチテーゼであったラディカル・フェミニズムとの間の、統合もしくは止揚として登場した。だから、彼女たちは、フェミニスト・マルクス主義者でも女マルクス主義者でもない。彼女たちは、まず第一にフェミニストであり、フェミニズムの目的のためになら、マルクス理論の利用をためらわず、必要ならその改訂も辞さない人々である。彼女たちは教条的なマルクス主義解釈に、必ずしも忠実ではない。この作業は、マルクス主義のフェミニズムへの適用ではなく、むしろフェミニズムの視点からのマルクス主義の読みかえである。

> フェミニストの視点からマルクスの原典という聖域を侵犯し、その改訂を辞さない一群のチャレンジングな人びとだけを、私はマルクス主義フェミニストと呼ぶ。［上野 1984：255］

マルクス主義フェミニズムは、だから、私たちが生きている「いま・ここ」の社会——

「近代産業社会」と呼ばれている――の中での女性の抑圧の構造を解明するには、「マルクス主義」と「フェミニズム」の二つの理論装置が、二つながら必要であることを認める立場である。念のために付け加えておくが、マルクス主義そのものの理論的射程はフェミニズムを超えているし、逆にフェミニズムの問題意識はマルクス主義の〈外部〉にある。マルクス主義とフェミニズムの間の相互作用を通じて両者はそれぞれに変容をとげるが、だからと言ってそれはフェミニズムがマルクス主義に還元されることをも、その逆をも意味しない。とりあえず私たちに要求されるのは、おのおのの理論の射程と限界を見きわめ、その限りでの理論構築の可能性を注意深く追求していくことである。

1・4　ブルジョア女性解放思想の陥穽

私がフェミニズム理論の系譜の中に、なぜ近代主義的なブルジョア女性解放思想を含めないか、について論じておこう。

私がフェミニズムの理論的系譜に、社会主義婦人解放論、ラディカル・フェミニズム、マルクス主義フェミニズムの「三つがあり、三つしかない」と書いたことに対して、水田珠枝氏から、私が自由主義的な女性解放思想を過小評価しているとの批判を受けた。

なるほど、社会主義婦人解放論が存在していた時代に、一方ではつねに婦人参政権運動のような「女権拡張運動」や廃娼運動のような「被害者救済運動」があったし、たしかに無視できない成果を納めてきた。むしろ、こちらの運動の方が、日本の社会では少数派の運動として孤立していった社会主義婦人解放論に比べて、はるかに大きな大衆的基盤を持っていた。こうした運動があるからこそ、私たちは、私たちの先輩が女性解放のために闘ってきた、と言いうる輝かしい歴史を持つことができる。

近代の生み出した女性解放の思想は、「女性の権利 women's rights」の擁護から始まったが、それは何びとからも奪い得ない自然権としての「人権 human rights」の思想にもとづいていた。「女だって人間よ」という認識が女性解放の第一歩だとしたら、フェミニズムは近代のもたらした人権思想のうちにその根拠を持っていた。したがってそれは近代の生んだ「人間」という概念のうちに、その根拠も限界も同時に持っていたのである。

だが「女性の権利」はたしかに解放の思想だが、はたして解放の理論だろうか？　ブルジョア女性解放思想は「女性の権利」という「正義」が行なわれることを要求するけれども、この「正義」がなぜ達成されないかの社会的メカニズムについてのどんな解明もしない。近代社会で、なぜ女性が、必然的に「二流市民」になってしまうかという「抑圧の構造」を分析する理論装置を、ブルジョア女性解放思想は持たない。

ブルジョア女性解放思想は、原則的に「自由」と「平等」という「市民革命」の原理を共有している。だとしたら「人権」が「女権」にまで拡張されない「不正義」の原因は、(1)市民革命が「封建遺制」を払拭しない「不徹底な革命」であったか、それとも(2)市民革命の途中で「男による裏切り」が行なわれたか、のいずれかに帰せられる。前者の場合は「諸悪の根源」は前近代的な「封建遺制」であり、後者の場合は不合理な「反動」である。いずれの場合も、女性の解放は、市民革命をより徹底しておしすすめることによって達成されると考えられている。

だが、「封建遺制」と見なされている日本の「家」制度がその実、資本制の成立とともに誕生した近代的な制度であるという指摘[伊藤 1982, 青木 1983]のように、近代が公領域と私領域の両方をいっきょに析出したという見方が公認されてきている現在、ほんらい性別を問わず女も男もともに「自由な市民」として解放するはずだった市民革命が、なぜ男だけを解放し、女は解放しなかったかについて、構造的な解明がなされなければならない。「市民革命」は「社会主義革命」同様、女にとっては「裏切られた革命」に終わった。一九二五年、日本で二五歳以上の成人男子のすべてに選挙権を与えた普通選挙法(普選法とはよく恥知らずにも名づけたものだ!)の施行を、「女に選挙権が拒否された日」として長く記憶にとどめたという市川房枝のような婦人参政権運動家たちは、市民革命が女にとって「裏切られた革命」だということをよく知っていた。水田珠枝氏自身が、ブルジョア自由思想が、ジャン＝ジャック・ルソーのはじめから女性差別を構造的に組みこんでいたことを論証している［水田 1979］。それは、ルソーが「不徹底な思想家」であったからだろうか？　否、「男の裏切り」には、それだけの必然的な理由があったはずなのである。それを解明しないでブルジョア自由主義の理想だけを共有することは、「正義」の実現を声高に叫ぶか、さもなくばすでに既得権をかくとくした人たちに「恩情」を乞うかのどちらかに堕してしまう。

解放の理論を欠いた解放の思想は、啓蒙もしくは運動論に帰着するほかない。女性解放運動家にとっては、この世の中は、「性差別」という「社会的不公正」がはびこる野蛮な社会であり、この「不正義」を許しているのは、「男性の横暴」と「女性の蒙昧」だということになる。「すすんだ理想」と「おくれた現実」――これが近代主義フェミニストがしばしば陥る「フェミニスト進歩史観」である。そして「すすんだ理想」と「おくれた現実」のあいだを埋めるのは、「啓蒙」という名の、徒労に似た「シジフォスの労働」だけになる。

フェミニスト啓蒙主義者にとって、問題になるのは人々のおくれた意識だけである。「おくれた意識」を変えるのは、啓蒙の力である。啓蒙と教育によっても変わらない頑迷《がんめい》固陋《ころう》な人々に対しては、パワー・ポリティックスしかない――つまり運動の力で政治の場において彼らを少数派に転落させることである。

啓蒙主義者にとって真理はつねに単純である。「男女平等」というこの単純な真理を受け容れることのできない人々は、啓蒙主義者の眼には、まったくの「不可解」と映る。この「度しがたい人々」は、真理の力で救済することができなければ、力の論理で封じるほかはない――この考え方は、強姦に反対するあまり、治安警察国家を招きよせてしまいかねない女性運動の背理に通じている。フェミニスト啓蒙主義者の陥っているワナは、「男女平等」というこの「単純な真理」に、なぜこの社会が到達しないか、についての構造的な分析を欠いていることにある。その上で啓蒙家でありつづけるためには、疲れを知らない精神の持ち主である必要がある。

女性解放のエネルギーが向かうもう一つの方向は、プラグマティックな被害者救済型の運動である。北米大陸の白人中産階級女性のフェミニズムは、プラグマティックなボランティア活動の良き伝統を引いているが、彼女たちは、理論を語るまえに、夫に虐待された妻のための避難所や、未婚の母のためのクリニックをさっさと開設し、運営する。彼女たちは目前の活動に忙しくて、「理論なぞ必要ない」状況にある。

この二十年、各地にそうした強姦救援センターやウィメンズ・クリニックができた。そしてそれは、フェミニストたちの精力的な活動のおかげで維持されている。しかしそこに次々に送りこまれてくる殴られた妻や、妊娠した十代の少女たちに対して、何が彼女たちを「被害者」の立場に置くのかを構造的に知らなければ、彼女たちに援助を与えるフェミニストの活動は、終わりのない徒労ではないだろうか。かつそうした活動を通じて、運動家たちは自分を「加害―被害」の構図から「部外者」として救い出し、フェミニズムの理想の高みへと、しばしば超越してしまう。理論を欠いた思想は、しばしば信念や信仰へと還元されてしまいがちである。

くり返すが、解放の思想は解放の理論を必要とする。理論を欠いた思想は、教条に陥る。女性解放のために理論はいらない、と言う人々は、反主知主義の闇の中に閉ざされる。

1・5　近代批判としてのフェミニズム

フェミニズムの社会理論は、近代批判から出発した。性差別は、「近代」のただ中にあった。それは「近代」に「あるはずのない」もしくは「あってはならない」ものどころか、それなしには「近代」が成り立たない構造的な要因として、組みこまれていた。それは「前近代の残滓」でもなければ「近代の不徹底」でもなかった。フェミニズムはこの近代的な性支配のしくみを、構造的に解明しようとした。

フェミニズムは近代が産んだ思想だが——その限りで、マルクス主義やフロイト理論が近代の思潮であるのと同じである——同時代批判の理論として成立した。フェミニズムを近代主義と等置する人々は、ただこの事情に対する無理解を表明している。フェミニズム理論の多様な錯綜は、「近代」をどう解釈するかをめぐって展開している。

（1）「パリの五月」の落書きの中で、「オーガズム、それこそがボクにとっての革命だ」と、政治革命と性革命が「解放」のイメージの中で等置されていたことは有名である。ドイツのステューデント・パワーの闘士、ノーマン・ブラウンも、マルクーゼの影響下にあった。だが、それもまた「男の性の解放」であって「女の性の解放」でなかったことに、フェミニストは不満を持っていた。

第二章　フェミニストのマルクス主義批判

2・1　階級分析の外部

フェミニストのマルクス主義に対する批判は、ジャッキー・ウェストの次の一語に尽くされる。

「家族は階級分析の外にある。」[Kuhn & Wolpe 1978＝1984：204]

マルクスは「階級」という概念をキイタームとして社会構造を分析するが、「階級」とはもともと生産関係をめぐる概念であった。生産手段の所有／非所有をめぐって支配階級と被支配階級とが分化する。近代産業社会では、生産手段は「資本」と呼ばれるから、この資本をめぐって、それぞれ資本家(ブルジョア)と労働者(プロレタリア)とが成立する。労働者とは、生産手段を自己所有しないために、自らを労働力商品として市場で売り払うほかないような存在である。この労働市場には、労働力商品をめぐって二種類の人々が登場する。つまり買い手と売り手、使用者と被雇用者である。市民社会の政治は、生産関係をめぐってこの二つの階級の間で争われる。(1)

ところでこの「労働市場」に登場しない人々、女・子供・老人はどうか。彼らは「市場」の側からは目に見えない invisible 存在である。彼らは市場にあらわれないが、市場の外にバラバラに孤立して存在するわけではない。彼らは市場の外、「家族」と呼ばれる領域に隔離されて、家長労働者に扶養されている。市場に登場する人々だけが「市民 citizen」だとしたら、女・子供・老人は「市民」ではない。彼らはブルジョアジーでもなくプロレタリアートでもなく、ただブルジョアジーの「家族」(被扶養者 dependant)(2)とプロレタリアートの「家族」にすぎない。そしてこの「家族」の領域に、ウェストの言うとおり、マルクスの「階級分析」は届かない、のである。

マクダナウとハリソンも「マルクスの著作の中には、女性に特有の従属について分析しようとする関心はほとんど見られない」[Kuhn & Wolpe 1978＝1984：38]と書く。彼女たちはまた「マルクスが万国の労働者に団結を呼びかける時、おそらくきっと彼は、男性たちに呼びかけているのだろう」と言う。

しかしこのことは、マルクスがフロイト的な意味で「男権的」であったことも、女性の解放に関心がなかったことも意味しない。マルクスにとっては「プロレタリアに固有の従属」はあっても「女性に固有の従属」はなかった。「女性に固有の従属」は「プロレタリアに固有の従属」に内属し、それに還元されたのである。だからこそ、「プロレタリア革命」によって、女性もまた自動的にかつ最終的に、解放されるはずであった。

フェミニストのマルクス主義に対するこの批判は当たっている。マルクス理論は非常に精緻にできた市場の理論だが、同時に市場の理論でしかなかった。マルクスおよびマルクス主義者に誤りがあるとすれば、市場という社会領域が社会空間を全域的に覆いつくしていると仮定したところにあった。しかしこれは、マルクスだけの限界ではない。市民社会の自己定義が、もともとそのように全域的なものだったのである。マルクスはただその同時代人と共に、この市民社会の自己定義を共有していたにすぎない。マルクスに「限界」があるとすれば、マルクスもまた自分の属する時代を超えられなかった、ということだが、この限界は、マルクスのみならず私たちのすべてが共有している「限界」でもある。

市場は全域的な見かけを持っているが[3]、事実上は〈外部〉環境を前提しており、それに依存している。市場というシステムは、この〈外部〉を、ブラックボックスのように見えないものにする。市場は自己に内在的な論理のもとに、自律的 automatic に運動していると考えられている。市場は環境条件に非関与で、まして環境条件の側から逆に規制されることもない。したがって、市場で特定の商品が売れるとなれば、その商品は「環境」から無尽蔵に市場へと流れこみ、供給過剰で需要が飽和状態になるか利潤率を割るまでは、ストップしないと考えられている。「環境」条件によって供給そのものに制限が加わることなど、市場にとっては予想外のノイズなのである。

労働市場についても同じことが言える。労働市場もまた〈外部〉環境から、労働力という資源を調達しなければならない。マルクスはこの〈外部〉の存在に気づいていたが、次のように書く。

労働者階級の不断の維持と再生産とは、依然として資本の再生産のための恒常的条件である。資本家はこの条件の充足を安んじて労働者の自己保存本能と生殖本能とにまかせておくことができる。（『資本論』[Marx 1867 = 1969 : 3 巻 112]）

「本能」とは市場から独立した、市場が関与することも統制することもできないような変数のことである。労働力の再生産を、「本能」という定義できない不可知の変数に「委ねた」時、マルクスは、労働力再生産のための条件を、市場の〈外部〉へブラックボックスとして放逐し、それによって資本家同様、家族の分析を「安んじて」放棄した。

市場が労働力の再生産を「労働者の本能に安んじて委ね」たというのは、マルクスの有名なフレーズである。本能とは元来そういうものである、というのは、本能について無定義を重ねるだけのトートロジーであって、説明にならない。マルクスが「安んじて」労働力再生産の本能説を唱えることができたのには、それ相応の理由がある。

　第一に、この時代の資本家は、高い失業率と高い出生率のおかげで、労働市場への労働力の調達について心配せずにすんだ、という歴史的背景がある。労働市場は、市場の〈外部〉に、いつでも労働力商品に転化できる潜在的な労働力予備軍を必要としている。労働市場は、ただ顕在的な労働力(売れた労働力＝雇用者)と潜在的な労働力(売れない労働力＝失業者)との間の境界として成立しているにすぎず、この境界は、開放的で流動的である。他のすべての商品と同じく、労働力もまた、売れた時にはじめて商品に転化する。したがって労働市場が成立するためには、必然的に失業者および労働力予備軍の存在が不可欠とされる。考えてみれば、初期の産業資本制とは、自給的 subsistent な農業経済に付着した、それ自体が〈外部〉経済であった。この〈外部〉が膨張し自立をとげる過程で市場経済は成立したが、その成立期において、この〈外部〉の〈外部〉は、いわば無尽蔵だったのである。

　しかしこれはもちろん、歴史的な条件に依存している。資本家は労働力の再生産をいつでも「安んじて労働者の本能に委ねる」ことができるとは限らない。今日の西独の出産奨励策や、逆に中国の一人っ子政策などを見ると、「生殖本能」というものが時代の与件によって変わりうること、かつそれは直接・間接の統制の対象になることがわかる。国家が統制すればそれは「直接」の管理と見えるが、市場もまた再生産を統制しているにはちがいない——ただ間接的なしかたで。「生殖を本能に委ねる」ことを「自由放任(レッセ・フェール)」と言うが、これは「自由放任」という名の(間接)統制のことにほかならない。「レッセ・フェール」と言われる市場経済そのものが、その実「レッセ・フェール」という名の市場メカニズムの間接統制のもとにある。産業社会は、生産の領域も再生産の領域も、「レッセ・フェール」という名の同じ統制のメカニズムのもとに置いた。(4)

マルクスに、「自由」経済市場の「自由」な統制のメカニズムのカラクリは見えた。『資本論』の中で、彼は「自由」な市場がいかにそのメカニズムを通じて、失業と恐慌という「不自由」に不可避的に陥っていくかを、完膚なきまでにあばき出した。だが、マルクスには、再生産領域の「自由放任」のカラクリは見えなかった。彼には、労働力の再生産は、人間の「自然過程」と見えた。

不思議なことに、マルクスには、男と女の性分業は、男と女の身体的差異にもとづく「自然」な分業と見なされている。マルクスは階級の間の対立や、「精神労働」と「肉体労働」の間の「分業」を、「自然」なものとは見なさなかったが、性分業は、これを「自然」なものと見なして不問に付している。「性」という階級対立は、自明視されるあまり、これほど見えにくいものである。あることがらを「自然」と見なすのは、それを不問に付すことである。マルクスは、「自然」な女性観を、同時代人と共に共有していた。フェミニストがマルクス主義について指摘したのは、この限界——性と生殖、したがって家族を「自然過程」と見なしたことによって、家族がマルクス理論の分析の射程に入ってこないという限界——だった。

しかしマルクス理論の限界は、マルクス自身の限界であるというより、市場の限界の反映だった。家族を市場の外に置いたのは、マルクス主義ではなく、市場そのもののほうだったからである。マルクス主義は、ただ市場の理論として、市場とともにこの限界を共有したにすぎない。市場が全域的なものだと仮定せず、マルクス理論にも包括性を要求しないならば、私たちはマルクス理論にないものねだりをしてこれを批判するよりは、その到達点を、限界とともに積極的に評価することができる。マルクス主義フェミニストがマルクス理論を「利用」するのも、その意味でである。

2・2　〈市場〉と〈家族〉——その弁証法的関係

家族が「階級分析の外にある」ことは、家族という領域が、階級支配、したがって資本制の抑圧の〈外部〉にあり、それから自由だということを意味しない。戦後、日本でくり返された主婦論争の中には家庭が資本制の抑圧からの「解放区」であるという、家庭擁護論や主婦賛美論があらわれる[上野 1982, 松田 1979, 武田 1972](5)。この考え方は、反市場原理派には魅力的な考え方だが、そこには「家族」が「市場」から独立 independent で非関与 indifferent な領域だという(あるいはそう思いこみたい)誤ったファンタジーがある。第一に、市場と家族の間のこの分離を作り、それを強いたのは市場の側であり、第二に市場の〈外〉にいる人々はまさに市場のつごうによって市場から排除されたのであり、第三にこの市場の〈外部〉の存在によって誰よりも利益を得ているのは市場そのものだからである。

女性は労働市場に参入することによってなるほど資本の直接的な支配下に入るが、家庭にとどまっていても、資本の間接的な支配を受けている。「間接的な」というのは、「より緩やかな」支配を意味しない。「間接的な」というのは、ただ直接的な目に見える visible 支配に対して、目に見えない invisible 支配という意味にすぎない。貨幣経済以外の生存 subsistence のオルターナティヴを奪っておいて、経済的に依存させるようにしむけた上で、「誰が養ってやっているんだ」という権力支配に組みこむことの、どこが間接支配だろうか。これもまた一つのむき出しの支配にはちがいない。それが「間接」なのは、ただ「市場からは見えない」という意味においてである。

第二に、逆に女性が市場へ出れば「市民」としてカウントされることになるかといえば、必ずしもそうとは言えない。ブルジョア女性解放思想と社会主義婦人解放論とは、女性の職場進出が解放の戦略だと考える点で、奇妙な一致を見せている。

女性の解放は、全女性が公的産業に復帰することを第一の前提条件とする。(エンゲルス『家族・私有財産・国家の起源』[Engels 1891＝1965：98])

女性が労働市場に参入しても、女性自身が自分の労働力を自己所有していなければ、女性は労働市場の中で奴隷化するだけである。たとえば娘を年季契約で勤めに出してその賃金を親が前借したり、妻の勤め先に行って夫が妻の給与を受けとったりするような慣行があるところでは、女性は自分の労働力を自己所有した自由な労働者とは言えない。

女性が労働力を自己所有している場合でも、女性は労働市場に、不完全な、二流の労働力として現れる。市場の〈内部〉は——理論的には——性に非関与だが、市場の〈外部〉はそうでない。性に関与的な市場の〈外部〉すなわち家族の編成原理を、市場は隠密裡にとりこんで、性という変数を搾取しようとする。男女賃金格差はその例である。

このように、女性にとっては市場から〈外〉へ出ることが解放でもなければ、市場の〈内〉へ入ることが解放でもない。この二つの方向は、両極端のように対立しているように見えるが、その実、市場とその〈外部〉とが相互に独立しているという同じ前提に立っている。しかし市場の〈外部〉が市場から自由でもなければ、市場は〈外部〉から独立してもいない。

市場が〈外部〉を否認する全域性を持っていると仮定するのも誤りだが、市場が〈外部〉から、あるいは〈外部〉が市場から、それぞれ独立した閉鎖系だと考えるのもまちがっている。市場とその〈外部〉との関係は、相互依存的なものである。

マルクスが見落としたこの市場の〈外部〉に、フェミニストは、家族というもう一つの社会領域を発見した。家族は、市場に対して労働力の再生産という機能を担っていた。家族は労働市場に人間という資源をインプットし、アウトプットする端末だったのである。

この家族は、本能の「レッセ・フェール」のもとに置かれたわけではなく、それ自体が一つの再生産の制度であった。この中で、人々は再生産をめぐる権利・義務関係に入り、たんなる個人ではなく、夫／妻、父／母、親／子、息子／娘になる。この役割は、規範と権威を性と世代とによって不均等に配分した権力関係であり、フェミニストはこれを「家父長制 patriarchy」と呼ぶ。再生産の制度は歴史貫通的に存在するが、近代社会に固有なその歴史的な形態は、家父長的なブルジョア単婚家族である。この単婚家族内の家父長制的な性支配のメカニズムを、フロイトはエディプス・コンプレックスと呼んだ。エディプス・コンプレックスはまた、それを通じて再生産の制度それ自体が再生産されていくしくみでもあった。(6)

市場とその〈外部〉すなわち家族との関係、歴史的な名称を使えば資本制と家父長制との関係とその対応を図示すれば、表1のようになるだろう。

マルクス主義フェミニズムは、階級支配一元説も、性支配一元説もとらない。とりあえず資本制と家父長制という二つの社会領域の並存を認めて、その間に「弁証法的関係 dialectic relation」(7)[Sokoloff 1980]を考える。「弁証法」というのは、矛盾と調和の弁証法ということである。資本制と家父長制とは互いに対立しあうこともあれば、たまたま調和して

表1

制　度	資本制	家父長制
社会関係	生産関係	再生産関係
社会領域	公	私
支配形態	階級支配	性　支　配
歴史的形態	市　　場	ブルジョア単婚家族
統制原理	市場原理	エディプス・コンプレックス
社会理論	マルクス理論	フロイト理論

表2

	家父長制	資 本 制
家庭	(1)	(2)
市場	(3)	(4)

典型的には，市場において作用するものは，マルクス主義の主張するごとく階級関係であると考えられているし(4)，家父長制という概念はその家庭における作用を示すために考えられたものである(1)．女性労働の弁証法的諸関係という概念は，われわれに家庭における階級(2)と，市場における家父長制(3)について探求することを可能にする[Sokoloff 1980＝1987：267]．

相互補完的に機能することもある。それは一方が不可避的に他方を随伴したり、必然的に相関したりするという関係ではない。生産関係と再生産関係が資本制と家父長制という歴史的に固有の形態をとり、互いに「弁証法的」に関係しあって成り立ったこの近代産業社会に固有のあり方を、マルクス主義フェミニストは「家父長制的資本制 patriarchal capitalism」と呼ぶ。

ナタリー・ソコロフによれば、資本制と家父長制との「弁証法的関係」は表2のように図式化できる。

したがって「女性労働の弁証法的関係において、家父長制的資本制のマルクス主義フェミニスト理論家(後期マルクス主義フェミニスト)(8)の理論的枠組みは、女性労働を理解する上で、最も強力であり、包括的である」[Sokoloff 1980 : 267–268]。

2・3　性支配の唯物論的分析

マルクス主義フェミニズムとは、したがって「フェミニストの問いに対するマルクス主義の回答 Marxist answer to feminist question」(9)[Seccombe 1986a : 190]である。フェミニストの貢献は、性支配の現実を明らかにし、それに「家父長制」という概念を導入したことだが、マルクス主義フェミニストは、この家父長制の分析に、マルクス主義が――まだ！――役に立つと考える。マルクス主義フェミニズムがマルクス主義的である理由は、家父長制がたんに心理的な支配や抑圧ではなく、それに物質的根拠 material basis があると考える「唯物論的分析 materialist analysis」による。したがって性支配が、たんにイデオロギーや心理でなく――それゆえ女が被害妄想を捨てたり男が気持ちを入れ換えれば解決するような心理的な問題ではなく――はっきりとした物質的＝社会・経済的な支配であり、したがってこの抑圧を廃棄するには、この物質基盤を変革する以外に解放がないことを明らかにする。

マルクス主義フェミニストが、マルクス主義を解放の理論としてまだ有効だと考える理由は、「マルクス主義とフェミニズムは、権力 power とその分配、すなわち不平等 inequality についての理論」[Mackinnon 1982：2]だからである。

逆説的なことに、マルクス主義フェミニズムは、マルクス主義に忠誠を誓うことによってではなく、性支配の分析にとってマルクス主義に限界があることを認めるところから出発する。

> 階級分析は、家族の内部の権力の不均等は対象にしてこなかった――それは、性と年齢(による権力の分配格差)を不問に付したのである。[Macleod & Saraga 1987：12.

〔（　）内引用者補足〕

マルクス主義が「性に盲目 sex-blind」（ハートマン）だという批判はフェミニストからくり返し指摘されるが、興味ぶかいことにその批判はマルクス主義に無頓着なラディカル・フェミニストからではなく、マルクス主義フェミニストを自称する一群の人々からのものである。彼女たちはマルクス主義にまだ期待をつなぐからこそ、マルクス主義の限界を指摘する。性支配が行使される制度的な場は家族であるが、この家族の分析に、マルクス主義は限界を持ちながらもなおかつ、有効であると考えられる。なぜなら近代家族は資本制のただ中にあるからである。近代家族という「私領域」の確立は、資本制に先行 precedeしない[10]。

だがそのためには、マルクス主義を性支配に単純に適用するのではなく、「フェミニズムはマルクス主義を修正しなければならない」[Delphy 1980：88]。もしマルクス主義が女性の抑圧の分析に何の役にも立たないとなれば、とデルフィはつづける。「マルクス主義を捨て去ることになっても、私はそのために一滴の涙もこぼさないであろう。」[Delphy 1980：88]

くり返すが、マルクス主義フェミニストは、女マルクス主義者でもなければ、フェミニスト・マルクス主義者でもない。性支配に物質基盤があると考え、それを解明しようとする「唯物論的フェミニスト materialist feminist」なのである。

(1)　市民社会には、ブルジョアジーとプロレタリアートの他に第三の階級、生産手段を自己所有する労働者＝小商品生産者(プチ・ブルジョアジー)と呼ばれる人々が存在する。しかしマルクスの分析によれば、彼らはいずれ使用者か雇用者のどちらかに分解する。旧中間層から新中間層への移行はこれを証明している。ただし新中間層が金融資産を所有するような状況では、資本家と労働者の関係は、マルクスが考えたほど単純ではない。

(2)　被扶養者は英語では dependant と呼ばれる。彼らはいわば「付属品」であり、独立した個人としてカウントされない。

(3)　市場は、理論的にはすべての〈外部〉を〈内部〉化するメカニズムを持ち、現実的にもおそるべき自己増殖力を持っている。しかしそれは、市場に事実上〈外部〉があることを否認しない。どんな市場社会にも、「商品」と「商品でないもの(商品にならないもの、商品になるべきでないもの)」の間の〈境界〉は存在する。

(4)　再生産領域の統制メカニズムは、婚姻ルールという形であらわれる。近代の恋愛結婚イデオロギーは、「誰とでも自由に」結婚してもいいという原理のもとに、これまでの規制的な婚姻ルールを打ちくだいた。しかしこの「自由」な結婚市場は、その実「自由」な商品市場と同じく、それを通じて再生産がオートマチックに統制されるような、これもまた一つの「婚姻ルール」だったのである。再生産の統制手段としての婚姻ルールについては、第五章「再生産様式の理論」のところで詳論する。

(5) 最近では、「社縁社会からの総撤退を」と説いた加納実紀代氏がいる。[加納 1985]

(6) ナンシー・チョドロウは、『母親業の再生産』[Chodorow 1978]の中で、エディプス・コンプレックスを通じて家父長的な家族が再生産されていくメカニズムをみごとに解明している。

(7) ソコロフの『お金と愛情の間』というこの著書は、原著の副題に「家事労働と市場労働との弁証法」というタイトルがついている。

(8) ソコロフは前期マルクス主義フェミニスト(ベンストン、モートン、セカム、ミッチェル、ローバサム、ダラ・コスタ等)と後期マルクス主義フェミニスト(ハートマン、アイゼンシュタイン、ケリー等)を区別している[Sokoloff 1980, 第4章註(3)及び、第5章註(3)参照]。前期と後期のちがいは、前期が「その女性の仕事についての理解がマルクスとエンゲルスの伝統的に受け入れられてきている考え方のいくつかから直接出現して」[Sokoloff 1980 : 177]おり、後期が「資本主義と家父長制の両方が、社会に自律的で相互作用的な影響を及ぼしていると考える」[Sokoloff 1980 : 238]ところにある。

(9) べつに「女の問題に対するマルクス主義者の回答 Marxist answer to woman question」という言い方もある。

(10) 家族が資本制に「先行する preced」か否かは、家父長制という独立した概念を認めるか否かの大きな分かれ目となった。家族が資本制に先行すれば、資本制の分析とは独立の分析概念が必要となる。もし家族が資本制に先行しないのならば、家族を産み出したのは資本制であるから、資本制分析一元論で足りることになる。マルクス主義フェミニストの答はこうである――家族は資本制に先行するが、マルクス主義フェミニズムの分析対象となるのは、資本制下の家族、「私領域」として分断隔離された〈近代家族〉という、資本制に固有のその歴史的形態である。

第三章　家事労働論争

3・1　「家事労働」の発見

マルクス主義フェミニズムの最大の理論的貢献は、「家事労働 domestic labor」という概念の発見である。「家事労働」は「市場」と「家族」の相互依存関係をつなぐミッシング・リンクであった。「市場」と「家族」へのこの分離が生じた近代産業社会という歴史的に固有な空間の中で、この分離をつなぐ要《かなめ》の位置に、家事労働は存在している。家事労働とは、近代が生み出したものであり、超歴史的な概念ではない(1)。マルクス主義フェミニズムは、家事労働の歴史性を問うことで、近代社会に固有の女性の抑圧のあり方を明らかにすることに成功した。

資本制下の市場は、人間の労働のすべてを、市場の内部にとりこんだわけではなかった。市場社会を相対化しようとした経済史家カール・ポランニによれば、市場とそこにあらわれる財、つまり商品は、人類の歴史とともに古いが、近代に固有の資本制的な市場が成立するには、マルクスが言うように、「土地と労働力」とが商品にならなければならなかった。しかし、すべての労働力が、「労働力商品」になったわけではない。市場はある労働を「商品化」し、べつな労働を「商品化」しなかった。家事労働は、市場によって商品化されなかった労働の一つである。

市場化されない労働は、「私的な労働」のままにとどまる。家事労働が市場化されない理由を、「家事労働の具体的な条件が私的なものである」ことに求めるのはまちがいであるとセカムは主張する。これをうけてポール・スミスは、次のように言う。

家事労働が抽象的労働にならないのは、それが私的だからではなく、反対に、抽象的労働になりえないために家事労働は私的なままにとどまっているのだ、と言えよう。
[Smith 1978, in Kuhn & Wolpe 1978＝1984：184]

社会的労働と私的な労働のこの区別、市場労働と非市場労働のこの境界は、市場が圧しつけたものである。

市場労働と非市場労働の間の境界——すなわち「市場」の限界——は、市場が「何をどこまで市場化するか」によって変動する。戦後の家電製品の普及、食品・衣料産業の隆盛、家事サーヴィスの商品化等は、家事労働のうちの大きな部分を市場化＝商品化した。「家事労働」の内容は、質・量ともに歴史的に変化する。それは生存のスタンダード・パッケージが質・量ともに歴史的に変動する——すなわち労働力の値段が変わる——のと同じである。

たとえば、かつて主婦が行なっていた洗濯をクリーニング屋が始めれば、「洗濯」は市場価値を生む労働となる。クリーニング屋の所得は、GNPに算入される。マルクスによれば「生産労働」とは「交換価値を生む労働」と定義されるが、その意味では、クリーニングは「生産労働」ということになる。しかし「洗濯」という労働、汚れた衣類を原状回復しその耐用年数をふやす(場合によっては洗いすぎによって耐用期間を短縮する)だけの労働は、どんな財も生産物ももたらさない。主婦が行なえば、洗濯という労働は「生産労働」ではなく「消費労働」のうちに入れられる。この労働は「価値」を生まないから「生産的」でない。

マルクスの「生産労働」と「不生産労働」の区別は、厳密に言えば「市場化された労働」と「市場化されない労働」との区別に対応していない。「生産労働」の「本源的規定」は「使用価値を生産する労働」ということであり、その「歴史的＝資本主義的規定」は「資本に対して生産的」すなわち「剰余価値」を生む、言いかえれば「交換価値を持つ」ことである。[2]「使用価値」と「交換価値」との間には、何の共約可能性もないから、マルクスの「生産労働」の概念は、まったく異なる二つの概念——「使用価値を生む労働」と「交換価値を生む労働」——を、同時に一つの言葉でさしていることになる。

「生産労働」の歴史的性格を考えるなら、市場が労働に圧しつけた区別、「市場労働」と「非市場労働」の区別の方が、生産労働と不生産労働の区別より明快である。先の例に戻れば、洗濯は、主婦が家でやれば「交換価値を生まない」非市場労働であるのに対し、クリーニング屋がやれば「交換価値を生む」市場労働となる。それどころか、洗濯という労働は、クリーニング業が現れてはじめて商品化されたわけではない。洗濯は、家事労働の中では、早くから独立して外部化されやすい労働の一つだった。家事使用人が職務内容を特定しがたい家内奴隷のような性格を持っていた時期に、洗濯女というのは、比較的早く、女性の独立した職業として成立した。もしかしたら「主婦労働」としての洗濯は、家内工業的な洗濯女による段階から、クリーニング業のようなより労働生産性の高い専門職能に至るまでの過渡期に、一時的に既婚女性に委ねられた特殊な労働の一つにすぎないということになるかもしれない。

ある労働が「市場価値」＝「交換価値」を持つか否かが、市場の側の線引きによって、これほど恣意的に変わるものだとしたら、「家事労働」が「不生産労働」だというマルクスの定義は、ただ特定の歴史社会で特定の労働が市場化されていない、という以上のことを意味しない。「家事労働」を他の労働と区別して、「生産労働」と「不生産労働」、「市場労働」と「非市場労働」、「社会的労働」と「私的労働」、さらには「生産労働」と「消費労働」――「消費」は長いあいだ「労働」とは考えられてこなかった――等々と分類するしかたがあるが、「家事労働」が「有用ではあるが(交換)価値を生まない」という議論に反駁するために、一部のフェミニストは、「家事労働は、交換価値は生まないが使用価値を生む」と主張してきた。

フェミニズムが陥った「家事労働＝使用価値」説の隘路に、明快な解答を与えたのが、フランスの唯物論的フェミニスト、クリスチーヌ・デルフィ[Delphy 1984]である。彼女もまた、マルクス主義フェミニストの一人として「家事労働」を問題視することが、フェミニズムにとって第一級の政治的＝理論的課題であるという前提から出発する。(3)

新しいフェミニズムのおかげで、我々は歴史上初めて、家事労働を理論的課題として設定することを得た。[Delphy 1984 : 78]

デルフィによれば、「家事労働」とは、まず第一に「家事労働も労働 housework is work」であり、第二に「無償《ただ》の・不払い free・unpaid 労働」である[Delphy 1984 : 78]。「家事労働」は「家の中で妻が行なっているただ働きの労働」のことを言うが、彼女は、この「経験的な定義」で十分か、と問う。そして逆に、「家事労働だけが不払い労働だろうか？」[Delphy 1984：85]と問いかける。

その結果デルフィが到達するのは、「家内労働 domestic work」の概念である。(4)「家内労働」とは「ドムス domus の中で行なわれる無償の労働」のことである。「家事労働 housework」は、「家内労働」のうちある特定のものをさす。「家内労働」は、近代以前の世帯単位にはどこにでも見られる労働である。しかし牛を飼い、乳を搾り、皮を剝ぎ、肉をさばき、火にかける一連のプロセスの、どこまでが「生産」でどこからが「消費」かは分かちがたい。「生産」と「消費」への労働のこの分割は、市場が持ちこんだものだからである。「市場」の存在しないところには、この区別は存在しない。

同じことは、「家内労働」と「家事労働」の間の区別についても言える。農家の主婦は、家業の農業労働に従事するが、同時に家事や育児もこなす。どこまでが「農業労働」でどこからが「非農業労働」かは分かちがたい。

この農家が、農産物をもっぱら市場に供するために生産しているとしたら、農婦の労働のうち、「交換価値を生む労働」と「交換価値を生まない労働」とを、何とか区別することはできる。だが、もしこの農民が、作物を「直接的消費 immediate consumption」のためだけに作っているとしたらどうか。(5)市場の媒介を経ない労働は、定義上「家事労働」と同じく「不生産労働」のはずである。

ところがフランスのGNPは、農家の「家内労働」のうち、農業労働にあたる部分を非農業労働、別名「家事労働」から区別して、これを算入している。日本のGNP算出方式も同様である。

市場が優位を占め、経済が貨幣に媒介されるようになる以前には、経済の非市場的なセクター、現物経済といわれるものが、どこでも大きな部分を占めていた。GNPは生産を貨幣化して表わす指標だから、この現物経済を貨幣換算する必要があった。農家の自家消費分の生産高を算定する方式は、もし自分たちが消費した分を市場で調達すれば、という仮定にもとづいて、作物の売りわたし価格(生産者価格)か小売価格(購入者価格)かのいずれかで計上するというものである。これは、非市場的な経済活動に、「もし市場を媒介すれば」という仮定を入れたものである。

しかし、他方「もし市場を媒介すれば」という仮定を、非農業労働にもあてはめてみたらどうだろうか。料理、洗濯、裁縫なども、自家調達できなければ結局市場から購入してくるほかないから——市場には十分に家事サーヴィスの商品化が成り立っている——主婦の供給するどの家事サーヴィスについても「もし市場を媒介すれば」の仮定は成り立つ。だとしたら、「家事労働」を「家内労働」から区別するものは一体何だろうか。

デルフィは「家事労働」と「家内労働」の区別は、結局、いずれも「直接的自家消費に供される生産労働」のうち、一方が「農業に固有のもの」他方が「農業に固有でないもの」という「循環的」な定義にしか帰着しない、と説く。農業労働を、「農業労働でない労働」としてしか定義できない「家事労働」から区別するものは、農業の特性ではない。むしろ、非農家世帯にも共通にあって女性によって担われている労働が、逆に「家事労働」の領域を決める。デルフィは、したがって「家事労働」の定義を「都会・田舎を問わず、あらゆる世帯に共通の、自家消費用の生産」[Delphy 1984 : 87]とする。そしてこの定義は、都市家庭の家事労働の標準が、あとになって農家世帯にも持ちこまれたものだとする。つまり、都市に非農家世帯というものが成立してはじめて、その中で行なわれている労働と共通のものだけが、農家世帯の中でも「家事労働」と呼ばれ、「家事労働でないもの」が生産的な「家内労働」だと逆に考えられたにすぎない。デルフィによる視点の逆転には、「家事労働」がなぜ「不払い労働」であるかのからくりに迫る、みごとな謎解きがある。

> ……生産者によって直接消費される非市場的生産物のあるものは、生産的としてとり扱われ算定される。市場の媒介を経ないこと(すなわち交換に供されないこと)は、したがって、家内労働の地位を説明する理由にはならない。……したがって、家事労働もまた、『世帯内自家消費』の名のもとに算定される他の生産同様、生産的と見なさ

れるべきである。自家消費のための生産プロセスは、一つの全体的過程である。そこでは最終消費に至るあらゆる営みは生産的であるか、さもなければ一切生産的でないかのいずれかである。[Delphy 1984 : 84]

したがって、「家内労働」と「家事労働」との間に、本質的な区別はない。だとすれば、「家事労働」の「都市的基準 urban criteria」が示すのは、都市化＝産業化によっても市場化されずに残った「家内労働」のことだけを「家事労働」と呼ぶという事実である。

家事労働の市場からの排除が、それが不払い労働であることの原因であって、結果ではない。[Delphy 1984 : 16]

問題の核心は、労働の「収入を伴う仕事」と「収入を伴わない仕事」へのこの分割、そしてそのそれぞれの男／女への性別配当にこそある。家事が「収入を伴わない仕事」であるとは、それが不当に搾取された「不払い労働」であることを意味する。この「不払い労働」から利益を得ているのは、市場と、したがって市場の中の男性である。

市場が排除したこの労働は、市場の側からは、排除に足る理由があってそうしたにちがいない。人間の活動の全体に、市場は市場に含まれる労働と市場が排除する労働の区別を圧しつける。マルクスの「生産労働」と「不生産労働」の区別は、この市場が圧しつけた区別を受け容れ、追認したものにほかならない。

だとすれば、私たちの課題は、「家事労働」を「不生産労働」と呼んで市場の外へと、したがって分析の外へと放逐することではなく、市場のどんな条件が、家事労働を市場から放逐せしめるに至ったのか、を問うことにあろう。「この非市場的な、非貨幣的なセクターを見ていく以外に女性の現実に到達する道はない。」[Delphy 1984]

3・2　愛という名の労働

「家事労働」という概念の発見は、人々の認識に大きな視座の転換を生じた。「家事＝労働」という「概念」の成立は、人々に「家事労働も労働だ」という認識をもたらした。理論がもたらす「概念」という装置は、認識の領野の組み替えをひきおこす。図と地が転換し、世界は新たな相貌を持って目の前にあらわれる。理論の力とは、そういうものである。「家事労働」という概念が成立し流布される以前には、「家事」は「労働」とは見なされなかった。「家事と育児に追われる」専業主婦の女性は、たとえ「クタクタの毎日」を送っていても「三食ヒルネつきの身分」と揶揄される。「私だって、朝から晩までコマネズミみたいに働いているのよ」と異議申し立てをすれば、「キミのやっているようなことは、仕事のうちに入らないさ」と一蹴されるのがオチだった。「家事は仕事ではない」と言われれば、「そうなの」と引き下がらざるをえないのが、これまでの女性だった。

だが「家事労働」の概念は、女性に、理論的な武器を与える。家事労働は、金になろうとなるまいと、労働にはちがいなく、主婦がやらないとなれば誰かに代行してもらわなければならない。その意味で「有用で不可欠」な労働でありながら、女性に対してどんな法的・経済的な補償も与えられず、無権利状態におかれているとなれば、これは不当に報酬の支払われない[6]「不払い労働 unpaid labor」だということになる。

家事労働の概念は主婦が遂行している労働の価値についての認識を高め、かつ女性の権利意識を助長するのにあずかって力があった。別な言い方をすれば、これまで主婦がだまって当然やってきた仕事が、不当に圧しつけられたものだという認識をもたらすことによって、女性は、この認識の以前には持たなかった「剝奪 deprivation」感を持つようになった。フェミニズムの理論は、女性たちに不満と怒りをひきおこす点で、トラブルメーカーである。エヴァンス・プリチャードが「かつて女たちは自分たちの身分に不平を言わなかった」といらだたしげに言うのも無理はない[Evans-Prichard 1965]。[7]だが、この「剝奪」の認識を通じて「女性＝被抑圧階級」としての「女性階級 women class」意識の形成がなされるのである。

主婦の行なう日常的な活動を「家事労働」と呼ぶことは、画期的な視座の転換をもたらすが、他方、それを「労働」と呼んだとたん、その活動は「労働」以外のものでなくなる。汗と困苦のイメージに汚染され、〈目的―手段〉系列の功利主義原則に冒され、あまつさえ経済価値に換算されようとするこの「活動」を、無償性と献身の名において「神聖さ」へと救い出そうとする試みが、「家事労働」論にはいつでもつきまとう。とりわけ「家事労働」の経済的評価という議論に対しては、いつも女性自身の側から、「愛」の名による反発が出てくる。

「愛」と「母性」が、それに象徴的な価値を与えて祭り上げることを通じて、女性の労働を搾取してきたイデオロギー装置であることは、フェミニストによる「母性イデオロギー」批判の中で次々に明らかにされてきた[Badinter 1980, 服部 1986]。「愛」とは夫の目的を自分の目的として女性が自分のエネルギーを動員するための、「母性」とは子供の成長を自分の幸福と見なして献身と自己犠牲を女性に慫慂《しょうよう》することを通じて女性が自分自身に対してはより控えめな要求しかしないようにするための、イデオロギー装置であった。女性が「愛」に高い価値を置く限り、女性の労働は「家族の理解」や「夫のねぎらい」によって容易に報われる。女性は「愛」を供給する専門家なのであり、この関係は一方的なものである。女の領分とされる「配慮」や「世話」が「愛という名の労働 a labor of love」に他ならないことを、アメリカの社会学者フィンチとグローヴズは的確に指摘している

[Finch & Groves 1983]。

女性が家の中で行なっている活動がどんなイデオロギー的粉飾によって表現されているにせよ、女性は彼女がそれをやらないならば誰かによって代行されるほかないような「労働」をたしかに行なっている。主婦はただ、それを「愛」の名のもとに行なっているのである。

3・3　ドメスティック・フェミニズムの逆説

「雇用関係になく家事労働を担当する女性」を「主婦」と呼ぶが、だからといって「主婦」の行なうすべての労働が「家事労働」だというわけではない。梅棹忠夫氏が第一次主婦論争の中で鋭く指摘したように、「主婦」の行なう労働の中には、編物やパンづくりのような趣味的な水増し労働――梅棹氏の言葉によれば「擬装労働」[梅棹 1959]――が含まれる。その他にも、床柱を磨き上げること、玄関に花を活けること、などは「主婦」身分が成立したのちに、その身分に付随して生まれた労働である。「主婦」身分が大衆化する以前には、人々はそうじ、洗濯、炊事のどの局面をとってみても、そんなに水準の高い日常生活を営んでいたわけではなかった。「主婦」が誕生してから、それにともなう高水準の「家事労働」が発明され、そのためにかえってそのレベルの暮らしを維持するには「主婦」が家庭に不可欠になっていった。

「家事労働」を「主婦の行なう労働」と定義するのは、だから比較的新しいことである。実際には、「主婦」身分の成立以前にも「家事労働」は存在していたし、また「主婦」という身分もまた、ほんらい「家長の妻」を表わす地位として、「家事労働」とは独立に存在していた。ドイツ語の Hausfrau や英語の housewife も、もともとは「家の女主人」をあらわす言葉である。日本語でも「主婦」にあたる民俗語彙は、「家刀自《いえとじ》」「家主《えぬし》」など「家の女あるじ」をあらわす重要な意味を持っていた。「家の女主人」である「主婦」が行なう労働は、ほんらい「家事労働」ではなく、「家政」という指揮監督労働であった。実際の家事労働は――育児労働でさえ――下女や召使いや乳母が行なうものであり、「主婦」が自ら手を下して遂行するものではなかった。

「奥様」と呼ばれる身分になることは、女性にとって労働しなくてもいい身分になることと、つまりメイドを使う身分になることを意味した。「奥様」の身分は、貴族と武士階級を除いては、最初に都市のブルジョアジーの家庭において成立したが、その時、「主婦」の座とは、自律的 autonomous な「女の領域」を確保した上で、その中で意思決定権・指揮監督権を行使できる、「女の王国」の女王の座に就くことを意味した。

近代の形成期に、「家庭」という領域の確立とその領域への女性の君臨――あとになってみれば事実上の女性の隔離――とが、ドメスティック・フェミニズムとして「女性の地位向上」のための目標になったというパラドクス[Matthews 1987：66-91]は、こうして説明できる。のちに女性の疎外と抑圧の元凶として怨嗟のまとになった性別役割分担――近代における「公私の分離」とそれぞれの領域への性別配当――は、皮肉にもこの時期には、女性によって積極的に賞揚されたのであった。というのも、前近代の農業社会で男女が同質の労働に従事しているところでは、女性はつねに男性の指揮監督下に入り、自律性を経験することがなかったからである。「家庭性 domesticity」の確立は、性別隔離 gender segregation のもとに、女性に男性の権力からの「避難所」を与え、逆説的に「女の王国」を作り出した[矢木 1981，落合 1985，1989]。

この「家庭性」は、典型的には都市ブルジョアジーの階層に出現したから、「主婦」になることは、多くの女性にとって階層上昇を意味した。男にとっても、家事使用人のいる家庭に家事労働をしない妻を置いておくことは、彼の属する階層のステイタスシンボルとなった。今でも「結婚したら主婦」になりたがる娘たちの中には、主婦になることが階層上昇を意味した近代初期の残響がひびいている。男たちは教育という階梯を昇ることによって出身階層から這い上がることができるが、娘たちにとっては、結婚が自分の帰属階層を選び直すほとんど唯一のチャンスだったからである。

だから「主婦」の成立以前に、都市ブルジョアジーという新興の階級の形成期には、いつでもおびただしい「家事使用人 domestic laborer」が登場する。「家事労働」とは、「主婦」の労働であるより以前に、この「家事労働者」によって遂行される労働のことであった。

近代化の初期に、最初の賃金による雇用機会を創出するのは、マニュファクチュアの労働とならんで、この家事使用人の口であった[河村 1982]。工場労働者が賃労働者であるのと同じように、家事労働者も賃労働者であり、前者が「自由に浮動する労働力商品」であるのと同じくらい後者もまたそうであった。近代化初期の就労機会のうちで、この家事労働の比率は、無視できない部分を占めている。

実のところ、マルクス主義は、この「家事使用人」による「家事労働」についても、分析がお手上げなのである。家事使用人の俸給は、労働者の賃金の中からさらに支払われるが、家事使用人による家事労働は「直接的消費 immediate consumption」に供されるのみで何の交換価値も生まないから「不生産労働」であるとされる。マルクスは「不生産労働」の中に多くの労働を含めたが、流通や商行為は、価値を生まなくても剰余価値を生むから、資本を増殖させるという意味では「生産的」である。マルクスは、商業資本を、産業資本に比べて不完全な形態の資本だと見なしたが、(8)それでも商業や流通業を別格に扱うほかなかった。というのも、商業資本は、産業資本に先立って存在していたからである。

これに対して「家事労働」は、はるかに近代に固有の歴史的な性格を持っている。「家事労働」は、近代とともに成立した新しい種類の労働である。マルクスの「生産労働」の概念は、「主婦労働」の成立を待たなくても、この「家事使用人」による「家事労働」によって、すでに挑戦を受けている。(9)産業化の初期にどこの国でも成立するこの「家事労働」という厖大な労働のセクターをカバーできないことによって、マルクスの経済理論はすでに頓挫しているのである。

都市の産業ブルジョアジーの家庭に家事使用人が大量に登場するに至ったのは、妻の生産性が、家事労働者や乳母という育児労働者の賃金コストよりもはるかに高くカウントされる、という階級要因によっている。事実、十八〜十九世紀のヨーロッパでは、パン屋やクリーニング屋の家庭で、子供が里子に出されるというケースが数多く報告されている。妻の労働生産性に比して、乳母の育児労働のコストの方がはるかに安いなら、母親は育児に直接従事しない。

労働市場がそこに無尽蔵に労働力を供給する大きな〈外部〉を持っている間は、この階級要因は有効に働いた。日本でも、戦前までは、官吏や教員のような下級俸給生活者でさえ、家に一人や二人の下女や女中を置いているのがふつうだった。だが産業化の進展にともなってこの階級要因が解消していくと、かつて家事使用人が行なっていた家事労働を、主婦が行なうようになっていく。歴史的な順序から言えば、「家事労働」を行なうのが「主婦」だというより、「主婦」があとになって「家事労働」を行なうようになったというべきなのである。

「家事労働」を行なうのが「主婦」であり、逆に「主婦が行なう労働」が「家事労働」である、という定義は、だから歴史的には新しい。「主婦労働」が「家事労働」と同義になるには、「主婦」の座が特権性を失って、大衆化するという契機が必要である。

梅棹忠夫氏は、京都の商家だった自分の生家を回想して、氏の子供時代には商家の主婦であった氏の母親が他人から「奥さん」とは呼ばれず、特定の層の女性たちだけが「奥さん」と呼ばれる対象だったことを証言している。

「おくさん」というものを、どんなものと考えていたか。「おくさん」というのは、官舎か何か、安ぶしんの借家に住んでいて、買物に出ると、商人に対してはおうへいなことばづかいでよく値ぎる。日中は何もしないで近所の「おくさん」仲間とベチャクチャおしゃべりをしている。じっさい、巡査だとか、教師だとか、会社員だとか、そういう下級サラリーマンの細君が、この「おくさん」というよび名をお互いに好んで

つかったのである。[梅棹 1959＝上野 1982a：192]

「奥さん」はもちろん、武家の「奥方」から来ている。モデルの原型は支配階級の「奥様」であっても、それが新興の階級の間に大衆化したときには、「奥さん」の実態は矮小化し、地に堕ちた。自分で尻をからげて廊下の雑巾がけをし、手にあかぎれを作ってたらいで洗濯をしなければならない「奥さん」とは、もうたんなる「家事労働者」以上のものではなくなった。

3・4　日本の家事労働論争

「家事労働」概念は、長い間「主婦労働」と混同されてきた。一九五五年から三次にわたって断続的につづいてきた日本の「主婦論争」でも、議論は「主婦」という社会的身分をめぐる論争なのか、それとも「家事労働」論争なのか、不明確なまま、議論は未分化なかたちでつづけられた[上野 1982]。

「主婦論争」を「家事労働論争」としてはっきり位置づけたのは、一九六〇年、『朝日ジャーナル』誌上での磯野富士子論文が口火を切った第二次主婦論争である。磯野論文は、「主婦労働」はなぜ「有用であるが価値を生まない」[磯野 1960＝上野 1982a：9]かを問題にして、「経済学者に教えを乞いたい」と問いを投げかけた。彼女の問題提起に対する経済学者の応じ方を見れば、第二次主婦論争は同時に「家事労働」概念に対する、マルクス主義経済学の限界を露呈した論争でもあったことがわかる。

一九六〇年代の初めに起こった日本の家事労働論争は、「家事労働に賃金を！」"wage for housework" と要求する類似の家事労働論争が、イギリスでもアメリカでも一九七〇年代に起きたことを考えればその時期の早さにおいても、論争の水準の高さにおいても、注目すべき内容を持っている。[Ueno 1983]

だがこの見解にはいくつかの留保をつけなければならない。六〇年代の日本の第二次主婦論争と七〇年代の英米語圏の家事労働論争とは、六〇年代末のリブを経由したか否かによって、リブ以前とリブ以後、とりわけフェミニズムがマルクス主義にインパクトを与え、それを相対化し改訂を要求するまでに成長を遂げたことによって、大きな差が生じている。「家事労働」が「労働力商品」を生み出すのに貢献しているという磯野氏の指摘、さらには「主婦年金制」を提唱することによって「家事労働有償化論」の先鞭をつけた水田珠枝氏の議論は、のちに「家事労働に賃金を！」と要求して、マルクス主義フェミニズムの家事労働論争の「台風の目」となったダラ・コスタらの『女性の権力とコミュニティの転覆』[Dalla Costa & James 1972]の刊行が一九七二年だったことを考えれば、世界的に見て、きわめて早い時期に、かつオリジナリティの高い議論を展開していた。

しかし、磯野氏の問題提起――「家事労働」はなぜ「有用であっても経済学的には価値を生まない」か――は、教条主義的なマルクス主義経済学者の回答、「家事労働は交換価値を生まない」から「不生産労働である」という結論をのんで、「朝から晩までこんなに働いているのに」という実感的な不満を主婦に残したまま、終息してしまった。当時、マルクス主義経済学者の誰ひとりとして、磯野氏の「主婦の実感」から発した「素人の疑問」をマルクス理論に対する挑戦と受けとめて、マルクス理論の「限界」について逆に考えてみようとする人はあらわれなかったし、公認の権威によって黙らされたフェミニストの側にも、この時期には、悪いのはこの「実感」を理論化できないマルクス主義の方であり女性は自力でこの限界を超えてマルクス主義を作りかえるべきなのだと考える人はいなかった。フェミニストの持ち出した「家事労働」論争は、適切な問いを立てながら、マルクス主義の側からていよく門前払いを食らわされたのである。

六〇年代日本の第二次主婦論争の「限界」は、理論的と実践的の、二つの側面から指摘できるだろう。

第一に、理論的には、この時期の女性論はまだフェミニズムによるパラダイムの転換を、既存の諸科学に対して要求するまでに成熟していなかった。フェミニズムがたんなる女性の地位の向上をめぐる改良闘争でなく、「なぜ女性が解放されないのか(何が女性の解放を阻んでいるのか)」の構造的な考察を通じて社会と意識のパラダイムの転換を要求するに至るには、七〇年代のリブとそのインパクトを受けた女性学の成立まで待たなければならなかった。六〇年代には、マルクス主義陣営の中の女性たちも、マルクス理論の中に教科書どおりの女性解放の途を探す、マルクスの忠実な女弟子たちだったのである。

第二に、実践的には、磯野氏や水田氏が提起した「主婦労働」の問題は、女性運動の全体にとってはまだ「見えない invisible」問題だったということがあるだろう。日本の就労人口のうち、雇用者の比率が自営業者の比率を抜いて逆転したのは、一九六〇年代の初めにすぎない。「主婦」という「雇用関係によらずに家事労働に専従する女性」[磯野 1960＝上野 1982a：7]が成立するには、「都市・核家族・雇用者家庭」の「妻の座」が不可欠の前提であり、これが大衆的な規模で成立したのは、高度成長期の終わり、六〇年代の末であった。七〇年代初めのラディカル・リブは都市中間層のプチブル急進主義の一種にはちがいなかったが、これが運動として成立するためには、女性のマジョリティが「主婦」になるという社会的な背景が存在していた。七〇年代の女性研究の中心的なターゲットは、それ以降、「主婦研究」に向けられる。磯野氏の予見、「主婦という存在の正確な分析が行なわれ、現在の日本社会におけるその役割が本格的に検討されることは、婦人問題全体にとって決定的な重要性をもつと考える」〔磯野 1960＝上野 1982a：17〕は正しかったが、氏の問題設定は十年早すぎたと言えよう。

3・5　イギリスの家事労働論争

七〇年代半ばに、イギリスを中心として主として英語圏の社会主義フェミニストの間で、いわゆる「家事労働論争 the domestic labour debate」が起きた。

家事労働論争は、文字どおり「家事労働」――初期の頃は「家事労働 housework」、のちに「家内労働 domestic labour」に昇格する――を争点としていた。女性の抑圧の物質的基盤を求めるマルクス主義フェミニストの探求は、資本制と家族との接点に、「家事労働」――資本制のただ中で行なわれる女性にわりあてられた非資本制的な労働――というミッシング・リンクを見出した。

モリニューによれば、七〇年代の十年間に「(イギリスとアメリカの社会主義陣営の出版物に限っても)家事労働をめぐって五十以上の論文が書かれている」[Molyneux 1979：3][10]。資本制下における女性の抑圧を、「生産手段に対する女性の固有な関係」から明らかにし、それを階級分析に統合しようとしたもっとも初期の試みの一つはマーガレット・ベンストン[Benston 1969]のものであろう。

女性は集団として生産手段に対する固有な関係を持っており、この関係は男性の生産手段に対する関係とは異なっている。……もしこの女性の生産に対する特殊な関係が受け容れられるなら、女性の状況についての分析は、社会の階級分析に当然適合するはずである。[Benston 1969 : 13, 27]

その後、七三年に、ダラ・コスタとセルマ・ジェイムズが、資本制下の女性の家事労働は、「労働力商品」という資本制にとってもっとも中核的な商品を生産する労働であり、したがって資本制にとって不可欠な、剰余価値を生産する労働であると論じたことから、「家事労働論争」は一挙にマルクス主義とフェミニズムの両陣営で開花した。

八〇年代に入って、イギリスの家事労働論争は、一方に「家事労働に賃金を!」という非現実的な要求を掲げる実践的な運動体を孤立した状態で残したまま、やがて自然消滅のようなかたちで終息する。フェミニストの関心は、家事労働そのものを離れて、より大きな社会的コンテクストのもとでの「女性と労働」——女性の二重労働、労働の性別隔離、賃労働と不払い労働との関係等——の探求に向かう。(11) その背景には、(1)八〇年代に入ってからの女性運動の全般的な退潮、(2)女性問題に一定の市民権を与える社会主義陣営の見せかけの理解 tokenism、(3)サッチャー政権下の社会主義陣営の退潮に対する全般的な危機感から、フェミニストの社会主義批判が分派的だとして封じられたこと、(4)七〇年代から八〇年代にかけてフルタイムの家事労働者が激減し、「賃労働者にして家事労働者」であるという女性の二重労働が歴史的現実となったこと、などがある。

家事労働論争が、マルクス主義とフェミニズムの双方にどんな実りをもたらしたかについては、懐疑的な評価が多い。たとえば論争の担い手の一人、セカムはこう書く。

フェミニストの多くは、家事労働論争のにない手を、女性の現実を「性に盲目 sex-blind」なマルクス主義のカテゴリーに押しこめようとしたとして非難する。論者が既存のマルクス主義のポリティカル・エコノミーの概念を、フェミニズムの視点から真剣に再検討することもしないで、私的な家事労働にあてはめようとするかぎりにおいて、この告発にはたしかに正当性がある。資本論の価値概念に対する自己の忠誠を表明するために、非常に多くの努力が費やされた。かくかくの行文中「マルクスは一体何を言おうとしたか」について、経典注釈的な解説がくり返しあらわれた。中心的な問いは、たんなる分類学に終わった――家事労働は価値を生産するか？　それは生産的か不生産的か、それとも間接的に生産的か？　あるいはこの種のカテゴリーは、たんに家事労働にはあてはまらないだけなのだろうか？　おびただしいインクが字句の定義をめぐってまき散らされた。[Seccombe 1986a：192]

ハミルトンの批判はもっと手きびしい。

(家事労働論争の焦点は途中で)女性の抑圧の種々の局面を理解することから、マルクス主義が首尾一貫した理論であり、女性とその労働についての理解はその中にうまく納まるということを証明する作業へと移行した。[Hamilton 1986：140]

ハミルトンによれば、

この論争は女性の抑圧に対して闘うことでもなければ、それを理解することでさえなかった。その反対に、家事労働論争は、ドグマティックなマルクス主義者の側が、女性をマルクス主義のカテゴリーの中に押しこめることによって聖カール・マルクスの福音の神聖性を批判から守ろうとする試みだった。[Hamilton 1986：153]

事実、家事労働論争は、フェミニストの側に多くのフラストレーションを残したまま沈静した。その点で、七〇年代イギリスの家事労働論争は、六〇年代の日本の家事労働論争と、すこぶる帰結が似かよっている。

だが、フェミニズム以後の七〇年代のイギリスの家事労働論争は、フェミニズム以前の六〇年代の日本の家事労働論争とは多くの点で違っていた。女たちは、教条的なマルクス主義者によって、たんに黙らされるに終わらなかったからである。

家事労働論争の貢献の第一は、「家事労働」の発見それ自体にある。この概念は(1)家事労働が労働であり、(2)しかも不当に搾取された労働であることを通じて、女性の抑圧の物質的基盤となっていることを示した。デルフィは「女性運動は政治的にも思想的にも、家事労働が労働であり、かつ搾取された労働であることを認知するように迫った」[Delphy 1980 : 99]と書く。

何の謎もない。私たち(女性)は抑圧されている。なぜなら私たちは搾取されているからである。[Delphy 1980 : 100]

家事労働を「労働」と認めるためには、家族という神聖不可侵の「ブラックボックス」を無理矢理に明るみに引き出し、「愛の共同体」の神話をうち破ってその中にある不平等を示さなければならない。とりわけ労働によって色どられる公的領域から隔離された私的領域に、「労働」概念を持ちこむことは、私的領域の解体であり、理論的にはマルクス主義の私的領域への拡大適用を意味していた。しかし、そうしない限り家事労働は「隔離された個別の家庭でなされるために、自分自身とその家族のためにある〝私的なことがら〟と見なされ」[Pimia & Thomas 1978 : 3]て、労働とは考えられてこなかった。(12)

家事労働論争のもう一つの重要な貢献は、マルクス主義概念の拡張適用というまさにその試みをつうじて、マルクス主義の限界を明らかにしたことである。

家事労働論争の貢献の一つは、ジェンダーの問題を理解する上で階級分析に限界があ

ることを明らかにした、まさにその点にある。［Fox 1986：182］

マルクス主義が、理論的にも歴史的にも、女性と家族の問題をその射程の外に置いてきたことは、フェミニストによってくり返し指摘されてきた。だが、くり返すが、それはマルクス主義が性支配の分析に無効だということを意味するわけではない。マルクス主義フェミニストによるマルクス主義の限界の指摘は、第一にマルクス主義をどう変更すればその拡張が可能か、第二にマルクス主義にどのような概念をつけ加えればこの限界を補うことができるか、についての理論的な探求へと導いた。その過程でマルクス主義フェミニストは、確実に新しい理論的な分析装置を作り出してもきたのである。

ミッシェル・バレットは『今日の女性の抑圧』の中で、「マルクス主義フェミニズムは三つの概念を発展させてきた」と評価する。それは

(1)　家父長制　patriarchy
(2)　再生産　reproduction
(3)　イデオロギー　ideology

の三つである。この三つは、資本制のもとにあってしかも資本制とは独立な性支配の分析のために、フェミニストによって階級分析につけ加えられたものである。

マルクス主義フェミニストの課題は、資本制下の家父長制という歴史的に固有な相にお

ける、女性の抑圧を解明することに向けられる。資本制下の女性と労働について精力的に議論を展開してきたヴェロニカ・ビーチイは、「家父長制の概念は、マルクス主義理論を女性の従属および階級搾取の形態にとって、より適合的な説明となるべく変革しようとする試みの中で、マルクス主義フェミニストによって採用されてきた」[Beechy 1987 : 115]と指摘する。だが「マルクス主義フェミニストの試みは、たんに「家父長制」を分析することにあったのではなく、家父長制と資本制生産様式との関係を分析することにあった」[Beechy 1987 : 115. 強調原著者]。

(1) 「「主婦とは何か」という問いは、すぐれて産業化社会に関係する問いである。」[Oakley 1974 = 1986 : 16]

(2) 大阪市立大学経済研究所編『経済学辞典』第二版、岩波書店[1979 : 765]の定義による。

(3) デルフィ自身は、自分を「唯物論的フェミニスト materialist feminist」と呼んで「マルクス主義フェミニスト」とは呼ばない。が、一章の定義にしたがえば、彼女もまた「マルクス主義フェミニスト」の一人と言える。興味深いことに、彼女のマルクス主義用語の「誤用」については、「正統派」マルクス主義者からクレームがついている。だが、後述するように「女性＝階級」説とその抑圧の物質的基盤についての彼女の解明は、濃厚にマルクス主義的なものである。

（4） デルフィは自分が女性の抑圧の物質基盤の解明のために「家内労働」に到達しえた経緯を、次のように説明している。第一に、六〇年代末に彼女が研究を始めた時には、既存の学問の中には女性研究の分野はなく、やむをえず迂路をたどってフランス農民の家産相続についての研究に着手した。第二に、この経済の「非市場的セクター」を見ていくことが、のちに「家内労働」という市場化されない労働と、それの女性の抑圧に対する本質的な関わりに対する眼を、開かせてくれたと言う[Delphy 1984 : Introduction 15-16]。

（5） マルクスによれば「農業労働」は「生産的」である。しかし農婦の労働のうち、どれが「生産的」でどれが「不生産的」かを区別することは難しい。そうなれば、あとになって市場化された——すなわち交換価値を生む可能性のある——労働だけが「生産的」と呼ばれ、のちになっても市場化されるに至らなかった種類の労働だけが「不生産的」と呼ばれる、という定義上の同語反復に陥る。どんな労働が市場化され、どんな労働が市場化されないかは、歴史的条件で変わるから、仮に将来「家事労働」と呼ばれているものの一部が市場化されることが明らかになれば、この「生産的」と「不生産的」の境界線は、どんどん動くことになる。その意味でも農業労働が「生産的」であり、「家事労働」が「不生産的」である、というのは「本源的規定」ではなくどこまでも「歴史的規定」にすぎない。

（6） 私自身が口火をつけたことになった家事労働論[上野 1982a]のここ数年間の展開はめざましい。「主婦研究」そのものは、一九七〇年代後半以降の日本の女性学研究の主要なターゲットだった。詳細な書誌やその展開の内容については、上野[1986a]を参照。

(7) 「女性」が「階級」を形成するか否かについては議論があるが、第一に「家事労働」をめぐる物質的疎外の基盤を共有する点で、第二にイデオロギー的な利害から見ても、「女性」が共通の社会集団を形成すると言える。「階級」概念はここではとりあえず比喩的に用いる。

(8) 産業資本を商業資本に比して資本増殖という目的にかなった「より完全な資本」と見なすのは、マルクスの「労働価値」説と、「生産優位」の思想によっている。これに対して、商人資本の方がより古くかつ普遍的な形態であり、産業化を通じても、財の移転を通じて利潤を生む資本のこの本質的なあり方は変質しなかったのだとするラディカルな見方が、高度産業資本制下で再びあらわれた。岩井[1985]を参照。

(9) 発展途上国では賃金を得ることのできる雇用機会のうち大きな部分を家事使用人が占めている。この層を無視して途上国の「近代化」について語ることはリアリティを失することになろう。

(10) 渡辺多恵子氏と経済労働研究会は『経済労働研究』第七集「マルクス主義フェミニストの問題提起について」の中で、モリニューの論文を含む五論文を訳出している。

(11) この変化の原因には、何と言っても論争の行なわれた十年間の間に、歴史的な背景そのものが変わってしまったことがあげられる。ビーチイの言を借りれば、この十年間の最大の変化は「女が職場に出ていったこと」だった。

(12) たとえ「家事労働」を労働と認めたとしても、「愛の共同体」の神話は、家事労働についてリベラルな見せかけを持った次のような通俗的な見解を生み出す——すなわち家事労働は家族の成員の誰がしてもよく、夫と妻は自由意思と適性とでおのおのの持ち場を合意によって決定し、妻が家事を引きうけるのは「自分自身と愛する家族のため」の自発的な無私の献身からである。この考え方の中には、家事労働の制度的な布置についての構造的な考察が、すっぽり脱けおちている。そしてこの言説は、家族の中に現にある格差と不平等を、愛と自発性の名においておおいかくすのに役立っている。

第四章　家父長制の物質的基礎

4・1　家父長制の定義

家父長制は、マルクス主義フェミニズムがラディカル・フェミニズムから受け継いだ重要な概念である。

「家父長制」という概念は、フェミニストの間でも論議を呼ぶ controversial 概念である。家父長制という概念さえなかったらフェミニズムはもっとわかりよいのだが、とこぼす人も少なくない。とりわけ家父長制という言葉の響きが前近代的な大家族を連想させるために、近代的な単婚家族の中で愛する妻と民主的な家庭を築いていると思いこんでいる人々にとっては、自分たちの家庭のどこが「家父長的」なのか、ピンとこない人が多いにちがいない。

家父長制といえば、日本では普通明治民法下の家制度を想起する人が多いだろう。フエミニズムが家父長制という言葉を patriarchy の訳語として導入してきたときに、「家父長制はすでに日本では消滅しつつあるのに」といぶかしがった人は少なくないはずである。［瀬地山 1990a：58］(1)

家父長制という概念を性支配の分析に最初にもちこんだのは、ケイト・ミレット［Millet 1970］やジュリエット・ミッチェル［Mitchell 1974］のようなラディカル・フェミニストである。だが彼らは主として、家父長制の起源を心理的なものと見なした。

これに対して、マルクス主義フェミニストは、ラディカル・フェミニズムのインパクトを受けつぎながら、家父長制を物質的な基盤のある性支配の構造として定式化しようとする。

ハートマンによれば、家父長制の定義は以下のようなものである。

> われわれは家父長制を、物質的基盤を持ちかつ男性間の階層制度的関係と男性に女性支配を可能にするような男性間の結束が存在する一連の社会関係であると定義する。
> ［Hartman 1981＝1987：65］

ソコロフも家父長制を「男性が女性を支配することを可能にする社会的権力関係の総体set」［Sokoloff 1980：154］と定義する。瀬地山氏は、前掲論文の中で、家父長制をめぐるさまざまな定義を整理しながら、最終的に次のような定義に辿りついている。

「性に基づいて、権力が男性優位に配分され、かつ役割が固定的に配分されるような関係と規範の総体」[瀬地山 1990a：80]

だがこれでもまだ十分ではない。マルクス主義フェミニズムの「家父長制」概念の核心には、この「性支配」には、「物質的基礎 material basis」があるという認識がある。これこそが、ラディカル・フェミニズムの心理主義的・イデオロギー的な「家父長制」観を超えるものであり、マルクス主義フェミニズムが唯物論的分析である理由である。

家父長制の物質的基盤とは、男性による女性の労働力の支配のことである。この支配は、女性が経済的に必要な生産資源に近づくのを排除することによって、また女性の性的機能を統制することによって、維持される。[Hartman 1981＝1987：65–66]

したがって家父長制の廃棄は、個々の男性が態度を改めたり、意識を変えたりすることによって到達されるようなものではない。それは現実の物質的基盤——制度と権力構造——を変更することによってしか達成されない。

家父長制の性支配は、一対の男女の中にも、親族集団の中の男性メンバーと女性メンバーの間にも、より広く社会領域の中の層としての男性と層としての女性の間にもある。近代家族のもとでは単婚関係に入ることが女性の性支配の制度的基礎となるが、だからと言って単婚関係に入りさえしなければ(独身を通したり離婚することで)この性支配から逃れられるわけではない。(2)制度としての家父長制は、領域横断的に浸透し、その他の社会領域にふかくからまりあっているから、単婚という直接的な性支配を逃れても、他のあらゆる社会領域でやはり性支配に直面せざるをえない。

女性の男性からの見かけの独立は、誤解を招くことがある。女性はその男性親族の特定の構成員に直接的に従属していなくても、にもかかわらず、彼らは男性支配の全般的文化に従属している。[Elson & Peason 1981 = 1987 : 11]

さらには「恋愛結婚」のイデオロギーさえ、家父長制の罠《わな》から自由でない。ロマンチック・ラブは「父の権力」から娘を解き放つかもしれないが、その代わり「夫の権力」のもとへと、女をすすんで従属させる。恋愛の狂おしいエネルギーは、「父の支配」の重力圏からの遠心力と、「夫の支配」のもとへの自発的な自己放棄とに向けられる。どんな支配も、従属する者の内面支配がなければ完成しないが、「恋愛結婚」のイデオロギーは前近代的な拡大家族から、近代的な核家族への歴史的な転換期に、家父長制の近代的な形態を女性に自らすすんで選ばせるイデオロギー装置として働いた。(3)

最広義における家父長制のもとでは、男性は女性に対して、一種の「利益集団 interest group」を構成する。ヘテロセクシュアルな関係は、異性の間をつなぐよりは、その関係の中で同じ利益を共有する同性の間をつなぐ。婚姻を、夫婦の間の盟約としてよりは、姉妹を交換しあう男性成員同士の義兄弟の間の盟約であると定義したレヴィ＝ストロースの考え方もこれに沿っている。未開社会から産業社会まで、社会の男性成員はさまざまな制度的な手つづきで、女性成員の権利を排除し、共通の権益を守るために共謀してきた。家父長制の側から見れば、資本制もまた家父長制に従属する、一つの制度的変種にすぎない。労働の場における性支配から利益を得るのは資本家ばかりではない。男性労働者もこれから利益を得る。男性主導の労働組合が、これまでどれだけ女性の排除と抑圧に一致団結して働いてきたかを、マルクス主義フェミニストははげしく非難する。

男性が自己の利益を守る「家父長制的戦略」には二つある。第一は女性を賃労働から排除することであり、第二は女性の労働を男性の労働よりも低く位置づけ、女性をそこに封じこめておくことである。

> 男性主導の労働組合がこの二つの家父長制的戦略のうちのいずれか一つでも採用しなかったということは、ほとんどありえないことである。[Walby 1986 : 244]

こうして「女性の労働者の犠牲の上に男性労働者の優位が築かれる。」[Hartman 1981]

ウォルビイは、さらに極論して、再生産場面における女性の劣位が生産場面での女性の不利を説明するのではなく、男性集団による女性の組織的な排除と貶価が、逆に女性に再生産場面での不利な状況を甘受するほかなくさせているのだと主張する。

「家父長制的な性分業(とその中における女性の労働の貶価)は、資本制の出現以前に、昔から存在していた」[Walby 1986：85]のだから、資本制を家父長制の近代的形態と見なすことさえ可能なのである。

4・2　「家族」――性支配の場

家族を支配―被支配を含む再生産関係と見なして分析対象とするむずかしさは、家族が分析にとって一種のブラックボックスであり、かつ歴史貫通的に「自然」なものと見なされてきたことにある。とりわけ近代産業社会が、家族を公的で競争的な社会からの避難所、慰めと平安を供給する最後の私的な砦と見なして「近代家族」を構築して以来、家族は打算や功利の入りこまない無私の共同体――その中では成員の誰もが苦楽を分かちあう、真に平等で超個人的な単位――と考えられてきた。だから、フェミニストの分析がこの「聖域」に及んだ時、そしてこの見かけの「共同性」のもとに歴然とした抑圧と支配があることを暴露した時、多くの人々は、男も女も、自分たちの信じていた神話が壊れたことにうろたえて逆にフェミニズムを功利主義や経済主義の名のもとに攻撃するに至ったのである。

事実、「家族」というブラックボックスにフェミニストの分析が及んで、性と年齢による支配を明らかにした時、多くの人々はそれに拒絶的な反応を示した。[4] 彼らはフェミニストが資本制下に残された最後のわずかな共同性の聖域を解体して、バラバラの個人に還元するのではないかとおそれた。

だが、家族の中にはっきりとした男性支配や、あからさまな経済的搾取があることを指摘することが、どうしてそれ自体功利主義や経済主義になるだろうか。

愛の共同性の神話は、性支配の現実によって、とっくにくつがえされてしまっている。人々はただそれを認めたがらないだけである。たしかにフェミニストの家族分析は、家族を「一枚岩の構造 monolithic structure」[Macleod & Saraga 1987：13][5]と見るのをやめた時に、はじめて可能になった。それどころか、いったん「愛の共同体」の神話から離れてみれば、この私的な「聖域」の中でどのような暴力と抑圧が行使されているかが、いよいよ明らかになる。

> プライバシーの「神聖」をもって家庭は公的な干渉や監督からドアを閉ざすことが可能になるために、かえって現代社会では、家庭が個人的な暴力の主要な領域になっているのも不思議ではない。夫の妻に対する暴力と、子供の虐待は、私的領域の確立 privatization の当の産物である。[Blumenfeld & Mann 1980：293]

「家庭」が公的領域の支配や原理の及ばない「神聖不可侵」の私的領域として確立され

たことは、必ずしもそれが「友愛のユートピア」であることを意味しない。私的領域はいつでも閉ざされた専制の小王国と化す。だが家族の共同性の神話があまりに強く生きているために、死ぬほどぶたれた妻が助けを求めても、警官は相手が夫とわかると黙って立ち去るし、性的虐待を受けた子供がやっとの思いで口を開いても、大人たちはとり合わないか、その子をウソつき呼ばわりする[Macleod & Saraga 1987]。あたかも、家族の現実よりは神話の方を、より救い出したいかのように。家族という私的な領域の中には、権力支配だけでなく、あからさまな暴力までもが、そこにある。家族を「統合」しているのが愛ではなくむしろ専制であるような時に、そこにある支配と抑圧の現実を指摘したことで、フェミニストは「家族を解体する」という罪を被《き》せられるのである。

したがって「家族」を分析の対象とするためには、まずこの「愛の共同体」という神話に挑戦しなければならなかった。超個人的な実体と信じられて手つかずに残されている「聖域」に分けいって、それを権力と資源の配分に格差のある個人の集合に還元しなければならなかった。

4・3　家父長制の物質的基礎

デルフィは「家事労働」は「労働」であって、かつ「生産的」労働だと言う。この「家事労働」は、しかし、家庭内で、「主婦」という名の既婚女性によって無償で遂行される。こういう生産の様式を、「家内制生産様式」と呼ぶ。「家内制生産様式」を成り立たせている支配構造は「家父長制」である。

家父長制とは、今日の産業社会における女性の男性に対する従属のシステムであり、このシステムには経済的基盤、すなわち家内制生産様式という基盤がある。[Delphy 1984：18]

「家内制生産様式は資本制生産様式の要請にうまく合致した。そしてここに両者は浸透しあって一つのシステムを作り上げたのである」とデルフィは言う。

資本制が市場を成立させた時に、その外部に「家族」という領域を遺棄した——言い換えれば市場がその〈外部〉への依存によって成り立った——ことは、一章ですでに指摘した。この「家族」は一つの分割不可能な単位である。「個人 individual」とは「分割不可能なもの」という意味だが、その意味では、市場にとっては「家族」が最小のインディヴィデュアル(分割不可能)な単位であった。

経済学が市場の行為主体に、国庫(財政)と企業(法人)と家計という三者を設定していることは、経済学の初歩だが、市場には実のところ、世帯単位より小さな「個人」は登場しない。デルフィは「国の会計にとっては、個人というものは存在しない」と言う。「何ものも、この(家族という)殻の内側には入っていかない。」[Delphy 1984 : 90]

ここに「家事労働」のすぐれて政治的な性格があらわれる。

この世帯単位の壁をうち破らないうちは、家事労働は研究対象として存在しえなかった。[Delphy 1984 : 90]

家庭内で女性によって遂行される「家事労働」という労働に焦点を合わせることは、不可分な一体と考えられていた「家庭」の中から、男と女という「個人」を引きずり出し、その間のポリティックス(性の政治)を明らかにすることである。

事実、「家族」が不可分な一体、その中では愛と配慮が優先するゲマインシャフトと考えられているあいだは、家族のメンバーのうちにわりふられたこの抑圧的な労働は主題的に見えてこない。経済の非貨幣的なセクターに注意を払ったポランニは、互酬的な贈与経済以外に——あるいはそれ以前に——「家族領域」を設定したが、彼はそれを、「一般的互酬性 generalized reciprocity」(サーリンズ)が支配する非功利的・非打算的な領域だとした[Polanyi 1977]。一般的互酬性とは、親から子への配慮のように、見返りを期待しない愛他的 altruistic な原則である。そこでは狩りの獲物は育ち盛りの子供や飢えている老人から優先的に分配される。つまり能力や働きに応じてではなく「必要に応じて」分配されるコミューン・イズム＝共同体主義の理想が実現されている、と言う。

ほんとうにそうだろうか？

まず第一に、家族がゲマインシャフト的なものである、という言説それ自体に、留保をつけなければならない。「ゲマインシャフト(共同態)」と「ゲゼルシャフト(結社態)」という対概念は、周知のとおり社会学者テンニースのものだが、彼は、産業化によって生じた新しい社会形態を説明するためにゲゼルシャフトという概念を発明し、それとの対比の上で、ただ「ゲゼルシャフトでないもの」をゲマインシャフトと呼んだにすぎなかった。彼が、ゲマインシャフトの経験的対応物を前近代の中に仮設し、「ゲマインシャフトからゲゼルシャフトへ」という歴史的移行を定式化した時、彼は、ありもしないものを過去に仮構するというロマン主義的な錯誤を――おそらくは一元的な進歩史観と結びついて――犯していたにちがいない。

前近代的な家族は、「共同態」的であるよりも、はるかに「制度」的である。前近代的な家族は一つの経営体であり、かえってゲマインシャフト的なところは少ない。「家族」

の特性が、ゲマインシャフト的な要素――愛、融和、慰め等々――によって語られるようになったのは、むしろ、近代形成期以降である[落合 1989]。つまり、「家族」から制度的な要素がミニマムになり、それが家族の外の制度に回収されてしまったあとで、家族が、いわばゲゼルシャフトの残りものと言うほかないようなものになった時に、制度の残余カテゴリーとしての「ゲマインシャフト的なもの」が、「家族」領域に配当されるようになった、と考える方が正しい。その意味では、ゲマインシャフトとは、ゲゼルシャフトに随伴した――イリイチにならって、ゲゼルシャフトがつくり出した「陰(シャドウ)」の、と言ってもよい――きわめて近代的な概念なのであり、前近代的な概念などではない。

第二に、この「家族」という制度の内部で、何が行なわれているだろうか、を見ておかなければならない。「家族」は、性と年齢(世代)を編成原理とした制度であり、この中では性と年齢に応じて、役割と権威が不均等に配分されている。だから、いかにポランニが家族は一般的互酬性の支配する領域だと言おうとも、事実上、「家族」は、メンバーが平等な「共産主義的 communistic」共同体でもなければ、自主的なリーダーシップが芽生えるボランタリーな集団でもない。家族の中の役割と権威の配分は、予め――その社会が採用している家族の様式に応じて――制度的に定まっている。

家父長制とは、家族のうちで、年長の男性が権威を握っている制度を言う。ソコロフは、

「家父長制」を定義して「長老男性による支配」と呼ぶ(6)[Sokoloff 1980]。長老男性支配のもとには、性と年齢による編成原理にもとづいて、家族の中の年少のメンバーおよび女性が従属的な地位に置かれ、その労働を搾取される。家父長制によって統括される生産様式を「家内制生産様式」と呼ぶが、このもとで、「不払い労働」の抑圧のもとに置かれているのは女性ばかりではない。未婚・非婚の男性親族もまた、その労働を家長に領有されており、労働および労働の生産物への自己決定権を持たない。デルフィは「家事労働だけが不払い労働だろうか」と問いかけるが、それと同じように「女性だけが不払い労働に従事しているのだろうか」とも問いかける。不払い労働としての家事労働に従事する女性の地位は、長兄の家に寄食してタダ働きをしている非婚の次、三男の立場と、基本的には変わらない。しかし男性のうちわずかが、家族の内でこういう従属的な家内労働者の地位に置かれるのに対して、既婚女性の大半は家事労働者という不払い労働者になる。このしくみには、性という変数が、不可避的・構造的に作用している。

4・4 女性＝階級?

したがって、女性の抑圧には物質的な基礎がある。それは、家事労働という不払い労働の家長男性による領有と、したがって女性の労働からの自己疎外という事実である。家父長制は、この労働の性別原理によって利益を得ているから、既婚女性は、階級のちがいを超えて「女性階級 women class」を形成し利害を共にする、とデルフィは言う。この「階級」規定は、女性＝家事労働者の、労働からの自己疎外という物質基盤を持っているから、疎外感の有無にかかわらず疎外の事実が存在する。むしろ、この労働疎外の認識を通じて階級形成をしていくことが、女性運動の目的となる。デルフィによれば、「女性階級」による労働の物質的基盤の変革こそがフェミニズム革命の目的であり、変革をたかだか「意識の解放」や「文化革命」に矮小化するような議論はすべて反動的である[7]。ここに彼女が「唯物論者」と自称する根拠がある。

「家事労働」は、産業化社会においても家父長制的な「家内制生産様式」のうちにとどまっている労働である。資本制は、その限りで「家内制生産様式」と手を結び、それから利益を得ている。資本制は、家内制生産様式を解体する代わりに、それを変容し再編した。産業化は、「家族」を「市場」に置きかえたのではない。ただ「家族」と「市場」のあいだの関係を変えたのである[上野 1985]。

デルフィは、「家族」の中の生産だけでなく、分配にも言及する。生産労働とその監督権が不均等に分配されているように、生産物の分配もまた、家族の内部で不均等に行なわれている。たとえば食事。料理のうちもっともいい部分を夫や客に差し出し、少食でほほえみながら「私はもうたくさんですわ」という妻の控えめさは、ただこの不均等な分配原則が女性のうちにモラルとして内面化したものにすぎない、と彼女は言う[Delphy 1984：46]。たとえ「同じ食卓を共に sharing the same table」していてさえ、そこには明らかな分配格差がある。だから「ブルジョアの妻はブルジョア」という階級優位説に代わって、彼女は「ブルジョアの妻はブルジョアでなく、プロレタリアート」だという「性階級」説に立つのである。

フェミニズムの戦略にとって、「女性＝階級」説は、強力な基盤を提供する。なぜならば、「女性解放」をめざすフェミニズムは、個々の女性の解放、あるいは一部の女性の他の女性の抑圧のもとにおける解放ではなく、「女性の層としての解放」をめざすからである。したがって、フェミニズム運動の最初の課題は、「層としての女性」を、階級形成していくという主体形成となる。この「層としての女性」に課せられた「家事労働」という不払い労働こそが、階級形成のための物質的基盤である。共産党宣言をもじれば「万国の家事労働者よ、団結せよ」というのが、唯物論的フェミニストの戦略になろう。「家事労働」がフェミニズムにとって、第一級の政治課題になるというのは、この意味においてである。

(1)　瀬地山角氏は家父長制概念をめぐる混乱をときほぐす作業の中で、文化人類学と社会学における patriarchy と patriarchalism のちがいに言及し、一九八八年度版の『社会学辞典』(弘文堂)においてさえ、「家父長制」の項目のもとに、古典的な patriarchalism の説明しか言及されていないことを指摘している。「実際一九六〇年代ならいざ知らず、フェミニズムの理論構築を経た八〇年代後半の辞典にこうした定義しか載っていないことはいささか驚きに値する。」[瀬地山 1990a：52]

(2)　独身者や離婚者は、単婚制度のもとでの特定の個人(夫)による抑圧や支配は受けないかもしれないが、単婚制度を支持する社会からの組織的な「独身者差別」や「離婚者差別」に直面している。

(3)　テリー・イーグルトンは『クラリッサの凌辱』[Eagleton 1982]の中で「恋愛」における女性の自発的な自己放棄の「政治性」をうまく描いている。しかも「父への裏切り」によって、娘は「夫の支配」の専横からの避難所を失う。単婚家族の中で「夫の支配」が完成するためには、妻の実家からの干渉が断ち切られなければならなかった。こうして近代家族は「愛の巣」であると同じくらい、歯どめのない暴力の横行するブラックボックスとなった。

(4)　そのタブーに最初に挑戦したのはフロイトだが、そのために彼は、同時代の多くの人々の憤激を買うことになった。フロイトは、家族というもっとも親密な関係の中にさえ、支配と抑圧があることを暴いたが、彼が発見したものを認めたがらない多くの人々は、困惑と怒りを彼に向けたのである。

(5) マクロードとサラガは、近年の児童の性的虐待が、家族を「一枚岩の構造」と見るのをやめた時にはじめて問題として可視化 visible されたと指摘する。

(6) 「長老男性支配」の概念は、メイヤスーの「長老支配 gerontocracy」の概念に非常に近い[Maillassoux 1975]。メイヤスー、ゴドリエらの仏マルクス主義人類学の貢献と、その生産・再生産の統一的な主題化については、次章(第五章第三節「「生産様式」と「再生産様式」の弁証法」)で詳論する。

(7) フェミニズムを、「イデオロギー闘争」や「文化革命」に還元するような言説が、このところ横行しているが、デルフィは果敢な「マテリアリスト」としてこの文化主義者 calturalist を敗北主義として非難する[Delphy 1984 chap.2, Main enemy 参照]。物質的基礎を持つ疎外からの解放は、ただ物質的条件の変革によってしか達成されないとする彼女の主張は、私自身の「文化主義」的偏向に反省を迫った。

第五章　再生産様式の理論

5・1　生産至上主義

現在までのところ、マルクス主義フェミニストの多くは、「再生産労働」の概念化に成功していない。その理由は、彼(女)らが「女性がドムスの中で行なう不払い労働」を、もっぱら「生産様式 modes of production」との関連で論じていることから来ている。これにはもちろん、マルクス主義それ自体の生産主義的な傾向が反映している。マルクス主義は生産様式についての理論であり、その射程内にとどまる限りは、彼女らマルクス主義フェミニストもまた、生産主義の用語で自らを語る限界を持っている。

マルクス主義フェミニストは、「生産(労働)」をめぐる男女両性の「性＝階級」配置を問題にする。フェミニスト視点からのマルクス主義批判の先鋒をなしたクーンとウォルプの『フェミニズムと唯物論』[Kuhn & Wolpe 1978]は、副題を「女性と生産様式」とつけている。デルフィの「家父長制」概念も「家内制生産様式 domestic mode of production」の一種であった。

ロザリンド・カワードは、『家父長制に先行する諸形態』[Coward 1983]の中で、マルクス主義理論の中で「家族」の概念を強調する意義を説く。このタイトルは、もちろんマルクスの『資本制生産に先行する諸形態』[Marx 1857-58]を意識したものである。カワードは、主としてエンゲルスの『家族、私有財産および国家の起源』[Engels 1891]に依拠して、家族を論じる。彼女は「『起源』の中では、男性と女性は経済的な利益集団すなわち階級としては理論化されていない」[Coward 1983：154]とエンゲルスを批判し、その理由を、「家族が男女両性をひとつに結合する経済単位と見なされている」せいだと指摘する。

「家族」を主題化し、性という変数を階級という変数の上に顕在化させるカワードの戦略は正しいが、ここで彼女は、家族とその中での両性の位置づけを、再び経済活動――所有、分配、財産継承等――に還元してしまう。つまり、マルクス理論の中から「家族」という領域を救い出したとたん、それを再び経済主義の用語で語るという循環の中に陥る。マルクス主義のパラダイムは、いわばそれほど強力な磁場を形成している。

カワードは、「家父長制に先行する諸形態」として母系氏族や原始共産制を挙げるが、父系的な家父長制との対比で母系制のもとでの女性の地位の相対的優位について語るのは、もともとフェミニスト人類学者のお手のものの分野だった。『姉妹と妻』[Sacks 1982]の著者、カレン・サックスは、マルクス主義の影響の強い文化人類学者であるが、彼女はその中で、母系社会の中での女性(「姉妹」カテゴリーに含まれる)と父系社会の中での女性(「妻」カテゴリーに含まれる)との地位を比較している。だが、この中でも、この「女性の地位」の相対比較のために選ばれる準拠は、女性の「生産様式」との関係である。ここでも、「生産」と「所有」が分析のキイ概念となっている。

「父系(夫方居住)制のもとでは姉妹は所有者だが生産者でなく、妻は生産者だが所有者ではない」[Sacks 1982 : 122]。これに対して、母系制のもとでは女性は結婚後も自分の出身集団を離れないから、姉妹は同時に生産者でも所有者でもあるが、妻はそのどちらでもない。父系制のもとでの、女性の「姉妹」と「妻」へのこの分裂、「生産者」と「所有者」とのこの二律背反が、母系制に比して女性の地位を低める原因だとサックスは指摘する。(1)

カワードやサックスなど、マルクス主義にフェミニスト的視点を持ちこもうとする理論家たちは、せっかく家族や性を主題化しておきながら、それを「生産様式」との関係に還元してしまう。カワードは、性を第一義的に「経済階級」ととらえるし、サックスは「女性＝生産者」ととらえる。つまり彼女たちは、家族と性別を、再び経済活動、つまり物質生産の用語で語り始めるのである。ここに彼女たちが陥った罠と限界がある。

たしかに女性はいつの時代も生産者であったし、生産者であることをやめたことはなかった。女性が生産者であり、かつその労働生産物から疎外された抑圧された生産者であるという定式は、たしかに「性階級支配」の物質基盤を説明する。デルフィの「性＝階級」説もその考え方にもとづいている。したがって彼女ら唯物論的フェミニストの解放戦略もそれに沿ったものになる。すなわち、女性は生産活動に貢献しており、この貢献に対して正当な報酬が支払われるべきだということ、および女性の地位の向上には、生産活動への参入が推進されるべきだとする含意がそれから導き出される。

女性はいつの時代も生産者であったが、生産者だけであったこともなかった。女性は生産者であるとともに、つねに再生産者でもあった。

すべてを物質生産の用語に還元する唯物論者は、そのことによって生産活動以外の領域を見失う。もちろんカワードもサックスも、女性の再生産活動には気づいている。ただし彼女らはマルクス同様、生殖を「自然過程」と見なすことで、結局、生殖もまた労働——物質ではなく人間の生産という労働——であることを看過する。

女性の地位を「生産様式」との関連でのみ位置づける議論は、したがって、女性が歴史的にその「産む性」としてのハンディキャップにもかかわらず生産者でありつづけたこと、女性のこの生産労働への貢献を正当に評価せよ、という要求に帰結する。この生産様式還元論は一種の生産一元論であり、市場一元論はその変種である。マルクス主義フェミニズムは階級支配一元論への批判から出発したはずなのに、再び生産一元論に陥るとなれば、振り出しに戻ることになる。

マルクス主義フェミニストの中で、もっとも戦闘的な「家事労働」論者、ダラ・コスタも、この生産還元主義から免れていないように見える。「家事労働」の価値を、それが市場に提供しうる労働力商品の価値で測ろうとするのは——彼女が市場価値を逆手にとって市場の矛盾を突く戦略をとっていることは評価するにしても——はっきりした生産還元主義だし、その上、ダラ・コスタが、この「家事労働」の内容にもっぱら「夫という労働力商品」の再生産を意味し、「子供という次代の労働力商品」を産む再生産——ここで言う「再生産労働」——を主題化しないのも解せない。

最後に付言しておけば、イリイチの「シャドウ・ワーク」[Illich 1981]論にも、同じような偏向が指摘できる。「シャドウ・ワーク」の概念は、市場労働が市場外の労働に依存している事実を明らかにし、かつこの市場外労働が不当に支払われない労働であることを指摘した点でも、卓抜なネーミングであった。だが第一に、シャドウ・ワークはとりたてて「主婦の労働」を主題化した概念ではなく「家事労働」の分析には不十分である。第二に、ネーミングからも明らかなように、シャドウ・ワークは、シャドウにある労働のどんな実体的な特性も指示していない。第三に、そしてもっとも重要なことは、イリイチがあげる主婦のシャドウ・ワークの経験的対応物には、故意にか偶然からか、もっぱら炊事や洗濯ばかりが含まれ、子育てという再生産労働が重要視されていない。

家事労働論は、今日までかなりの理論的蓄積を持ってきているが、マルクス主義フェミニストのものにしろ、非マルクス主義フェミニストのものにしろ、これまでのところ、残念ながら「再生産労働」を正面から主題化しているとは言いがたい。マルクス主義フェミニズムの貢献が、市場の外部に家族という独立した領域を発見したことであるなら、それは同時に、生産に対して再生産という(相対的に)自律した領域を定立することでなければならない。

5・2　家内制生産様式

これまでのマルクス主義フェミニズムの誰もが、例外なく家父長制を「生産様式」としか定義していない。そのもとでは、性支配は「男性による女性の(生産)労働の領有」と定義される。

もし(資本制と家父長制の)両方のシステムが生産に根ざしているとしたら、その場合

両者を分離する基盤はなくなってしまう。［Young 1981, Walby 1986：46 に引用］

これは一種の生産至上主義である。マルクス主義の間ではこの立場は根づよい。だが、女性が「生産者 producer」であるにもかかわらず、資本制生産様式のもとには置かれず家父長制のもとに入る――かつもし資本制のもとに参入した場合でさえ家父長制の重荷を引きずって「二流の生産者」になる――のは、女性が「再生産者 reproducer」であるからこそではなかったか。家父長制と家族の概念は、再生産とふかく結びついているのに、マルクス主義フェミニストの多くは家父長制を生産様式に還元して解釈する傾向がある。再生産労働を認める場合でも、労働力商品の再生産という限りで、資本制生産との関連で論じがちである。だが、もし家父長制が生産様式として資本制から独立しているとするなら、なぜそれが再生産様式として資本制から独立しているとは言えないのだろうか。言い換えれば再生産様式が生産様式から独立している、とはなぜ言えないのであろうか。

「再生産 reproduction」という概念は、家父長制という概念同様、すこぶる論議を呼ぶ多義的な概念である。再生産には次の三つの異なった意味がある。

(1) 生産システムそのものの再生産

(2) 労働力の再生産

(3) 人間の生物学的再生産[Walby 1986, Barrett 1980, Edholm et al. 1977]

マルクス主義フェミニズムはこの「再生産」の三つの意味を、ひととおり使ってきた。家事労働論争は「再生産」を(2)「労働力の再生産」の意味で使い、その再生産の生産様式に対して持つ意味を明らかにしようとしてきた。しかしダラ・コスタらの生産還元主義が、逆説的なことに「家父長制」のような独立した概念を要請しない資本制一元論だとしたら、家父長制を「再生産」様式ととらえるマルクス主義フェミニズムの独持な再生産概念には、それとはべつに二つの源泉があった。一つは再生産を(1)の意味で「生産システムそのものの再生産」と広義にとらえるアルチュセールの立場[アルチュセール 1975]、もう一つは再生産を(3)「人間の生物学的再生産」と狭義にとらえるメイヤスー[Maillassoux 1975]の立場である。

アルチュセールは資本制システムそのものの再生産のメカニズムに着目し、その中でのイデオロギーの役割を強調した。他方メイヤスーは未開社会の親族構造の分析から、「再生産様式」という概念を、フェミニズムとは独立に、初めて使った人類学者である。

バレットはアルチュセールの強い影響下にあり、イデオロギーが抑圧的な生産関係を再生産する機能に自覚的である。彼女は、アルチュセールにならって、イデオロギーはたんなる「上部構造」以上の自律した領域だと見なす[Barrett 1980]。家父長制が資本制とは独立した自律性をかくとくするとすれば、バレットにとって、家父長制の所在 location はこのイデオロギー領域にある。家父長制をイデオロギーと見なす立場は、精神分析や文芸批評にきわめて適合しているために、フェミニズムでは受けいれられやすい。

だがこれこそデルフィが「観念論 idealism」と批判してやまない当のものである。デルフィは抑圧的な生産関係の再生産には、「物質的基盤」があるとする。そしてこの性支配の「唯物論的分析」こそが、デルフィをして、マルクス主義に批判的でありながら自分の方が「結果としてより首尾一貫した唯物論者である」と主張する根拠になっている[Delphy 1984]。それに対して今度はバレットが「経済(還元)主義」という悪罵を浴びせているが、この応酬はすこぶる逆説的である。

だがデルフィは、家父長制を今度は「家内制生産様式」というもう一つの生産様式に還元してしまった。バレットとマッキントッシュがデルフィ批判の中で、デルフィが結婚契約の中でもっぱら「妻」役割にのみ注目し、「母」役割に言及しないのは一面的だと批判するのにも理がある[Barrett & McIntosh 1979]。

「再生産」の第三の意味、人間の生物学的再生産に注目するのは、メイヤスーである。それ以外にも初期のラディカル・フェミニスト、ファイアストーンなどは、女の「産む性」としての生物学的宿命が性支配の基盤だと主張したが、この種の議論は、非歴史的かつ生物学主義だとしてのちにフェミニズムの中からも批判を受けた。メイヤスーはフェミニズムとは全く独立に、マルクス主義人類学の影響下に、再生産の概念にたどりつく。そして再生産が社会的に編成される様式――「再生産様式」――を定義しようとする。メイヤスーにとって、階級関係とは、生産関係である以上に再生産関係である。

メイヤスーは(物質の)生産と(人間の)再生産とを区別し、社会の階級関係は生産手段の分配によってだけでなく、「再生産手段」すなわち女性の分配によっても定義されるとする。この再生産手段である女性に対する管理と統制は、社会にとって核心的に重要であり、この分配と統制の様式＝「再生産様式」をつうじて、最終的には生産様式も統制されている、と見なす。

考えてみれば、人類学が主としてとり扱ってきた親族理論は、婚姻ルールを媒介として「再生産様式」を扱ってきたことになる。より正確に言えば、婚姻ルールはそれを通じて再生産をコントロールするだけでなく、労働力の配置をも決定するから、親族構造とは「生産様式」と「再生産様式」の未分化な複合体であると言ってよい。

もともと、生産と再生産が分化を強いられたのは、市場社会という歴史的条件による。農婦の労働の中で、家内労働と家事労働がほんらい区別がつかないように、生産労働と再生産労働もどこまでが生産でどこからが再生産かは分かちがたい。「家事労働」の「都市的基準」[Delphy 1984]が示すように、歴史上あとになって分化したものが、はじめて先行するものの内容を分析的に記述することを可能にするのはよくあることだ。私たちは人間活動の総体をとりあえず「生産と再生産の複合体」と呼んでおくほかない。この点から見れば、集団が親族関係の用語法でだけ定義されているような社会は、生産様式と再生産様式が複合した社会、さらに言えば、――市場社会とは全く逆に――再生産様式に生産様式が従属した社会だと言うことができる。

親族関係の用語は、性と世代(年齢)という変数の組み合わせから成っている。この組み合わせから成る諸カテゴリーの間で、権利と義務とが不均等に配分されている。性と世代とは、予め非対称なカテゴリーである。とりわけ世代(産んだヒト/産まれたヒト)のカテゴリーは、本質的に時間を孕むために非対称である(平等な親子などありえない)。一般には性も、それに劣らず非対称なカテゴリーである。ほとんどの文化は、ジェンダーの相対性を、左/右のような非対称的な二元論でカテゴライズしている。[2]

非対称的な性と世代の変数の中で、男性・年長者に権威が配分されるようなシステムを、広い意味で家父長制と言う。[3] ソコロフは「家父長制」を「男性に女性支配を可能にさせる社会的な権力関係の総体」[Sokoloff 1980：154]と定義する。デルフィによれば家父長制とは「(現代産業社会における)女性の男性への従属のシステム」[Delphy 1984：18]である。

家父長制はふつう家内制生産様式と結びついて語られる。家内制生産様式のもとでは、女と子供を含む家族のメンバーは家長男性の監督権のもとに置かれ、その生産労働と再生産労働をともに家長に領有される。またデルフィのように、産業社会で成立した市場と家族の分離と分業のもとにおける家族の中の女性支配だけを、とりわけ「家父長制」という歴史概念で呼ぶ場合もある。

家父長制が近代社会に固有かどうか、もしくは、近代産業社会に固有な家父長制とはどのようなものか、という問いを留保した上で、家父長制以外の、生産・再生産様式の複合体はあるだろうか、と問いを立ててみることはできる。カワードが『家父長制に先行する諸形態』で試みた(そして答をあやまった)のはそのような問いである。

フェミニスト人類学者の努力は、これまで、あげてこの問い——家父長制以外の生産・再生産様式はあるだろうか、あるとしたらどんなものだろうか、そのための条件は何だろうか、もしくは不幸にしてないならばその理由は何だろうか——に捧げられてきた。そして残念ながら今のところ満足な答は得られていない[上野 1986a](4)。

親族理論の冷静かつ該博な世界的研究者、デイヴィッド・シュナイダーは、母系・父系を問わず「男性と女性の役割は同じように定義される。男は権威の役割を担い、女は育児に責任を持つ」[Schneider 1961：7]と指摘する。

そうなれば、家父長制は、父系制とは独立した概念ということになる。年長・男性の支配は、いわば歴史貫通的な概念である。この意味の広義の家父長制は、フランスのマルクス主義人類学者、クロード・メイヤスーの「長老支配 gerontocracy」の概念にきわめて近い[Maillassoux 1975]。メイヤスーによれば「家族制共同体 domestic community」とは、親族集団のうち年長の男性が、年少者と女性とを搾取するようなシステムである。

メイヤスーは、この「家族制共同体」が、同時に「生産様式」(家内制生産様式)でもかつ「再生産様式」でもあることに自覚的であった。「エンゲルスは物的生産関係が「決定的」ではないということをただ確認しただけなのである。彼は……「血縁」が、厳密な意味での生産関係をこえて、生命の再生産のために人びとがとり結んでいる諸関係を内包しているということを予感していたのである。」[Maillassoux 1975＝1977：23]

彼は「マルクス主義にとっては目新しい対象を、史的唯物論に無理矢理に従わせようと懸命になっている人びとは、真のマルクス主義を裏切ることになる」[Maillassoux 1975＝1977：23]と、マルクス主義フェミニストが聞いたら大喜びしそうなことを言っている。

フェミニストは女性解放という動機から、メイヤスーは親族理論への関心から、期せずして「再生産様式」という概念に行き当たる。婚姻ルールのもとで流通しているのは、女性という生産力であると同時に再生産力でもある。親族構造は、女と年少者の労働が、誰に帰属するかを決めるが、同時に女という再生産力が産んだ再生産物、すなわち子供の領有をめぐってもその配分を決める。メイヤスーは、レヴィ＝ストロースの婚姻規則の分析を、それが交換パターンの構造主義的分析に終始していて、婚姻のもたらす物質的な帰結——子供の帰属と財産の継承——について何一つ言及しないことを非難する。その意味でも、交換パターンの中を流れるマテリアルに関心を注ぐメイヤスーは、ヘーゲル主義の伝統に立つ真の唯物論者でもある。

年長者が年少者と女性を支配するのは、種モミの管理と婚資の管理を通じてである。先に言ったように、世代とは、非対称な概念である——年少者は年長者に「生産」を負っている。すなわち若者が最初に畑を作るとき、彼は先年の種モミを年長者に分けてもらわなければならない。この種モミは、やがて生育して多くの収穫をもたらす。年少者はこの「負債」に対して、年長者に「利子」をつけて返済しなければならない。

女もまた同様である。年少者は女を得るために婚資を年長者に負う。この女は種モミと同様、繁殖して子を産む。女性の分配のコントロール、それを通じての子供の分配と帰属のコントロールは、長老が独占している婚資を介して行なわれる。

婚資とは、その社会の人々が貴重財 valuables と見なしている特定の財——家畜、装飾品、貝貨などである(貨幣もその一種である)。年少者は婚資を手に入れるために年長者にさまざまな奉仕をするが、そうやって手に入れられた貴重財は一種の「凝縮された労働congealed labor」の結晶物である。こうして貴重財(広い意味の貨幣)の管理を通じて、年長・男性は、年少者と女性の生産労働と再生産労働の配置を決定する。年少者ははじめに種モミを、そして次に貴重財と女を年長男性に負ったことによって、この「負債」に報いなければならない。

メイヤスーの説明は、資本主義の発生についてのマルクスの根源的な設問、「なぜ資本は利潤を生むのか」「なぜ土地は地代を生むのか」という問いに対する、人類学者の側からの回答である。メイヤスーの本の原題は、『女性・穀物・資本』というものである。(5) その共通項は「利子(うまく名づけたものだ!)を産むもの」である。

メイヤスーの「長老支配」は、いわば家父長制一元論の概念である。そこでは、性と年齢という変数が、生産・再生産複合体の様式を決定するすべてである。市場支配一元論が極端な理念型であるように、家父長制支配一元論も極端な理念型である。市場支配一元論の中では、再生産が生産に内属しているのに対し、家父長制支配一元論の中では、逆に再生産に生産が内属している。しかし家父長制という概念が、近代家族の小規模な単位を念頭において語られる時、どうしても資本制および市場支配に下属するせいぜい文化的もしくは心理的な概念としか扱われない限界を考えれば、たとえ理念型的な思考実験であれ、非市場的な社会で社会の全域が家父長制的な原理で編成されているような類型を考えることは、家父長制という概念の射程を拡大するには有効なことだろう。

この「長老支配」が、「性＝階級 sex class」「年齢＝階級 age class」にまで拡張しうるかどうかについては議論がある。「長老」、すなわち権威を持った年長・男性は、ほんとうに支配「階級」なのだろうか？

年少男性は、長老への奉仕を通じて貴重財を入手し、やがて自分じしんが長老の地位に上がっていく。ただ世代的な先後関係だけが年長者と年少者との搾取・被搾取関係を分けることになれば、一人の人間は、若い時は被搾取者、老いては搾取者であることを通じて、全体として、「一般的互酬性」を達成する。こういう互換性のある関係は、階級関係とは呼びにくい。

ところで女はどうか。女性の立場は男性と互換性がない。女は婚資を通じて「分配される側」であり、ふつう貴重財の所有者にはならない。貴重財へのアクセス権は、集団の男子成員の間で分配されており、婚資もまた、夫の男性親族から妻の男性親族へと移動するのであって、夫から妻へ贈られるわけではない。

そうなれば、見かけ上明らかな非対称性を持っている世代という変数より、性という変数の非対称性の方がはるかに大きいことになる。このシステムのもとでは、家父長制とは、権威を世代間に分配している男性成員総体による女性成員総体の支配と定義される。ブルジョア単婚家族の家父長制とは、ただこの成人男子成員が「家族制共同体」の中でたった一人になってしまった家父長制の特殊ケースにすぎない。

フェミニズムの諸潮流の中で、デルフィの「家内制生産様式」がはげしい議論の的になったようには、メイヤスーの「再生産様式」は議論の対象にならなかった。それにはもちろんメイヤスーがフェミニストでなく、フェミニズムに対するその理論的含意を積極的に論争の場に持ち出す論者がなかったということも関係している。

メイヤスーの「再生産様式」という概念に対するフェミニストの反応は、たとえあったとしても、いっこうにかんばしくない。メイヤスーの『女性・穀物・資本』[Maillassoux 1975]に対して、オラーリン[O'Laughlin 1977]、マッキントッシュ[Mackintosh 1977]、エドホルム[Edholm et al. 1977]らフェミニスト人類学者による書評が出たが、どれもメイヤスーには批判的である。

メイヤスーに対するフェミニストの批判は、主として二つの点に向けられる。第一に女性を「再生産手段」に還元したこと、第二に彼の一種の「再生産至上主義」とも言うべきものに対してである。第一の点については、エドホルムらは、「メイヤスーは女性をたんに再生産者とだけ見なし、それと同じくらい重要な生産者としての役割を無視している」

主義が登場する。

生存手段の生産は必然的に決定されるのに対して、労働力の再生産は「根本的に決定できない」か、また生産によって「規定」される。[O'Laughlin 1977 : 9]

オラーリンにとっては「生産と再生産とは単一のプロセス」であり、その中では「再生産は生産に従属すると見なすべき」ものである[Walby 1986 : 36]。

ここにあるのはマルクス主義本流にある根ぶかい生産至上主義である。「生産が再生産を決定する」というこの命題には、少なくとも誰も疑いをさしはさまないように見える。統一理論の信奉者たちが固執したのも、この点であった。「生産」が唯一で究極の独立変数であり、かつその中で「優位な生産様式」を指定することができるのなら、いったいなぜそれとは独立の領域を認めなければならないのだろう?――家父長制の独立性という概念を認められないマルクス主義者にとっては、メイヤスーの「再生産至上主義」は許しがたいものにちがいない。

だが、なぜいつも、生産か再生産かという一元的決定論の両極を、振子のように動かなければならないのだろう? 女性を再生産者に還元するのがまちがいなら、逆に生産者に還元するのも同じくらいまちがいではないだろうか? もし「再生産が生産を決定する」

という一元論を認めがたいなら、だが今度はいったいどういう権利で、「生産が再生産を決定する」という一元論を受けいれることができるのだろう？　生産至上主義は、再生産至上主義と同じくらい根拠がないように見える。

5・3　「生産様式」と「再生産様式」の弁証法

生産様式と再生産様式は、さしあたり相互に独立した概念である。理念的には、生産様式に再生産様式が完全に内属したようなシステムを考えることも、逆に再生産様式に生産様式が完全に内属したようなシステムを考えることもできる。

生産と再生産のこの分離自体が近代概念であるが、より分節化した分析概念からは、両者の統合・背反の関係を記述することが可能になる。

生産様式と再生産様式との相互関係のうち、これまで信じられてきた一つの「神話」は、生産労働と再生産労働とは、互いに矛盾する、という仮説である。再生産労働という概念を独立した分析概念として持ちこんだマルクス主義フェミニストさえ、往々にしてこの概念を、女が劣った生産者であるのは、女が主として再生産者であるからだ、という説明のために用いてきた。

生産様式と再生産様式という概念を分離して使うことは、この種の神話からも私たちを自由にしてくれる。つまり、女が二流の生産者になるのは、ただ生産労働と再生産労働とがトレード・オフ(あちら立てればこちら立たず)の関係にあるような場合に限って、そうなのだ。そして近代社会とは、生産労働と再生産労働とが矛盾・抵触しあうような生産様式と再生産様式との間の編成を作り上げた社会なのである。

理論的には——そして経験的にも——生産労働と再生産労働とが抵触しあわないような社会を考えることはできる。生産・再生産の二項図式という歴史概念を用いながら、歴史の被制約性を超えるには、この概念がとる固有に歴史的な形態から、概念それ自体をひきはがし脱構築する必要がある。生産様式と再生産様式の相互関係がとる非近代的な形態を考えることができたとき、この概念は、歴史概念を超えて汎通性を持ったと言いうる。

生産労働が再生産労働とトレード・オフの関係にあり、したがって再生産者である女性が必然的に劣った生産者になるという通俗的な常識の「正当化」に動員される、もっとも安直な議論は、次のような社会生物学者の運命論的三段論法である。[Sacks 1982：24]

(1) 子供をつくることと文化をつくることとは両立しない。
(2) 女は子供をつくる。
(3) したがって男にしか文化はつくれない。

この議論は、ほんとうだろうか？

第一に、再生産が生産に抵触するという考え方の中には、人々がギリギリの生存ラインで総力を挙げて生産活動にいそしんでいる、という前提がある。「生産力水準の低い社会では」というこの前提は、事実上、石器時代の生産力水準にとどまっている「未開社会」が労働時間のわずかな「豊かな社会」[Sahlins 1974]であるという観察によってくつがえされた。技術も生産力も石器時代の水準にある狩猟採集社会の住人たちは、飢餓線上をさまよっているどころか、多くの余剰食物を環境の中に保存して資源を取り尽くさないように配慮しており、一日四時間——この労働時間は、何と偶然にも、マルクスが描いた来たるべき共産主義社会の一人あたり平均労働時間に一致している！——生存のための労働に費やすほかは、歌ったり踊ったりだべったりの「社交」や「芸術活動」で日がな一日をすごすことが報告されている。この「豊かな社会」の住人は、産業社会の住人のように資源利用や生産力水準を「極大化」しないように配慮する点で「豊か」なのだ。

　このような社会では、再生産は生産と少しも抵触しない。再生産活動は、一日のうちわずかな時間で行なわれる生産活動——女の場合は植物性資源の採集——につけ足した余暇活動のごときものとなる。事実こうした社会では、生産活動の六割（摂取カロリーの六〇％）までが女による採集活動で占められていることがわかっている。このような社会では、女性は再生産者であるばかりでなく、生産者としても男性以上に貢献度が高い。

かつこのような社会では、再生産のプロセスが短い。子供はすぐに大人になるし、女性の純再生産率(生涯に女の子を産む数)もほぼ一・〇と安定している。性に無知な「未開人」というさまざまな偏見にもかかわらず、彼らは生殖年齢の大半を孕みつづけて過ごすような再生産の「極大化」も、産業社会の住人たちとはちがって、やらないのである。

第二は、この再生産が女性に性別配当されている場合に限って、女性にとって再生産は生産と抵触しあう。女性はたしかに「産む性」であるが、先に定義をしたようなトータルな社会化過程としての再生産活動のうち、「産む」――狭義の生殖すなわち妊娠・出産・授乳――は、そのごく一部分にすぎない。しかも女性の立場から見ても、生殖が生活の全部を規定するのは、産褥期のごくわずかな期間だけである。女性は妊娠中も働いているし、授乳期間もそれ以外の活動をやっている。サックスが言うとおり、女性はいつでも再生産者であると同時に生産者でもあった。同じように、男性もまたいつの時代も生産者であると同時に再生産者でもあった。ただ産業社会だけが、生産と再生産の性別配当を通じて、女性の再生産労働をマキシマムに、そして男性の再生産労働をミニマムにした特殊な社会なのである。

第三に、再生産が生産以上に重要視され高く評価される社会では、女性の再生産力は女性の地位を高めこそすれ、低める方には働かない。アフリカの首長国で女王支配が行なわれている国では、女王は、自らの政治的力能を再生産力で証明しなければならない。子供を産む能力を持っていることが、女王の力を高めるのである。したがって女王は在位中に次々と子を産む。しかもこの再生産力は、しばしば生産力の豊穣につながると考えられている。そのような社会では、生産と再生産はトレード・オフの関係どころか、相乗効果を持っている。

生産と再生産のうち、いずれが社会経済構成体の「最終審級」(アルチュセール)かを早々と決する必要はない。したがって、マルクス主義フェミニストの問題設定を、ビーチイにしたがって定式化すれば次のようになるだろう。

どうすれば唯物論的な分析方法を、生産と再生産とを単一の過程の部分として十分に統合できるような、そしてまた性差が階級構造の組織形態と分離できないことが明らかになるようなやり方で、用いることができるだろうか？ [Beechy 1987 : 115]

(1)　反対に、母系(妻方居住)制のもとでは、男性の側に生産者と所有者とへの分裂が起きる。これが母系社会における男性の地位を弱め、男性メンバーの間の連帯を危うくする。そのために多くの母系社会がとっている調停策は、母系夫方居住制という出自 lineality と居住 locality の「非調和」(レヴィ＝ストロース)な婚姻規則であった。そしてこの「非調和」なルールは、その不安定性のために、早晩完全な父系制(父系にして夫方居住)へと移行する……というのが、サックスをはじめとする「母系社会」理論の骨子である。バッハオーフェンの『母権論』[Bachofen 1861]からレヴィ＝ストロースの「母方交叉イトコ婚説」[Lévi-Strauss 1949]まで、人類学の親族理論は母系から父系へのこの移行の「必然性」を証明しようとしてきた。

(2) 対称的で相補的な、言いかえれば「区別はあるが差別のない」ジェンダーの「宇宙論的雌雄性」[青木 1983b]についての批判は、上野[1986a]参照。

(3) 「家父長制」という訳語は、「家」の存在を前提するから、「パトリアーキイ」とカタカナ用語で通した方がいいのかもしれない。

(4) フェミニスト人類学の詳しい展開と、その隘路についての批判は、上野[1986a]を参照。

(5) 邦題は「家族制共同体の理論」、英訳題名は *'Maidens, meal and money: capitalism and the domestic community'* である。ここは meal ではなく grain と訳すべきところだろう。

第六章　再生産の政治

6・1　セクシュアリティの領有

フェミニズムの関心の焦点は、その当初から、「産む性」としての女性に、女性の「再生産者」としての役割に当てられてきた。セクシュアリティ、母性、中絶の権利などは、つねにフェミニズムの核心にあった。

マルクス主義にとって労働にあたるものが、フェミニズムにとってはセクシュアリティである。[Mackinnon 1982 : 1]

だがこのことは、ファイアストーンのような「生物学主義」を意味しない。なぜなら「マルクス主義にとって労働がそうであるように、フェミニズムにとってセクシュアリティとは、社会的に構成されたもの」[Mackinnon 1982 : 1]だからである。マッキノンはつづける。

特定の人々の労働が他の人々の利益のために組織的に収奪されることが階級――つまり労働者――を定義するように、特定の人々のセクシュアリティが他の人々の利用のために組織的に収奪されることがセックス――つまり女性――を定義する。ヘテロセクシュアリティがその構造、ジェンダーと家族はその凝縮した形態、性役割は特定の人々に生じたその性質、再生産はその結果であり、統制がその課題である。[Mackinnon 1982 : 2]

家父長制を「女性の労働の男性による領有」と定義するよりは、むしろ「女性のセクシュアリティの男性による領有」と定義する方が、フェミニズムの問題意識にかなっている。だがセクシュアリティの問題は、性支配の物質的基盤の解明に向かわずにただちにイデオロギーや精神分析などの「上部構造」にまい上がってしまった。セクシュアリティの領有は、たんに社会意識(「気持ちの持ち方」)の問題ではなく、物質基盤を持つ制度的なものであるにもかかわらず。

マッキノンの言うように「女性」を社会的な存在として定義しているのは、生産の場における階級関係ではない。異性愛 heterosexuality の制度が二つに分けた性別 gender のうちで、「男」性との関係で「女」性はまず第一義的に「産む性」=再生産者として定義される。女性が被抑圧者であるのは、女性がたんに再生産者であるからではなく、自分自身の行なう再生産とその結果である子供という再生産物 reproducts ── 生産物という用語に対応させて再生産物という言葉を用いよう ── から疎外されているからである。女性の再生産労働とその労働の成果である再生産物は、男性＝家父長 patriarch によって領有されている。それが「家父長制」の意味である。

生産関係における階級概念を、再生産場面に持ちこめば、男性は再生産支配階級、女性は再生産被支配階級と呼ぶことができる(1)。女性は子宮という再生産手段を持っているが、子宮が肉体的に女性の身体に帰属していることは、それを女性が「所有」(2)していることを少しも意味しない。家父長制のたくらみは、あげてこの子宮という再生産手段の支配とコントロールのためにあった。女性を自分自身の身体について無知なままに置き(3)、その管理を男性にまかせ(4)、避妊と生殖についての自己決定権を女性から奪う(5)ことが、再生産支配階級の意図であった。

現在の生殖テクノロジーの限界では、子宮は残念ながらまだ女性の身体から剥奪できないが、もし人工子宮ができるとすれば、その管理・運用権が男性の手に落ちるのは目に見えている。生殖テクノロジーの発展は、子を産めない女性への福音どころか、今度こそ女といういまいましい生きものに依存せずに再生産をコントロールする全権を手に入れることができる、家父長制のユートピアにちがいない(6)。

現に、代理母 surrogate mother のように子宮が金銭を媒介に売買されているところでは、買い手はもっぱら男、売り手はもっぱら女である。また夫や兄弟が、その妻や姉妹の子宮を代わって売ることもある。「愛情」に代わって「貨幣」という資源が、子宮とその再生産物の領有が誰の手にあるかを決める。貨幣という資源は、今日では社会的な権力資源だから、その分配に性による格差があるところでは、家父長制は「愛情」による粉飾をとり去って、もっとあからさまに再生産支配―被支配関係を貨幣の用語で示したと言うことができる。一九八七年、アメリカで代理母が依頼主に対して子供の引きわたしを拒否したベビーM事件が示したのは、むしろ逆に「愛情」の用語で隠されている再生産関係の中にある階級的な支配関係の現実であった[7]。

子宮に対する支配はもとより、生まれた子供の帰属をめぐる争いこそ、家父長制の核心にある。婚姻は二つの親族集団の間の契約だが、そこにはいつも、子供の帰属をめぐって政治的な応酬があった。たとえば、婚資の支払いが十分でない場合には、妻方親族は、婚資の支払いが完了するまで、子供の引き渡しを拒むケースがある。それを見ると、婚姻契約とは、たんに夫と妻の間の性関係をめぐる契約ではなくて、この性関係から生じる再生産物、つまり子供の帰属をめぐる契約でもあることがはっきりする。

前近代的な婚姻では、妻は嫡出子を挙げるための道具とみなされた(「胎《はら》は借りもの」)。

こういう制度のもとでは、離婚は女にとって、子どもを婚家に置いて出ることを意味した。子別れがイヤさに離婚を思いとどまった女も多い。だが、その当時も、母親と生き別れた子どもを父親が育てたわけではなく、父系拡大家族の中で父方の祖母が再生産労働にあたった。ここで問題なのは、母が育てるにせよ祖母が育てるにせよ、子供が父系集団に帰属するという事実である。中国や韓国のように夫婦別姓の婚姻制度のもとでは、子供の父系帰属はさらにきわだつ。子は父方の姓を名のることで、母と異族であることを有標化する。

戦後、この状況は大きく変わった。現在離婚に際して子の八割以上が母方に引きとられる。それは核家族化にともなって夫が妻に代わる女手(祖母)を失ったことと無関係ではない。離婚が子供を失うことと同義でなくなったことが、女性に離婚の決断を容易にさせている事実は、あまり指摘されていない。だが多くの死別・離別母子家庭が、貧困ライン以下に落ちこむことも事実である。離別した父親の養育費のとりきめ額は、すこぶる低いばかりか、多くの父親はしばしば支払いを滞らせ、やがて送金を停止することがデータからわかっている。しかもその時点で裁判所に取り立てを請求する女性はきわめて少ない。

ハンディの多い労働環境で、再生産費用を百パーセント負担しながら子育てする女性は、家父長制から子供を「奪いとった」と言えるだろうか？　彼女の子供を待ち受けているのは、個別の抑圧的な父権ではなくなったが、今度は制度的に転位された父権である。ハートマンによれば、「性支配 gender hierarchy の再生産」(8)は「教会、学校、スポーツ・クラブ、組合、軍隊、工場、事務所、保健センター、メディア等、家父長的態度が教え込まれかつ女性の地位の低さが押しつけられ補強される家庭の外の場所」[Hartman 1981 = 1987 : 63]で行なわれる。こうして離別母子家庭で息子を育てるフェミニストの母親さえ、五歳児の息子から「女のくせに!」とやりこめられるという笑えない悲喜劇が生じる。子供を性支配の汚染から隔離しようとする試みは、女や子供が家父長制的な社会にさらされている限り、個別の婚姻をキャンセルしてもムダなのである。

再生産はたんに受胎し、生産するまでの生物学的なプロセスを意味しない。産んだ子供を一人前に育て上げる全プロセスが再生産であり、その再生産労働を女性が担っている。このプロセスをつうじて、家父長制に適合的な次の世代を育て上げるために女性の自発的な献身を動員すること――ここに家父長制の成否がかかっている。「家族」とはこの家父長制的再生産関係のことである。「家族」をつうじて、家父長制的再生産関係そのものが――ほかならぬ女性によって――再生産される[Chodorow 1978](9)。

女は自分の胎から生まれた生きものを、自分を侮蔑するべく育てる、のである。

6・2　「家父長制」再考

家族の中でいったい何が行なわれているのだろうか？　もう一度家父長制の定義に立ちもどろう。

家父長制は、語源的には「父の支配 rule of fathers」という意味を持っている。家族は（親族集団も）「性と年齢とによって権威と資源の分配に格差のある意思決定の単位」であって、その神話に反して、寛大な「一般的互酬性」が貫徹するような「愛の共同体」ではない。この「父の支配」には「性による支配」と「世代による支配」との二つが含まれる。女性に関して言えば、「妻としての労働」と「母としての労働」の両方の家父長（夫）による領有がある。

マッキノンにならって「労働」概念を「セクシュアリティ」に置きかえるとすれば、ここには「妻としてのセクシュアリティの（夫による）領有」と「母としてのセクシュアリティの領有」との二つの疎外がある。セクシュアリティの概念は婚姻のベッドの中にだけあるものではないから、婚姻における夫の性交渉の権利や夫婦間の強姦は大きな問題であるが、同時に女性のセクシュアリティが「母として」だけに閉じこめられることも大きな抑圧である。女性のセクシュアリティは「母として」大きく収奪されてきた。

とりわけここ二十年ばかりの家族と資本制との間のドラスティックな変化は、女性の「妻としての役割」の変化によるものではなく、「母としての役割」の変化によるものである。それどころか、「妻としての役割」は産業化の初期に、もうほとんど大したものではなくなってしまっていた。それに対して「母として」の排他的な責任——男性の再生産者としての責任はますます少なく、女性の再生産者としての責任はますます重く——がイデオロギー的にも実践的にも急速に成立してきたことを、アンナ・ダヴィンは『帝国主義と母性』[Davin 1978]の中で述べる。「子供を生かすも殺すも母(の責任)次第」というイデオロギーは、子供の死亡率、栄養状態、衛生状態にまでわたり、のちにはフロイディズムがこれに加担して、子供の精神衛生にまで母親が全面的で排他的な責任をとらなければならなくなった。

だが、女性を母性に封じこめてきたこのイデオロギーが、いっこうに力を失わないまま、他方で女性の労働市場への急速な参入が起きたのは、次の二つの理由からである。第一は子供の数が著しく減少したこと、第二は子供の(とりわけ第二次)社会化の期間が延長し、それにかかるコストがいちじるしく上昇したことである。

「再生産の政治 reproductive politics」——いつ、何人、どのような子供を生むか、そしてそれを誰がどのように決めるか——は、いつでもフェミニズムの問題の核心にあった。「産む・産まないは女の自由 reproductive freedom」は、女が自分自身のセクシュアリティを取り戻そうとする時の重要な標語だが、女性が自由意思による生殖に対する意思決定権を手に入れても、ほんとうにそれが「生殖の自由」のかくとくと言えるだろうか？「自由意思による決定」の背後に、どんな直接・間接の要因が働いているか——「何が子供数を決めるのか fertility decisions」——が、次に大きな問題として浮かび上がる。

6・3　子供数の決定因

ナンシー・フォルバーは、『家父長制のもとに生まれて——子供数の決定をめぐるポリティカル・エコノミー』[Folbre 1983]の中で両親に子供数を決定させるに至るコスト／プロフィットの諸要因を、詳細に検討している。

一般に子供数は、子供が将来親にもたらす経済価値(プロフィット)と、子供を育てあげるのにかかる費用(コスト)とのバランスで決まる、という前提からフォルバーは出発する。もちろんこれは、「無私の献身」を子供に捧げているはずのおおかたの親の感情を逆なでするような、経済還元主義である。しかしデルフィも言うように、「そこに現に経済的要因があることを無視して、経済基盤について語ることをすべて経済主義と非難する」[Delphy 1980]のは当たらない。いましばらく、「不愉快」を我慢してフォルバーの議論をフォローしてみよう。

子供の成長に時間がかからず、かつ子供が経済価値を持っているところでは、家父長制は「大家族」に価値を見出す。だが、義務教育と工場法が子供を労働の場から追い出して以来、子供の経済価値は減少する一方であり、その上母親にとっては子供は家事労働や子育ての手助けにもならない無益な「穀つぶし」になり下がる。他方、社会化の期間と教育の費用は増大するが、これは最終的には、より高度に産業化した社会の中で、より高い収益を上げる質のよい労働者としての成人した子供に対する将来の期待を高める。教育は、今日では「富の世代間移転」の主要な形態である。

物理的な財の移転は、子供の教育に対する「投資」のかたちをとった「人的資本human capital」の移転に比べて、はるかに重要性を失った。[Folbre 1983 : 274]

フォルバーは、世帯の収入が上昇するにつれて、それとは「ふつりあいに」教育支出が急上昇することを指摘する。こうして両親は、自分よりも学歴の高い子供の成人してのちの将来の経済的貢献に、より大きな期待をかける。

産業化によって「小さな子供」および「未婚の同居子」の経済的貢献が低くなった代わ

り、「成人した子供」の経済的価値は、くらべものにならないほど高まった、とフォルバーは指摘する。とくに、老後が延長した親にとっては、自分の老後に対する「成人した子供」の経済的貢献が、大きな期待値を持つ。したがって、家父長制にとって、子供がもたらすコストとベネフィットのバランスは、

(1) 生涯にわたって子供が両親に経済的に貢献する程度

(2) 子供を育てるのにかかる費用の、家族の中における夫と妻の間の不均等な分配

［Folbre 1983：278］

によって決まる。(1)は「世代間の不平等 generational inequality」に、(2)は「両性間の不平等 gender inequality」につながる。その両者をつうじて「年長の・男性が、利益を得る」［Folbre 1983：278］のが家父長制のしくみである。ここには二つの問題――(1)誰が利益を得るか、と(2)誰がコストを支払うか――が含まれている。

6・4　再生産費用負担の不平等

性支配の問題は、この再生産費用の不均等な分配にある。男性にはなるほど、自分は愛する妻子のためにこそせっせと稼いでいるのだという言い分があるかもしれないが、女性

は第一に貨幣費用(カネ)ではなくて現物費用(テマ)を再生産労働というかたちで支払っており、この現物費用はもし貨幣費用に換算するとしたら、夫が負担できる額を超えている。第二に女性は、この現物費用を負担するために生産労働の場から離れるという形で、ありうべき貨幣収入(逸失利益 lost income)を犠牲にし、この期間の離職は、のちに再雇用を得てもハンディとなって響くから、生涯にわたって回復できない格差を背負いこむ。

しかも夫の得ている賃金が「家族給 family wage」だという考えは、全く現実に即していない。賃金曲線の上昇のしかたはファミリー・サイクルと全く一致していない。妻が育児に専念するために収入を失う時期の若い夫たちの給与はすこぶる低く、逆に子供の教育費負担が終了して子供が独立したあとの高年期に最大となる。家族給について多くの論者は、家族給は現実よりも神話であり、家長労働者の給与が「一家を養うに足る」だけのものなのではなくて、たんに一家の生活水準が夫の賃金レベルに合わせられているだけだと指摘する[Land 1980, in Evans ed. 1982]。

再生産費用を論じる際に、忘れてならないのは、現物費用の配分である。近代家族の中では、この現物費用は排他的に女性に割り当てられている。しかし夫が分担しているはずの貨幣費用が、実のところ現物費用の増減と連動しておらず、またファミリー・サイクルの必要とも一致していない——つまり「家族給」がただの神話にすぎない——となれば、実際には、妻の「現物費用」は誰からも「支払われていない」のである。妻は自分の生活水準を切り下げ、自分の必要に子供の必要を優先させるという「献身」によって育児期をしのいでいる。そのポイントは、妻の再生産労働は誰からも――夫からも、夫を通して資本からも、また国家からも――支払われていない、という点にある。

もっと驚くべきことがある。子供の第二次社会化、すなわち学校教育が始まると、母親はもう自分の現物費用、つまりテマ、ヒマ、愛情だけでそれをカバーすることができない。しかも教育費負担が最大化するファミリー・ステージ第Ⅲ期は、夫の中高年期にあたり、賃金曲線の上昇が鈍化する時期に当たっている。ちょうどこの時期に、母親はよぶんにかかるようになった教育費負担を貨幣費用として稼ぎ出すために、労働市場へ再度――今度は不利な周辺的な労働力として――立ちもどる。妻の家計補助収入は、子供の教育費のために今日では不可欠である(10)。

したがって、子供を育てる第一次社会化にかかる現物費用も、第二次社会化にかかる貨幣費用も、結局母親が負担していることになる。

この家父長制的な女性の再生産労働の搾取から、女性が独立を求めて逃れたらどうなるか？　離婚は現在、女性にとって高くつきすぎる「解放」になっている。それどころか多くのフェミニストは、女性の独立によって最初に「解放」されるのは、男性の方ではないかと危惧する。

多くの国家政策は、結婚から逃れる自由を、したがってその結果として親としての責任から逃れる自由をますます——男性に——保証している。[Folbre 1983 : 277]

かつての離婚とちがって、今日の離婚では子供の親権はほとんどの場合母方に帰属する。だがこのことは「母の勝利」を少しも意味しない。かつての家父長制的離婚では、妻はその再生産物＝子供を夫のもとに置いて去らなければならなかったが、その代わり子供の再生産費用を夫方が負担しなければならなかった(実際には、この再生産の現物費用を妻に代わって引き受けたのは夫の母親——ここでもやはり女——である)。しかもその時代には子供の社会化に時間がかからず、子供の経済価値が高かった。今日、男たちが子供に対する「親権」をかんたんにギブアップする「謎」を、ハートマンは、「男たちは(小さな)子供が経済価値を持っている間だけそれを手もとに引きとめ、子供が経済価値を失うと今度は女たちに押しつけた」と説明する。

離婚して母子家庭を営む女性は、第一に経済価値を失い、第二に経済的な依存期間が長くなった子供をかかえて、再生産の現物費用も貨幣費用も共に一人で背負わなければならない。

アメリカでは、たとえば法廷が取り決める子供の養育費支払いについての合意レベルはショッキングなくらい低い。その結果、多くの女性は子供に対する一〇〇%の経済的な責任を背負うことになり、母子家庭のきわだって多くの部分が、貧困レベル以下に追いやられるという状況が生まれている。[Folbre 1983 : 277]

アメリカのフェミニストのデータによれば、離婚後夫の生活水準は離婚前の七〇%上昇し、妻の生活水準は四〇%低下する、という結果が出ている。

男たちは「父の支配」をギブアップしたのであろうか？——この問題を、たんに男の父親としてのアイデンティティの危機とか、自己拡張意欲の挫折といった、心理的な問題に還元してしまうのはまちがいであろう。事実、第一に、これだけ多くの離婚にもかかわらず多くの男たちは「父としてのアイデンティティの危機」を——一部を除いては[11]——それほど深刻に経験していないように見えるし(それは男性の社会化の結果でもある)、第二に仮に心理的な問題が現にそこにあったとしても、問題を心理に還元することは、母性の問題を精神分析やイデオロギー・レベルに還元するのと同じ観念論的なまちがいを冒すことになるからである。

離婚による親権の放棄によって、男たちは少しも家父長制を放棄したわけではない。それはただ再生産費用の分担を拒否し、それを女に全面的に押しつける、という選択を意味する。だがその子供たちは、教育とメディアという第二次社会化の制度の中に入る。この第二次社会化の制度の中に男性支配が貫徹している限り、男たちは個別の父権を放棄してもより効率的な家父長制的社会化を達成することができる。しかもその社会化費用を、現物費用のみならず貨幣費用まで女たちが負担した上で。

どこまで行っても、男性による女性の再生産労働の領有と、その再生産労働の産物である子供に対する領有とはなくならない。この最終的な性支配――単婚家族までをも分解して離別母子家庭へと還元する――をつうじて、男は個別的な父子関係を失う代わり、層としての年長の男性集団が、層としての年少の男性集団を支配し誘導するという、社会的な「家父長制支配」を完成する。

6・5　世代間支配

家父長制のもう一つの大きな側面――しかもしばしば忘れられている側面――は、世代間支配である。性支配――女性のセクシュアリティを領有し、その受胎能力を管理する――とは、女性という「再生産手段」の管理をつうじて、最終的にはその成果である「再生産物 reproducts」すなわち子供を領有することにつながる。世代間支配は、性支配の帰結であり、目的の一つでもある。

子供の帰属は子供に対する支配とは直接結びつかない。たとえ子供が母方に帰属しても第二次社会化の過程をつうじて、社会的な規模の家父長制が貫徹することもある。ここでは、アルチュセールの言うイデオロギーが大きな役割を演じている。

> 生産と再生産との今日の資本制のもとにおける関係は、技術的には「性に盲目の」搾取的な資本の蓄積プロセスによって一般的には操作されているかもしれないが、それは、特定の性分業の形をとっていて、それにはイデオロギーが深く食いこんでいる。
> [Barrett 1980：252. 強調原著者]

このイデオロギーは、社会化過程をつうじて再生産され、メディアをつうじて生涯にわたって再強化されつづける。それどころか、受益者負担の名のもとに、その受け手が費用負担をした上で、この種のイデオロギー発信装置が「産業」として成立するというおまけつきで。

第二次社会化＝教育期間の延長は、二つの効果をもたらす。第一に、子供の経済価値を低め、子供の経済的な依存状態を長びかせる。第二に、その見返りとして、成人したあとの子供の経済価値を高める。この後者の側面は老後がいちじるしく延長した現代人にとって、子供数を決定する際の、明示的ではなくとも大きな要因になっている。

老人介護の社会的費用を誰が分担するか、成人した子供と国家との間でどのように費用負担を分配するかは、育児費用を誰が負担するかとともに、家父長制の大きな関心事である。欧米の「福祉国家」は、老人介護の責任を多く公共部門に移管してきたが、老人福祉政策が世代間家族関係に対して持つ含意をパターソンは次のように指摘する。

老齢年金の中産階級に対して持つ魅力は、自分たちが将来受けとることになるであろう利益よりは、むしろいま・ここでただちに、両親の面倒を見なくてすむという保証にあった。[Patterson 1981, Folbre 1983 : 275 に引用]

パターソンを引用したあと、フォルバーは「政府が実施した社会福祉政策は、子供数を減少させることにつながった」[Folbre 1983 : 275]と指摘する。

日本の貧困な老人福祉政策が家族の維持に役立っていることは論を俟たない。その限りで、日本の「家族主義イデオロギー」からは、欧米の老人対策が体のいい「棄老」にしか見えないのも理由がある。この家父長制イデオロギーにとって、もっとも怒りと慨嘆に耐えないのは、費用投下をした子供たちが、成人したのちに、親に「報酬」を返さないことである。多くの親は、自分が手塩にかけて育てた子供が自分勝手な「恩知らず」に育っていくことを嘆く。

第一に、教育という投下資本は、いったん与えてしまえばその当人から奪うことができず、財産分与をつうじて次の世代をコントロールするようなわけにいかない。もしこれが物質的な財であれば、親は死の直前まで、自分にもっとも貢献してくれた子供にもっとも多くを残すという意思決定権を、最後まで保持することができる。(12)

第二に、社会化期間の延長と費用負担の増大が、子供の側から見た時にどういう意味を持つかという問題がある。それはまず、子供の親に対する経済的依存の期間を長期化する。モートンは、母性の逆説を次のように表現している。

だが母親は結局余分なのである。というのは、養育すべき子供は自分で自分の面倒を見られるだけ十分に大人になっているからである。彼らは親の権威に反発し、自分の人生に対するこのシステムのコントロールに反抗する。[Morton 1972 : 218-219]

「子供の独立要求」(モートン)と親に対する経済的依存とは葛藤をひきおこして、子供の側に大きなルサンチマンを生じさせる。女がたんなる「再生産手段」ではないように、子供がたんなる「再生産物」ではなく意思を持った主体であれば、この葛藤を避けることはできない。多くの親たちは、自分たちのより多くの費用投下が、子供の側により多くのルサンチマンを生むことの逆説に気づいていない。

6・6　娘の価値

ここでもう一つ、子供の性別にも言及しておこう。家父長制の世代間支配は男の親と男の子供の間にだけ成立するわけではない。男親が娘を売り払ったり、奉公先の給金を娘に代わって受けとったりという直接的な領有は言うまでもないが、成人した娘の、老親に対する価値は高齢化社会の中でますます高まっている。家父長制下の老人介護は、息子が貨幣費用を負担し、息子の嫁、つまり親にとっては血縁関係にない女が現物費用を負担するという「性分業」によって成り立っている。この費用負担は、再生産費用の場合と同じく、結局は妻の労働力の再生産費用以上には支払われないのだから、「分担」の見かけにもかかわらず、その実、家父長制下の女の労働は支払われていない。この不公正を指摘するのはたやすいが、では、実の娘が親の介護を引き受けるとしたらどうだろうか。

高齢化と老後不安の増大につれ、親の側では父系同居よりは母系同居に対する選好が、徐々に強まっている。それは老人介護の貨幣費用よりは現物費用の方の重要性が高まってきたためである。第一に、現物費用の持っている心理的な性格の重視(貨幣は非人格的だが労働は人格的である)と、第二に、現物費用(介護の人手)の負担がますますふえて、もはや貨幣費用ではその購入がおぼつかないレベルにまで達しているという事情がある。だとしたら、親が老後の世話を息子から娘にのりかえるという現象は、父系制から母系制への移行をも、家父長制の終了をも意味しない。現物費用がいちじるしく高騰した現実の圧力におされて、親は息子ではなく今度は娘の労働を搾取しようとしているにすぎない。

家父長制下の娘、成人した既婚女性の立場から見れば、事態はもっと複雑である。彼女が老人介護の現物費用を払おうとすれば職を離れざるをえず、貨幣費用を維持しようとすれば現物費用を負担するだけの時間的資源がない。しかも彼女が喜んで老親のために現物費用を負担しようと考えた場合でさえ、その際に彼女が貨幣費用を夫に依存しているとすれば、自分の親を引きとってその面倒を見るという意思決定を、自由に行なうことができない。父系型同居から母系型同居への現象的な移行は、老人介護の費用負担の両性間の分配不平等をめぐる問題に関しては、女性にとって何の解決にもならない。それはただ、女性の支払う現物費用の価値が、ますます肥大しているという事実を反映しているだけである。

6・7　子供の叛乱

もちろん、夫婦、親子という「愛の聖域」についてのこの種の唯物論的分析は、多くの人々にとって耐えがたいものにちがいない。しかし多くの社会で、今でも家族を維持する要因は、この性支配／世代間支配からくる物質的利益である。

この中で不利な費用負担を押しつけられた女性は、今度は世代間支配の場面では、専制的な搾取者にまわろうとする。(13) とりわけあらゆる犠牲を払った母子家庭の母は、子供に対する支配を強めようとすることが多い。ここにあるのは、家父長制下でより抑圧された者が、さらに抑圧された者を抑圧するという悲劇的なサイクルである。世代間支配の問題は、フェミニズムの中ではまだ明示的になっていない。それはフェミニストが性支配の問題を扱うのに忙しかったためと、世代間支配の被抑圧当事者である子供が、女の場合ほどには分節的な発言や要求をしないことによる。だが、女性が自分の要求を分節的なディスコースで語り始めたのは、ほんのここ二、三十年ばかりのことにすぎない。女の問題には必ず子供の問題が連動している。子供たちが自分の利害を分節的な言語で表現することができれば、フェミニズムに対応するだけの「子供の(立場からの)ディスコース」が、必ずや重要な意味を持つに至るだろう。子供たちは現在でも既に、非分節的な身体言語や逸脱行動などで、十分に自分の抑圧を「表現」している。ただ大人の側に、その言語を解読する装置が欠けているだけである。

子供の抑圧と叛乱は、フェミニズムとつながる重要な課題である。女性と子供は、家父長制の共通の被害者であるだけでなく、家父長制下で代理戦争を行なう、直接の加害―被害当事者にも転化しうるからである。家父長制の抑圧の、もう一つの当事者である子供の問題と、それに対して女性が抑圧者になりうる可能性への考察を欠いては、フェミニズムの家父長制理解は一面的なものになるだろう。

6・8　家父長制の廃絶

したがってフェミニストの要求は、第一に再生産費用の両性間の不均等な分配を是正すること、第二に、世代間支配を終了させることにある。後者の点については、(1)再生産費用を子供自身の権利として自己所有させること(家族手当ではなく児童手当child allowance の支給)[14]と、(2)老人が独立できるだけの老齢年金の支給と公共的な介護サーヴィスの確保、の二点があげられる。

もちろんこれは第一に両性間の相互依存(その実、女性の男性への依存と、男性による女性の搾取)と第二に世代間の相互依存(その実、子供の親に対する依存と、親による子供の搾取)とを断ち切る点で、「家族破壊的」な戦略である。というより、もっと正確に言えば、家族の性/世代間支配の物質的基盤を破壊し、家族の凝集力を、ただたんに心理的基盤の上にのみ置くための試みである。婚姻の基礎が女性の男性への(強制的な)経済依存の中にしかなく、親子関係の絆が子供に対する親の(強制的な)資源コントロール以外にない、と考えるもっとも家父長的な人々だけが、この戦略を「家族解体的」と呼んで非難することだろう。

逆説的なことに、高度産業社会で「マンパワー man power」や「人的資本 human capital」の重要性がますます高まるにつれ、個々の親にとって再生産のコストが上昇しベネフィットは低下する、という事態が起きている。しかも、極端にコストがかかるために一人か二人にまで数を押さえこまれた子供の側からすれば、長期間にわたる依存と統制へのルサンチマンと、その後にかかってくる長期にわたる親の扶養負担とが、すでに背負いがたいまでの重圧になっている。

家族変動を新古典派経済学の立場から、徹底的に経済変数だけで扱おうとするのはシカゴ学派のゲリー・ベッカー[Becker 1982]だが、彼は「子供の費用もしくは価格の上昇は、子供数の減少に導く」という仮説を立て、子供を「消費財 consumption goods」の一種と見なしている。親にとっては、現在子供は、生涯に一度か二度意を決して購入を決意するぜいたくな耐久消費財の一種となっていると言うのである。

ここで奇妙な逆転が起きる。「子供数の決定」という家父長制にとって中核にある問題の一つを、完全に経済変数だけで説明しようとする市場万能の新古典派が(彼らこそ経済還元主義と呼ばれるにふさわしい)、ついには、子供は何の利益ももたらさない「無用の長物」だと結論したのである。

成人した子供の経済価値と、彼らの老いた親に対する貢献の重要性を評価するフォルバーでさえ、かさみすぎる再生産費用から、ついには子供は一種の「ぜいたく品 luxury」になったと指摘する。

> 子供を育てるという意思決定は、まことに尋常でない経済コストを両親に課した上に、実質的に何の経済的利益ももたらさない。……親になることは、それが何らかの経済的なプラスをもたらすのでなければ、ぜいたく以外の何ものとしても持続することはできない。[Folbre 1983：279]

この「ぜいたく」の味わいは、「親であることに内在する報酬」[Folbre 1983：279]、子供が育つプロセスに立ち合いそれを分かち合う喜びそのものの中にある。このぜいたくを味わうには、家父長制は性支配と世代間支配を断念しなければならない。逆に、家父長制が性支配と世代間支配とを断念した時にはじめて、このぜいたくの味わいは、女と男の両方にとって接近可能なものになる。

だがそれまで、資本制は、家族の中に独立した性支配の物質基盤を残しておくことによって、家族が再生産を維持しつづける根拠を保証しておくだろうか。家族を全く心理的なぜいたく品に還元しつくすことは、家父長制の解体を意味する代わりに、今度は資本制の支配を強めることにしかならないだろうか。あるいは、この子育てというぜいたく品は、貧乏人には手の届かないものになって、再生産の分配をめぐる新たな階級格差が生じるだろうか。家父長制と資本制のきしみは、新たな再編成を求めてここでも始まっている。

（1） 浅田彰氏は、声に出して読めばいささか舌をかみそうなこの長たらしい用語を、もっと簡明に「再生産資本家」「再生産労働者」と呼ぶことを提唱してくれた。だが資本家／労働者は、資本制生産様式のもとでの階級関係を表現する歴史的な用語である。資本制的再生産関係というものを想定できるとすればその用語の転用も可能だが、その場合、再生産における「資本」を定義しなければならないことになる。メタファーとしては卓抜だが、ここではもっと一般的な階級概念（「階級」自体は歴史貫通的な概念である）を使うことにする。

(2) 近代法における「所有」概念は、当該財の「使用・収益・処分」権の集合を言う。女性の子宮の「使用権」を夫が排他的に独占しているとすれば、それは夫の「所有物」である。

(3) ヴィクトリア朝下の性モラルでは、女性は自分の性器を見ることもさわることもなく、自分の身体でありながら自分にとってもっとも疎遠なもののように扱うことが求められた。

(4) 今でも、性的に無知なことを「かわいい」ことだとカンちがいしている女は多い。

(5) だからこそ「産む・産まないは女性の権利」が女性運動の一つの焦点になり、かつそれがもっとも男権的な人々の怒りを買うという構図がある。

(6) 金塚貞文氏の『人工身体論』[1986]は、生殖テクノロジーが女性を「生殖機械」に還元する危険を指摘している。

(7) ベビーMをあっせんした「代理母」業の経営者は、「これは赤ん坊の売買ではないか」というインタヴューに答えて「売買ですって？　お金を払っているのは赤ん坊の当の父親なのですよ。彼は結局自分のものを自分のお金で手に入れているのです」と答えている。お金を払わなくても、子供は法的に彼のものである。

(8) 邦訳によれば gender hierarchy は「性階層制度」となっているが、もっと簡明に「性支配」と訳しておく。

(9) ナンシー・チョドロウは、エディプス的な家族がいかにしてこの再生産様式そのものを再生産していくかを、フロイトの図式にもとづいてあざやかに記述してみせた。

(10) 多くの家計調査は、妻の就労意識や収入の処分権が、ファミリー・ステージと密接不可分の関係にあることを示している。子供が独立して教育費負担がかからなくなった段階に至ってはじめて、多くの妻は、「自分が働くのは自分がそうしたいから」であり、「自分の収入は主として自分のために使う」と答えている。

(11) もちろん、シングル・ファザーをめざす男性や、子供の親権、面会権などをめぐって、女親と深刻に争う男親もいることはいる[下村 1982]。だが彼らはまだマイノリティにすぎない。離婚の際の親権は、今でもまだまだ女親の方に八割以上が帰属している。現に単親世帯の中では、父子家庭に対して母子家庭が圧倒的に多い事実がそれを証明している。

(12) それは現在でも多くの親が、遺言状の操作などをつうじて、現実に実行していることである。

(13) アンナ・ダヴィンは、前世紀末から今世紀はじめにかけての家庭で、未婚子の家計寄与的な収入に母親が強大な裁量権を持っていたと指摘している。

(14) 児童手当は保護者に対してではなく子供自身に、言いかえれば「子供を育てる労働」に対してではなく「子供が育つ労働」に対して公的な保証をしようという、一種の所得再分配政策である。子供がどの保護者に帰属しても支払いは子供に行くし、子供の方では保護者を選択することができる。

第七章　家父長制と資本制の二元論

7・1　統一理論か二元論か

ウォルビイ[Walby 1986]は過去二十数年にわたってフェミニストが発展させてきた性支配についての議論を、次の五つに分類する[Walby 1986：5]。

Ⅰ　性支配は理論的に無意味とする立場

Ⅱ　性支配は資本制的生産関係から帰結するとする立場

Ⅲ　性支配は独立した家父長制から帰結するとする立場

Ⅳ　性支配は資本制的生産関係と分かちがたく結びついて、資本制的家父長制という単一のシステムを形成するに至った(資本制下の)家父長制の産物だとする立場

Ⅴ　性支配はそれぞれ相互に独立した家父長制と資本制という二つのシステムの相互作用の結果だとする立場

この中でⅠ性支配を無視した資本制的な階級分析(教条的マルクス主義)と、Ⅲ階級分析を無視した性支配分析(ラディカル・フェミニズム)とは、それぞれ極端な一元論である。従来のラディカル・フェミニストのマルクス主義批判とマルクス主義者のラディカル・フェミニズム批判とは、互いにその議論の一元性の限界を指摘しあってきた。それぞれの批判には妥当な点もあるが、だからと言って一つの一元論を他の一元論で置き換えても、同じ欠陥は再生産されるだけである。

ウォルビイによれば、かつてのラディカル・フェミニズム対社会主義フェミニズムの二項対立dichotomyは、理論的洗練を経て、もう少しこみいったものになった。

この二項対立的な分類は、最近の著作ではより洗練されたものになり、現在それもまた二つのタイプに分類される。一方は性支配は資本制的家父長制という単一のシステムの産物であるから、この性支配をめぐる二元論はのりこえられるべきであると論ずる。もう一方は、性支配は家父長制と資本制という二つの独立したシステムの相互作用の産物である(からこの二元論は保存されるべきだ)と論じる。[Walby 1986 : 5.( )内引用者]

かつての「資本制(階級支配)一元論」対「家父長制(性支配)一元論」は、現在では、「資本制的家父長制(または家父長制的資本制)という統一理論unitary theory」対「資本制と家父長制の独立を相互に認める二元論」という二つの立場の選択をめぐる理論的争点へと、置きかえられた。したがってウォルビイの五つの分類を、最終的には、Ⅱ＋Ⅳ(統一理論)対Ⅴ(二元論)の二項対立にまで還元してもまちがいではないだろう。ⅡとⅣは(もちろんそれ以外にもあるが)統一理論のヴァリアントと考えることができる。

統一理論はより多くマルクス主義陣営に由来し、二元論はフェミニストの間に強い。マルクス主義は全域的な理論と信じられているから、マルクス主義がフェミニズムの挑戦を受けた時、彼らはマルクス理論が性支配の問題を解くことができなければならないと考えた。

ハイジ・ハートマンは、『マルクス主義とフェミニズムの不幸な結婚』[Hartman 1981：2]の中でいらだたしげに書く。

> マルクス主義とフェミニズムの「結婚」は、英国慣習法に言う夫と妻の関係に似ている。すなわちマルクス主義とフェミニズムは一心同体であるが、この一体とはマルクス主義のことである。[Hartman 1981：2]

だがマルクス主義陣営は性支配の問題をこれ以上無視できなくなると、今度は家父長制が資本制に益する――すなわち、家父長制は資本制に有益である限りにおいて資本制下にその存在理由があり、したがって家父長制は資本制に従属する(資本制はいつでも唯一にして至高の決定因である！）——と論じはじめた。デルフィはこれを「家事労働資本救済説 domestic-labour-as-saving-capital theory」と呼んでいる[Delphy 1980：99]。

この統一理論には、資本制と家父長制が一にして不可分のものであるとするヤングやアームストロングのような説から、もともとはべつべつに成立したがあとになって相互に不可欠なものとなったというアイゼンシュタインやバレットのような立場まで、さまざまな幅がある。

資本制が本質的に家父長制的であるということを示す資本制下の女性の抑圧についての理論があれば、フェミニストの政治的な実践と、資本制とその生産関係とを変革しようとする(マルクス主義者の)闘いとの関係を変えることができるだろう。女性(労働)を周辺化し二次労働力として利用することが、歴史的に発展してきたように、かつ今日も現存するように、資本にとって核心的だとしたら、その時にはこの社会における女性の抑圧とその周辺化に対して闘うことは、それ自体資本制に対して闘うことになる。[Young 1981：64]

性はマルクス主義の課題であり……階級はフェミニズムの課題である。二つは不可分である。二つは一体となって作用する。家父長制と資本制は独立したシステムではない。両者は相互に結びついた二つのシステムでさえない。両者は同一のシステムで

ある。［Armstrong & Armstrong 1978：224-226］

もし、ヤングやアームストロングの言うように「資本制は本質的に性差別的」であり「性支配に対して闘うことは資本制に対して闘うことであり、資本制に対して闘うことは性支配に対して闘うことである」ということが本当なら、マルクス主義とフェミニズムの間の不幸な対立は回避することができる。だがヤングのオプティミズムに反して、その「統一理論」が成立しないからこそ、マルクス主義とフェミニズムの間には対立と相互批判があった。またヤング自身もこの「統一理論」について「もしそれがありえたら」と希望的予測を述べているにすぎず、その内実を提起できているわけではない。そこではアームストロングのように「資本制と家父長制とは同一である」という論証されない命題が、お題目のように唱えられているにすぎない。

7・2　ネオ・マルクス主義とフェミニズム

アイゼンシュタインやバレットはもう少し注意深い。

資本制と家父長制との関係は互いに密接に絡まりあって相互に依存しているために、両者は一つの相互依存的なシステムを形成している。［Eisenstein 1984：94］

女性の抑圧は、資本制の機能的先行要件ではないが、今日の資本制的生産および再生産関係のなかで物質的基礎をかくとくするに至っている。[Barret 1980 : 249]

ヤングもバレットも、どちらも強いマルクス主義者であり(1)、彼女たちはともに「二元論」者を非難している。彼女たちはとりわけ、「二元論」者の指摘する「家父長制の独立性」という概念がお気に召さないらしい。

争点の第一は、家父長制が資本制に先行 precede するかどうかにある。もし家父長制――家族とその私的隔離の成立――が資本制に先行しないならば、それは資本制の随伴物であり、したがって資本制に従属すると彼女たちは主張する。争点の第二は、家父長制(下の女性労働、すなわち家事労働)が、資本制に貢献するか否かにある。もし家父長制が資本制とは独立にかつそれに先行して存在したとしても、それが資本制下に現存し、資本制にとって有益に働いているならば、それはやはり資本制に従属していると見なされる。家父長制という制度は資本制がその存在を許したからこそ存続したのであり、資本制下に現存するものはすべて資本制にとって有益であるという、おそるべきマルクス主義的機能主義が顔を出す(2)。

いずれの場合も、統一理論は、資本制がその外部や例外を許さない全域的なシステムであり、すべてのものはそれに従属するとする、一種の還元主義では共通している。それと同時に、マルクス主義が全域的な理論であると考え、その説明の及ばない外部や例外を認めない点で、統一理論は論理的な共通点を持っている。マルクス主義はたしかにフェミニズムの挑戦を受けたが、マルクス主義を詳細にかつ正確に理解しさえすれば、フェミニストが提起した「家父長制」や「再生産」という概念は、十分に説明できると彼女たちは考える。そのために彼女たちが依拠するのは、フェミニズムとほぼ同時期に成立したマルクス・ルネッサンス、とくにアルチュセール以後のネオ・マルクス主義である。「家事労働論争」初期の教条的マルクス主義者が、フェミニストの提起した問題を、マルクス主義になじまないとしてたんに斥けたり外部へ放逐したのとはちがって、より洗練されたネオ・マルクス主義者たちは、今度はフェミニストの提起した概念を徹底的にとりこもうとする。なぜなら彼女たちにとって、マルクス主義はつねに「完全」な理論だからである。デルフィはバレットとマッキントッシュの批判に対抗して、逆に彼らが「マルクス主義は一つの全体的な理論であるから、それを完全に受けいれるか否定するかのどちらかしかない」という、マルクス主義に対する「宗教的な態度」を保っている、と揶揄する[Delphy 1980：83]。「資本制下にあるものはすべて資本制にとって有効である」という「機能主義的＝目的論的思考 teleological thinking」(デルフィ)の命題を証明するために、マルクス主義者は新しい問題に逢着する。かつての単純な資本制一元論が「資本制は家族を解体しつくす」と仮定したのに代わって、今度は資本制のただ中に、なぜ家族という「非資本制的生産様式 non-capitalist mode of production」――彼らも家族が「非資本制的」であることまでは認めている――を維持しているのかに答え、かつ家族という私的領域の維持が、その解体よりは、資本制にとってより大きな利益があるということを証明する必要に迫られたのである。

7・3　資本制下の家事労働――統一理論の試み

家事労働論争は――少なくともフェミニストの問題をマルクス主義の分析枠組の中にとりこもうとした論者にとっては――家事労働という資本制下にある非資本制的な労働が、資本制にとって有益かどうかを、マルクス主義の概念で説明することに捧げられた。

問題は次のように立てられる。

労働力の私的な再生産は資本制にとって不可欠であろうか？　労働を商品化するのが当然の経済のもとで、私的な家事労働はなぜ商品化されないまま残されているのであろうか？　女性によって遂行されるこの私的な労働から、いったい誰が利益を得るのだろうか？［Fox 1986：183–184］

答はバラエティに富んでいる。エヴァ・カルジンスカは『理論で床みがきすれば』[Kaluzynska 1980]という愉快なタイトルの家事労働論争についてのレヴュー・エッセイの中で、自ら「資本制は無償の家事労働から物質的に利益を得ているだろうか？　もしそうなら、どのように？」という問いを設定した後、それに対する答を四種類に分類している。

第一は「イエス」。ダラ・コスタとジェイムズ[Dalla Costa & James 1972]が該当する。家事労働は労働力商品を生産する労働である、したがって資本制の核心に位置するというのがその答である。

第二は「ノー&イエス」。セカム[Seccombe 1974]がその例である。家事労働は不生産的であるが、価値を生産する労働ではあると認める。

第三は「イエス&ノー」。ヒメルヴァイトとモハン[Himmelweit & Mohun 1977]は、家事労働はたしかに価値を生産する労働にはちがいないが、その価値は交換価値ではなく使用価値であり、したがって家事労働は不生産労働であるとする。

第四は、「ノー」。ガーディナー、ヒメルヴァイト、マッキントッシュ[Gardiner, Himmelweit & Mackintosh 1975]やコウルソン、メガス、ウェインライト[Coulson, Megas & Wainwright 1975]らが該当する。これは主として家事労働は資本制の外部にあり、家事労働に階級分析の用語を適用するのは、マルクス主義の濫用 abuse であるとして、第一の「家事労働価値生産説」に対する批判から成っている[Kaluzynska 1980 : 42-44]。

皮肉なことに、マルクス主義が女性の抑圧に対して沈黙を守るのにいらだったダラ・コスタやジェイムズのように、強いフェミニスト的な立場を持った論者が、マルクスの概念を単純・直截に家事労働にあてはめることでかえってマルクス理論の全域性を信じたのに対し、それにあわてふためいた「正統派」マルクス主義者の方が、無知から来る彼女らのマルクス主義概念の誤用と濫用——たしかに彼女らは無知だったにちがいない——を戒めて、マルクス主義の限界を指摘してその護教にまわったという構図がここにはある。それと同時に、家事労働は不生産的だが有用である、とか、交換価値は生まないが使用価値を生む、といった留保をつけながら、フェミニストの挑戦と何とか和解し、その問題意識をマルクス理論の射程内にとりこもうとした努力の形跡が、これらの答の中には見られる。

家事労働をマルクス主義の用語で説明しようとするこれらの努力とはべつに、家事労働の私的性格の維持が資本制にとって有益だと主張する立場がある。

資本制はなぜそのもっとも重要な商品である労働力の生産と再生産とを、非資本制のもとに放置したのであろうか？ [Blumenfeld & Mann 1980 : 273]

ブルーメンフェルトとマンは自ら立てた問いに自らこう答える。

資本は私的な家事労働の維持、したがって私的な家族の維持から、経済的な利益を得ている[Blumenfeld & Mann 1980：302]。

> 家事労働を私的な領域に委ねておくことが資本制に有益なのは、一般に「それ以外の方法では高くつきすぎるからである」[Hamilton 1986：145]。
>
> 資本制は近代社会において多くの生産領域に成功裡に浸透したのに、家事労働を含む小商品生産の領域には十分に浸透することができなかった。この領域を資本制のもとで社会化したとすれば、そのコストは資本家にとって背負いきれないものになるだろう。資本制国家もまた、この問題の多い生産領域を引きうけることができない。もしそうすれば、家事労働を商品化された労働形態(たとえば賃金をもらって働く保育労働者)に置きかえることになる。これは労働力再生産の費用をいちじるしく引き上げることになり、間接的に「労働者の階級としての生存水準」を上昇させ、したがって直接的に資本の利潤を引き下げる結果になる。[Blumenfeld & Mann 1980：301-302]

ヒメルヴァイトとモハンはさらに、労働力商品の再生産それ自体を商品化することは、資本制にとって自殺行為だと指摘する。

> もし人間の集団の誕生が商品生産のベースで可能になったとしたら、労働がそのもとで統制されているこのシステムは、正確にはもはや資本制とは呼びえないであろう。というのはマルクスによれば、資本制は自由な賃労働者という階級——すなわち自己

の労働力をどの資本家に売るのも自由な——を要求するからである。［Himmelweit & Mohun 1977：25. 強調引用者］

だから資本制は、「自動車製造業のようには人間製造業を作るわけにいかない。……資本制は、労働力を資本制のもとで生産することを選択することができない」［Kaluzynska 1980：47］。したがってセカムによれば、

公と私の分離は、資本制のまさに核心である。［Seccombe 1986a：225］

こうして統一理論は（マルクス主義の優位のもとに）家事労働の私的な性格の維持を説明することに成功する。家事労働の非資本制的な性格は、資本制にとって矛盾でも非関与でもなく——したがってマルクス主義的分析にとってその外部でも挫折点でもなく——資本制が要請した当のものになる。こうして資本制はフルタイムの家事労働者＝主婦の存在を必要とし、逆に主婦は資本制を支えるという論理ができ上がる。

このことは資本制社会における女性に、資本制を超克する以外に女性解放の道がないことを示す。［Blumenfeld & Mann 1986：302］

したがって、統一理論にとっては、再び資本制に対する闘いが、女性にとって唯一絶対のものとなる。

7・4　家父長制の配置

マルクス主義フェミニズムを二元論として立論するためには、家父長制を独立した領域と認めなければならないが、それがどの社会領域に所在するかによって二元論は大きく二つに分けられる。

第一にイデオロギーを相対的に独立した領域と考えて、家父長制をイデオロギーのレベルに配当する立場である。これにはアルチュセール以後のネオマルクス主義の「イデオロギー」概念が反映している[Barrett 1980]。フェミニズムの中の、精神分析や文芸批評など、文化主義的アプローチ culturalist approach に、この立場は強い影響力を持っている[Kuhn 1985, Mitchel 1974]。

第二は、社会の生産領域の中に、資本制とは独立した家父長制的な生産様式を認める立場である。これには資本制の外部にべつな生産様式の領域を認めるデルフィやハリソンのような立場[Delphy 1980, Harrison 1973]と資本制の内部に貫通しそれとクロスして存在するとするハートマン[Hartman 1981]のような立場がある[Walby 1986]。

家父長制が依拠する物質的な基盤は、もっとも基本的には女性の労働に対する男性の

支配にある。［Hartman 1981：208］

ハートマンはそれを女性の家事労働の資本制に対する特殊な関係に求める。男性労働者と女性労働者との資本制生産様式に対するこの異なった関係は、資本制下の労働の全領域を貫いており、職業上の性別隔離として現象する。だから資本制を、男性が女性の労働を支配する（家父長制の）一つの様式と見なすこともできる。

これに対してデルフィは、家父長制の物質基盤として「家内制生産様式 domestic mode of production」という独立した概念を提示した［Delphy 1984］。家父長制は固有の生産様式であり、この生産関係のもとでは、女性はその労働を男性に領有される被抑圧者の集団として、性階級を形成している、というのがデルフィの理論の骨子である。

デルフィと同じように家事労働の非資本制的な性格に、固有の生産様式を認めるのはハリソン［Harrison 1973］である。彼は女性の労働の資本制に対する固有の関係を強調するために、家事労働が独立した生産様式を構成すると言う代わりに、「従属的生産様式 client mode of production」というひかえめな概念を提案している。

デルフィの議論は、家父長制の独立性とその物質基盤の説明においてもっとも徹底したものだが、そのために彼女は、統一論者からもっとももはげしい批判にさらされることになった。それは「家内制生産様式」がどの程度資本制から独立的か、という点に集中している。

批判は第一に、一つの社会経済構成体の中に原理の異なる二つ以上の生産様式が共存するか否かに向けられた。「資本制生産様式」とは、資本制が優位な構造のことを指す。マルクス自身も、資本制のうちに小商品生産者や非資本制的な労働が存在することを認めている。デルフィのはげしい批判者であるバレットも「複数の生産様式は一つの社会構成体の中に共存しうる」[Barrett & McIntosh 1979：99]としぶしぶ認める。とりわけ第三世界の開発研究の中から「資本制生産様式と非資本制的生産様式の共存とその節合のしかたが今日の第三世界諸国の社会構造を決定する」[Walby 1986：40]という多元的な見方がマルクス主義陣営の中にも生まれてきている[3]。

だがバレットは、「もし複数の生産様式の中でどれが優位かを決定できるとすれば、一方は他方に規定される」のだから、二元論を立てる必要はないと主張する。デルフィのもう一人の批判者、モリニューも、仮に家父長制という概念を認めたとしても、

> もし家父長制が資本制と共謀して女性を抑圧するとしたら、このシステムにはいったいどんな独立性 autonomy があると言えるだろう？[Molyneux 1979：15. 強調原著者]

統一論者は一般に、複合システムの存在をいったん認めた上で、最終的にはそれを否定する論法を採る。彼らにとっては、資本制生産様式がつねに唯一で究極のものである。

第二の争点は「家内制生産様式」が、本当に「男性による女性の労働の領有appropriation」の物質的基盤なのかどうか、にある。男と女は結婚という制度を通じて、支配と従属の階級関係に入る。「もしブルジョアの妻が、離婚したとたんに自己の労働力を売るほか生存の手段がないとすれば、ブルジョアの妻であることは夫と同じ階級に属することを意味しない」とデルフィは言う。

だが「夫による妻の労働の領有」とは一体何を意味するのだろうか？

> もし妻が無償の家事労働で世帯に貢献しているとしても、夫は自分の労働力を売って得た貨幣収入で、同様に世帯経済に貢献している。だとしたら、妻は夫の労働を「領有」していることになるのだろうか？［Molyneux 1979：18］

> そしてまた女性の無償の家事労働が主として子供や老人に向けられるとしたらわたしたちは子供や老人や障害者を(女性の)搾取者と見なすべきなのであろうか？
> [Barrett & McIntosh 1979：102]

ほとんどイヤがらせとしか聞こえないこれらの批判に対するデルフィの反批判は手きびしい。

> 彼ら(バレットとマッキントッシュ)は領有という概念をほとんど把握していないために、誰のために、サーヴィスが遂行されるかということと誰によってそのサーヴィスの

中にある労働が領有されるかということの区別さえつかない。[Delphy 1980 : 102. 強調原著者]

モリニューの議論は、「結局オレたちはカアちゃんに搾取されてるんですよ」という、性支配を正当化する男たちの通俗的な言い分と変わるところがない。性支配の基盤は世帯内の女性の不払い労働にあるのだから、男性が世帯に貨幣収入をどんなしかたで持ちこむかには直接関与しない。彼は賃労働で貨幣収入を得るかもしれないし、利子や配当所得を得ているかもしれない。彼は資本家かもしれないし、あるいは不法な手段で利得を得ているかもしれない。彼は資本制生産様式のもとで、他の男性とどんな階級関係に入るかもしれないが、少なくとも家内制生産様式のもとでは一人の女性に対して階級的に支配的立場に立つ。

バレットとマッキントッシュは、さらに、デルフィの概念はフランスの小農民の研究にもとづいて形成されたものであるから、都市化と工業化が完成し農業人口をほとんど失ったイギリスのような国にはあてはまらない、と、暗に「遅れた国フランス」を批判するかのような、ほとんどあげ足とりとしか思えない批判をしている。だがデルフィのポイントは、小農民との類推から都市生活者の家事労働が原理的には農業経営の「家父長制生産様式」と変わるところがないことを証明していたところにある。ただ家事労働の歴史的形態がちがうために、家事労働と賃労働との間の境界が移動したにすぎない(4)。

争点の第三は「性＝階級」という概念にある。もし「家内制生産様式」という概念を認めたとしたら、この生産関係のもとでは男と女は階級対立の関係に入る。したがって、女性は同一の物質的基盤において一つの「階級」を構成する、だからその階級的な敵は男性である、という理論的帰結を生む。これは、(1)女性はまず第一に男性という「主要な敵 main enemy」[Delphy 1984]に対して闘うべきであり、(2)したがってそのためには、女性だけの独立した政治運動 autonomous women's movement を形成するべきである、という実践的・政治的帰結をもたらす。この実践的・政治的帰結は、マルクス派の戦略戦術と大きく食いちがってくる。社会主義陣営の中の女性は、いつも反資本制の闘いに男性とともに参加すべきか、それとも女性だけの運動を作り出すべきかの岐路に引き裂かれてきた。バーバラ・エーレンライクは、「社会主義フェミニストとは(社会主義とフェミニズムの両方の)会合に他人の倍出かける人々のことである」と皮肉っぽく定義する[Young 1981 : 64. ( )内引用者]。

バレットとマッキントッシュは、第一に男性を「主要な敵」と見なすのはまちがいであり(5)、女性の闘いはまず反資本制の闘いであるべきだという。それゆえ第二に、女性だけの独立した運動を批判する。社会主義陣営の男性もまた、同じように女だけの運動を左派にとって「分派的」だとして非難する。彼らは、「家内制生産様式」の資本制下の独立性 autonomy が気に入らないのと同じくらい、女性運動の左派陣営内での独立性が気に入らないのである。バレットとマッキントッシュは、デルフィが「女性の間にある階級差」を無視している、と批判するが、デルフィの論点は、女性はその階級差にもかかわらず、男性との関係では同一の性＝階級利害を共有するに至るということにある。

7・5　二元論の擁護

統一理論と二元論を分類整理したウォルビイ自身は、両者の対立をトレースしながら、二元論を擁護する側にまわる。

> (統一理論の)難点は、主要な説明変数をただ一つしか持たないところにある。[Walby 1986：30]

統一理論の難点をいくつかあげてみると、第一に、性という変数を導入できないことである。家事労働が資本制の下で抑圧的であり、かつ資本制に益することを証明したとしても、それだけではなぜ家事労働がとりわけて女性に配当されるのかが説明できない。第二に、家事労働がつねに資本制に有益だという目的論的仮説は、資本制と家父長制との関係をつねに調和的なものと見なして、その間の対立や矛盾を見えなくさせる。第三に家事労働論争の十年間は、同時にフルタイムの主婦が激減して女性が賃労働に進出するという歴史的な変化が急速に起きた時期でもあった。統一理論はいったん「フルタイムの主婦は資本制の維持に貢献している」という命題を証明したが、そのあとで、今度は、「資本制はほんとうにフルタイムの主婦を必要としているのだろうか」という新しい謎に答えなければならない。統一理論は歴史的な変化の説明に弱点を露呈する。

ブルーメンフェルトとマンは、家事労働の私的性格が基本的には資本制の利益に供するとしながら、同時にこの間にある矛盾を認めてもいる。

資本制的蓄積がまさにその上に遂行される商品、すなわち価値生産的な労働力が、私的な世帯内に封じこめられて非資本制的なしかたで生産されつづけるということは、資本制に根本的な矛盾をもたらす。[Blumenfeld & Mann 1980 : 302]

だがこの矛盾は、「資本制は家族にどこまでも浸透する」[Braverman 1974]という補足的な仮説によって救済される。この「市場の家族への浸透」は、第一に家事労働の多くの部分がますます商品化されることと、第二に女性の賃労働がますます市場にとって必要とされることの、二つのプロセスを通じて進行する。ブレイヴァーマンによれば、これは「資本制が家族を掘りくずす長期にわたる不可逆的なプロセス」[Braverman 1974]である。

統一理論の論者は、初期(七〇年代半ばごろまで)にはフルタイムの主婦の存在が資本制にとって有益だと主張していたが、フルタイムの主婦の存在自体が時代おくれになるにつれ、急速に議論の焦点を、女性の「二重労働 dual labour」や「労働力予備軍 reserve army」説に移行させてきた。統一理論は、かつてはフルタイムの主婦の存在が資本制に有益だということを証明できたが、今度は、パートタイムの主婦＝労働者の存在が資本制にとってもっとも有益だということを証明できる、というわけである。この間に成立した歴史的な変化は、「資本制の不可避の方向」だとして、統一理論の一貫性は救済される。

だがここで統一理論は二つの深刻な破綻に遭遇する。

第一に、「二重労働」下の女性の抑圧——不払いの家事労働者としての女性の非資本制的な性格が、資本制下の女性の賃労働の差別的な取り扱いを規定し強めている——を統一理論が相互に依存的なプロセスとして説明すればするほど、彼らは労働市場に性という要因が働いていることを否応なしに認めざるをえなくなる。そこでは資本制が家事労働を規定しているのではなく、逆に家事労働が資本制下の女子労働を規定しているのである。資本制的家父長制 capitalist patriarchy(資本制に支配された家父長制)に代わって、家父長制的資本制 patriarchal capitalism(性支配原理に貫通された資本制)が登場する。女性の「労働力予備軍」説、「職業の性別隔離 job segregation」説、「二重労働市場 dual labour market」理論などが、つぎつぎに展開されたが、それはかえって、資本制のもとでも集団としての男性が(階級のいかんを問わず)集団としての女性を搾取する性支配の構造を、ますます論証する結果に終わった。

第二に、資本制はほんとうに私的な家族を維持したいのか、それとも最終的にはそれを解体したいのか、という重大な問いが残る。統一理論は——それが目的論的論理構成を持っている限り——この問いに答えられない。それどころか現状維持の非歴史的な議論に陥りかねない。

家父長制についての満足できる理論とは、歴史的に固有なものであり、かつ特定の生産様式のもとでのその固有の存在形態を説明するものでなければならない。[Beechy 1987 : 114]

ヴェロニカ・ビーチイは、「家父長制が独立したシステムだという考え方も、かつそれが資本制に還元できるという考え方も、ともに否定」[Walby 1986 : 29]する。

その結果ビーチイは、この十年間のイギリスの女子労働市場の固有な展開のしかたをめぐって、歴史的で実証的な研究に入っていき、多産な成果をもたらしている。ウォルビイ自身はビーチイの立場に共感を寄せながらも、家父長制と資本制の関係が歴史的に固有にしか記述できないとする立場を「アドホック」だとして批判しているが、しかしそれ以外にどんな方法があるだろう?

ビーチイは、理論的な多元性 theoretical pluralism に対して、つつましいが確固とした支持を与える。

> 女性の抑圧について統一理論を追求した初期のフェミニズムの理論的分析とはちがって、今日では、性差や性支配をめぐる多様な側面にとり組むさまざまな理論がある。この理論的な多元性は、さまざまな分野でフェミニストの分析に重要な前進をもたらした。[Beechy 1987 : 16]

(1) ヤングはハートマンを、バレットはデルフィをはげしく批判し、互いに対立している。

(2) バレットがその意味で、「機能的先行要件 functional pre-requisite」という機能主義社会学の用語を(唐突に、かつ不用意に)用いているのは示唆的である。

(3) 社会システムをマルクスのように「生産様式」ではなく「交換様式」で記述したのはカール・ポランニだが、彼には「古代的交換」から「資本制的市場」に至る一種の発展段階説を認めながら、一つの交換体系がべつな交換体系に置き換わるわけではなく、古いものはそのまま保存されて「支配的な交換体系」と共存すると指摘する。

(4) 生産労働と消費労働の境界が引けないことを、デルフィだけでなく、多くのフェミニスト人類学者もくり返し指摘している。また、「家事労働」の内容は歴史的に定義されるしかないものである。

(5) 男性を「主要な敵」と見なすことに対するアレルギーは、フェミニストの間にも、またもちろん男性自身の間にもすこぶる強い。それは、男性が集団として組織的に占めている優位を批判することであるのに、男は、そして女も、それを個人攻撃や個別の男女関係に対する批判ととりちがえるからである。

補論　批判に応えて

本書のもとになった『思想の科学』の連載「マルクス主義フェミニズム」[1986–88]の連載後に、私に寄せられた批判のいくつかに、ここで応えておこう。

批判は二つの陣営から寄せられた。一つはフェミニストの側から、もう一つはマルクス主義者の側から。前者には江原由美子氏の批判的評価のほか見るべきものはなく、後者には、久場嬉子、竹中恵美子、中川スミ、伊田広行氏、他に私への直接の言及はないが、マルクス主義フェミニズムについて論じたものに渡辺多恵子、古庄英子氏らの論文がある。この論者の数のアンバランス自体が、一つの事実を証明する。すなわち(ラディカル)フェミニストは、マルクス主義に無知もしくは興味がなく、他方マルクス主義者の方は、私のマルクス主義フェミニズムを何らかの挑戦もしくは偏向と受けとめた、という事実である。

江原由美子氏は、ソコロフの『お金と愛情の間』の訳者でもあるが、八八年の「フェミニズム理論への招待」[江原 1988]の中で、マルクス主義フェミニズムについて「(後期)マルクス主義フェミニズムは……(公的領域と私的領域との＝引用者注)『近代社会システムの二重性』…をきちんと位置づけうる理論的装備があ」ると評価した上で「しかし、前期マルクス主義フェミニズムその他からは、二元論におちいっているという批判もある」[江原 1988：24]と付け加える。だが、氏が「前期マルクス主義フェミニズムその他」からの「批判」に同調しているのか、それともたんに事実を指摘したにとどまっているのか、定かでない。氏の提起した「近代システムの(公と私の間の)二重性」を解釈するためになら、二元論的な理論装備こそがふさわしいはずだし、もし、もともと二元的にでき上がっているものを一元的にとらえたら「一元論に陥っているという批判もある」と言われてもしかたがない。二元論が、一元論より理論の洗練度が低いということはない。二元論の立場からは逆に一元論は、二元的な現実を過度に単純化した還元論ということになる。

さらに氏は、(後期)マルクス主義フェミニズムの問題点として「実践的には、この理論の効果はあまり明確ではない。理論的複雑さが、実践戦略の提起において、マイナスの効果を与えている」[江原 1988：24]と言う。

これに対しては、次のように答えよう。第一に、(後期)マルクス主義フェミニズムは、江原氏の言うほど「理論的に複雑」ではない。よく整理されたマルクス主義フェミニズムの議論からすれば、ラディカル・フェミニズムの錯綜した議論の方が、よほど複雑でわかりにくい。第二に、マルクス主義フェミニズムの二元論的な理論構成は、たしかに単純で一元的なリベラル・フェミニズムや社会主義婦人解放論よりは「複雑」であるけれども、それは複雑な現実をふくざつなままにとらえようとした結果である。複雑なのは、理論の方ではなく現実なのである。

氏が疑問を投げかける「実践的効果」についても、何の疑いもない。マルクス主義フェミニズムの、「実践的帰結」は、第一に社会主義陣営に対しては、女性の自律的な運動を認めよという要求であり、第二にフェミニズムに対しては、フェミニスト革命は、たんに心理主義や文化闘争ではなく、「家父長制の物質的基盤」をくつがえす実体的なものでなければならない、という主張である。この「実践的効果」は、明快さにおいても方向においても疑いをいれない。これを「複雑」で「明確でない」と言う氏は、それを理論の責めに帰するよりは、正直に「自分にはよくわからない」と言った方がいいだろう。

(ラディカル)フェミニズムの立場から、間接的にマルクス主義フェミニズム批判をしたものに、田嶋陽子氏の「冠つきフェミニズム批判」がある[田嶋 1989]。「冠つきフェミニズム」とは、「エコロジカル・フェミニズム」や「マルクス主義フェミニズム」など(その実この二つだけを指している)アタマに形容詞のつくフェミニズムを指している。田嶋氏によれば、(ラディカル)フェミニズムだけがフェミニズムと呼ぶに値するものであり、他のすべての「冠つきフェミニズム」は、本来のフェミニズムの修正や後退と受けとられている。彼女が継承しているのは、ラディカル・フェミニズムの(1)性支配一元説と、(2)抑圧の物質的基礎(下部構造)に対する無理解である。田嶋氏に対しては、江原由美子氏が『フェミニズム論争』[1990]の中で「アンチ冠つきフェミニズム」批判を展開しているので、これ以上詳論しない。

リベラル・フェミニズムおよびラディカル・フェミニズムに対するマルクス主義フェミニズムからの批判は、デルフィが文化主義的フェミニストに対して述べたように、フェミニズム革命は、イデオロギー闘争や意識の変革ではなく、制度と下部構造の変革でなければならないということにある。マルクス主義フェミニズムこそはラディカル・フェミニズムの家父長制の概念から出発して、「家父長制には物質的基盤がある」という発見にたどりついた理論だからである。

他方、マルクス主義陣営の方からはどうか。本書のアイディアの揺籃期にパンフレットのような形で出まわった『資本制と家事労働』[上野 1985]に対して、『赤旗』から一度、私がマルクス主義に対して「無理解」だというお叱りをうけたほかは、男マルクス主義者からは、これといった反応を受けていない。おそらく彼らはマルクス主義フェミニズムを「挑戦」として受けとっていないばかりか、フェミニズムそのものに無知・無関心なのであろう。

私が受けた反応のほとんどは、女マルクス主義者か、さもなくばフェミニズムの洗礼をたっぷり浴びた若手の男性研究者からだった。

日本の代表的マルクス主義フェミニストと目される久場嬉子氏は「マルクス主義フェミニズムの課題」[久場 1987a]の長い注の中で、私のマルクス主義フェミニズム理解に対する克明な批判を展開している。

上野氏のマルクス主義フェミニズムは、アメリカ女性学を土台としており、その点に大きな特徴をおいている。そしてマルクス・ルネッサンスという、マルクス再生の潮流の中から生まれてきた欧米の、とくにイギリスを中心とするそれとはかなり異なった内容のものとなっている。[久場 1987a：227]

が、この批判は当たらない。一九八六年までの時点では、私はアメリカのソコロフに大きく依拠していたが、ソコロフ自身、イギリスの社会主義フェミニストの理論から影響を受けている。また私自身が訳出したクーン&ウォルプの『唯物論とフェミニズム』[Kuhn & Wolpe 1978]は、七〇年代のロンドンを中心とした社会主義フェミニスト・サークルの間での「家事労働論争」の熱気を背景に生まれてきたものである。

ただし、七〇年代後半のマルクス主義フェミニズムの洗練、ことにアルチュセール派マルクス主義の影響をもっとも強くうけたバレット、モリニュー、ヤングらのフォローは、八七年まで待たなければならなかった。ソコロフも、これら「マルクス主義フェミニストの新しいグループ」の存在に気づいたのは「本書の刊行年月日からも明らかなとおり、……私が自分の立場を表明した後のことであった」[Sokoloff 1980＝1987：239]と告白している。当時の私はソコロフの限界をともに受けついだと言えるかもしれない。が、その後の展開によって、久場氏の批判にはいくばくか答えたつもりである。久場氏が批判以上に、マルクス主義フェミニズムがどのようなものであるかについて、オリジナルな展開をしておられないのが惜しまれる。

竹中恵美子氏は、マルクス主義フェミニストであろうか？　少なくとも一九八三年の時点では、労働力商品を含む商品生産一元説をとる点で、氏は一貫したマルクス主義者であった。その後、私とのやりとりを通じて、マルクス主義フェミニズムに歩み寄りを示し、一九八五年の時点では「資本制と家父長制の弁証法」を、両者の間の矛盾しあう関係を含めて、認めていたように見える。一九八九年の論文では、マルクス主義フェミニズムの「二重システム論」を主として批判の対象としている。それは私による「偏向」したマルクス主義フェミニズムの紹介によって、マルクス主義フェミニズムが資本制と家父長制の二重システム論として受け容れられていることへの、異議申し立てのためであった。

わが国ではこれまで、マルクス主義フェミニズムについては、上野千鶴子氏のマルクス主義フェミニズムの精力的な紹介の中で、これを資本制と家父長制の二重システム論として把える考え方が一般化しているようであるが、……これはマルクス主義フェミニズム論争の一つの潮流を代表するものであり、このような把握にのみ一面化することは、マルクス主義フェミニズムの問題提起の豊富かつ多彩な内容を矮小化することともなりかねない。〔竹中 1989：4〕

私はマルクス主義フェミニズムを受容するとき、自分の立場を鮮明にしている。さまざまなマルクス主義フェミニズムの中で、なぜ二元論をとって統一理論をとらないかの論拠も明らかにしている。それは私が、マルクス主義フェミニズムを分析の道具として採用したからであって、あれこれの諸潮流の紹介論文を書いたわけではない。もし竹中氏が、私の採用した二元論を「一つの潮流を代表するものであり」「このような把握にのみ一面化する」ことを危惧しておられるなら、「それ以外の潮流」の「豊富かつ多彩な内容」を紹介すべく尽力なさればすむことである。氏の言う「豊富かつ多彩な内容」とは、論点を整理してみれば、私には議論の「混乱」とうつるから、それぞれの論の功罪を検討した上で、私自身は「二元論アプローチ」を採用するという結論に至ったまでである。

竹中氏の意図は、二元論に対して「統一理論」を擁護することにあるらしい。だが、竹中氏はほんとうにマルクス主義フェミニズムのうちの統一理論家であろうか？　くり返すが、女マルクス主義者とマルクス主義フェミニストとはちがう。マルクス主義フェミニストであるためには、まずラディカル・フェミニズムの諸前提、すなわち「家父長制」概念を資本制とは独立に認めなくてはならない。

私の見るところ、資本制と家父長制とを同等の資格で統合した、真の統一理論家はまだあらわれていない。「統一理論」の立場に立つバレットやヤングのような人々は、二つの概念の「統一」と言いながら、その実「資本制のもとに家父長制を統一」することで、資本制一元論に陥っている。

ソコロフは言う。

興味深いことに、後期マルクス主義フェミニストは、女性の生活に影響を与えているものとしての家父長制と資本主義という二つの自律的なシステムの理解において、二元論的であるとして批判されている。このように後期マルクス主義フェミニストを批判しているのは、……前期マルクス主義フェミニストと後期マルクス主義フェミニストの中間の立場をとる人たちである。こうした中間的な立場をとるのは、特にイギリスのマルクス主義フェミニストのグループである。これらのグループは、家父長制を前期マルクス主義フェミニストが考える以上に複雑なものと理解しており、後期マルクス主義フェミニストの議論にかなり影響を受けている。しかし、前期マルクス主義フェミニスト同様、女性の生活における矛盾を理解する際に、主に決定的な要因となるのは生産様式であるといまだに考えているのである。〔Sokoloff 1980＝1987：260–261〕

ソコロフのこの批判は、そっくり竹中氏にもあてはまるだろう。

氏はさらに、「上野氏のマルクス主義フェミニズム理解は、上野氏自身が自らの立場にもっとも近いものとして重視しているソコロフとも全く異なる解釈に立っている」〔竹中1989：4〕と言う。その根拠は、私が「マルクス主義の挫折」と呼んだ「市場の外部を含めた広義の経済概念の理論化」を、ソコロフが「発展と位置づけている」――もっとはっきり言うと、マルクス主義を私のようには過小評価していない――からだと言う。だが、そのために竹中氏が引用したソコロフの文章――「社会的創造的存在としての女性に関する理論は、マルクス自身によっては充分展開されなかった。マルクス主義理論のこの側面を展開するのは、マルクス主義の伝統を踏まえたフェミニストに委ねられている」〔Sokoloff 1980：74＝1987：95–96〕は、私の主張とどこが違うだろうか。「マルクス自身によっては充分に展開されなかった」とこれほどあからさまにソコロフが認めているマルクス主義の盲点を、「限界」と見るか「これから展開の余地のある課題」と見るかは、たんにレトリックの違いにすぎない。私自身、マルクス主義フェミニズムを受けつぐことによって、この

ら。「限界」をのりこえてマルクス主義を展開するという課題を、引きうけてさえいるのだか

竹中氏の立場は次の発言に尽くされる。

資本主義は自己完結的システムである。家父長制的構造を、支配的生産様式と不可分離なものとして把握することなしには、こうした自動内転性の把握は不可能である。

[竹中 1989：17]

資本主義が「自己完結的システム」であれば、資本主義にとって〈外部〉は否認される。家父長制は、資本主義に〈外部〉から影響する非資本制的な変数ではなく、資本制に下属する要素となる。氏はビーチイを引用して「〝経済〟概念は、家族領域を含むように拡大されるべき」[Beechy 1988：51, 竹中 1989：21 に引用]と言うが、氏を含めて誰もそれに成功していない。そういう現状のもとで、氏が「資本主義の自己完結性」を言うことは、それによって「マルクス主義の全域性」を救済したいという意図にほかならない。ハートマンの言うとおり、逆説的にも「マルキストは、家父長制の力と柔軟性を過小評価しただけでなく、資本の力を過大評価していた」[Hartman 1981＝1987：69]のである。

伊田広行氏の二元論批判は、もっと徹底している。「家父長制的資本制と性差別構造——上野千鶴子氏の二元論的マルクス主義フェミニズムの検討を中心として」と題された

氏の論文は、「上野千鶴子氏のいくつかの論文を、統一理論派の見解に与する視点から、批判的に検討することで、その紹介の仕方の偏在性を明らかに」[伊田 1990：1]するために書かれている。

氏は私の二元論を「非弁証法的二元論」と呼ぶが、氏によれば弁証法の定義「運動、発展が自己運動自己発展として実現されるということ」[ソ連科学アカデミー哲学研究所編 1974：126]というものである。氏が弁証法の定義に、ヘーゲルでもなくマルクスでもなく、今や破綻したソ連社会主義の哲学教科書をもってきたというのも奇妙な話だが、それはさておき、ここでの眼目は、竹中氏同様、資本制は「自己完結的システム」であり、したがって「自己運動」するということ、そのドライブが「資本蓄積」過程であって、上野は「資本蓄積論に無知」だということである。資本制は市場を超えており、その「自己完結的システム」は、総資本＝国家独占資本であるという、絵に描いたように予定調和的な古典マルクス主義的資本制理解である。したがって資本制と家父長制が矛盾したかもしれない工場法成立以前の初期産業資本主義は、氏によれば「試行錯誤の時代」、歴史のアネクドートとなる。だが、「試行錯誤」がありえたこと自体、資本制と家父長制の歴史的「妥協」が別のものでもありえた可能性を示している。

伊田氏によれば、弁証法とは、単一のものの「自己展開」でなければならないらしい。

なるほどそれは「世界精神の自己展開」と弁証法を規定したヘーゲルに近い。だが、ソコロフの「弁証法」は、「二つのものの間の矛盾と調和を含む相互関係」という程度のゆるやかなものである。英語圏ではdialecticsという用語は「対話的」という意味で使われることが多く、必ずしもヘーゲリアン的な意味を引きずっていない。ソコロフがdialecticsという言葉で表現しようとしたのも、女性の「家事労働」と「市場労働」が「単一のものの二つのあらわれ」だということではなく、「調和と矛盾を含む両者の間の相互関係」であった。

資本制を全域的で自己完結的なシステムと見なしたいという誘惑は、マルクス主義者にはよほど強いらしい。伊田氏のように理解すれば、国家も家族も資本制に内属する——資本制のために存在している！——システムとなる。

だが、資本や情報が国境を超え、ベルリンの壁が目前で崩壊していくのを目撃するにつれ、私はますます資本制の限界を確信するようになった。国家も家族も資本制の外にある。総資本＝国家だったのではなく、「国民国家」という歴史上のある時期に産業資本主義と調停を結んだ国家形態が、今や間尺に合わなくなって資本と葛藤を起こしかけているのが現代である。その葛藤の存在によって、私たちは逆に国家と資本とがほんらい調和的に存在するものとは限らないことを、逆に知るのである。

資本制と家族との関係もまたそうである。マルクス主義フェミニズムが、資本制のもとで家事労働が無償なのはなぜかという歴史的に固有な形態について問うているのに、「構造的に家事労働は無償として組みこまれている」[伊田 1990、注(13)]と言ってこの問いを排除する氏は、私を「没歴史的」と批判しておきながら、自身が非歴史的である。

中川スミ氏は、「家事労働と資本主義的生産様式」[中川 1987]の中で、私を批判して「労働力」という擬制商品はあらかじめ資本によって支払われない「無償労働」を含んでいるから、「家事労働の無償性」を「賃労働の有償性」と対比させるのは誤りだと指摘する。

賃金が賃労働者の無償労働を内包することを強調することは、家事労働論に基礎を置く女性解放論の一部に見られる理論的弱点を克服する上でも重要である。というのは、資本主義社会における女性の抑圧の原因を性的分業の中で主として女性が分担させられる家事労働の無償性に求めるのが近年の一般的傾向であるが、そのなかで家事労働の無償性を賃労働の「有償性」との対比で強調する見解が見られるからである。(1)このような見解は、資本主義社会のもとで家事労働がかかえている問題性を強調するあまり、賃労働が内包する無償労働の存在を看過し、または軽視するものであるといわねばならない。女性解放の正しい戦略をたてるためには、家事労働の無償性と賃労働の「有償性」とを対比するのではなく、むしろ家事労働と賃労働双方の無償性の関連を

こそ説くべきだと思われる。［中川 1987：47–48］

ほぼ全篇、賃労働の「無償性」、言い換えれば労働と労働力との不等価交換の論証のためにマルクス理論を再確認する作業にあてられた中川氏の論文は、資本に対して賃労働も家事労働もその「無償性」において平等だとして、資本に対する家事労働の固有性を再びおおいかくし、「フェミニストの問い」を振り出しに戻す。氏にとっては、資本は男女平等に搾取するのであり、この搾取に性差別はない。この極端な資本制一元論こそ、マルクス主義フェミニストがその当初から批判してきた当のものである。

また渡辺多恵子氏は、「階級闘争と性別闘争――マルクス主義フェミニストの提起した問題に答えて」の中でこう書いている。

> 私は発達した資本主義のもとでは、階級闘争の主要構成部分として性差別反対闘争があることをつよく強調したい。その意味でも党的階級闘争一元論者である。［渡辺 1987：151］

渡辺氏の説でも、性差別に対して闘うことがなぜ必然的に階級闘争になるのか（またはその逆）が論証されていない。氏は「性差別と闘わない組合官僚やすべての組織官僚、高給取り男子労働者は、政治分裂主義者である。それに比べれば、性差別とたたかい男女一致して資本支配に立ち向かうことを主張し、行動するフェミニストを組織分裂者とか、政治分派とかということはまったく無原則であると思う」[渡辺1987：151]としごくもっともな指摘をしているが、現実には、イギリスの労働運動の中でも「政治分裂主義者」のレッテルを貼られているのはフェミニストの方である。労働運動の中では、性差別をつうじて男性労働者の既得権益を守るという渡辺氏の言う「無原則」が行なわれている。事実、社会主義陣営の内部では、女性の「自律的組織 autonomous institute」を認めるか否かは、つねに戦略的な論議の的になってきた。そして労働運動が危機に瀕しているところではどこでも、女性独自の運動は「分派的」と非難されてきたのである。

渡辺氏は「「婦人分離主義」をおそれるな、婦人解放は婦人の事業である。大胆に婦人のイニシアチブを尊重せよとディミトロフはよびかけた」[渡辺1987：149]と書く。しかし氏のつよいフェミニスト志向にもかかわらず、氏が主張するのは、「資本に対して闘うことは性差別に対して闘うことであり、性差別に対して闘うことは資本に対して闘うことだ」という、論証されない「統一理論」の希望的言説である。氏は「労働者階級の前衛である共産党大会の幹部席に、一人の女性もいないということこそ恥しいかぎりである」[渡辺1987：151]と書くが、なぜそのような「恥しいこと」が現実に行なわれているかというしくみをこそ、氏は分析すべきなのである。そしてフェミニズムこそが、彼女ら女性社会主義者のいらだちを言語化するための概念装置を提供してくれているというのに、彼女たちは昔の男に義理だてでもするように、フェミニズム理論から学ぼうとしないのだ。

マルクス主義フェミニズムに対する女性社会主義者の批判の多くが、問題そのものを解体してしまったり、見当はずれだったりする中で、古庄英子氏の「母性保護論争をどうこえるか——社会主義とフェミニズムを揚棄しようとすること」[古庄 1987]は異色であった。氏は「私はマルクス主義フェミニズムなどというものを求めるつもりはさらさらないのだ。私にとって女の解放は依然として社会主義運動の一環である」[古庄 1987 : 21]と書きながら、同時に「労働者階級として男女は平等である」という(山川)菊栄の議論を承認することで「結果的には私は、男の側にすり寄って女性差別に加担していたのだ」[古庄 1987 : 19]と認める。

> 労働者階級の解放がなければ女の解放はありえないし、女の解放がなければ社会主義はありえない。私と対立しているのは労働者階級ではなくて、労働者階級さえ解放されれば全ての女に対する収奪も終わるであろう、という男の独善なのだ。社会主義とフェミニズムは折衷されるのではなくて揚棄されねばならない。[古庄 1987 : 21]

私は「労働者階級の解放がなければ女の解放はありえない」という女性社会主義者の信仰も、また「女の解放がなければ社会主義はありえない」という社会主義に対する過度の思い入れに満ちたオプティミズムも、古庄氏とは共有しない。「女の解放」をともなわない市民革命も、「女の解放」をともなわない社会主義革命も現に存在した。そんなものは「真の市民革命」「真の社会主義革命」ではない、という強弁はべつにして、「市民」や「労働者階級」に「性別」を問わなかったその一事において、「市民的自由」や「労働者の解放」の理想は、すでに女性に対して抑圧的に働いたのである。

他に金井淑子氏の「上野のマルクス主義フェミニズムは、当人がそう言うほどマルクス主義的でない」(どこがそうなのかを金井氏は詳論していない)という批判を含めて、マルクス主義陣営に属すると思われる人々からの批判は、統一理論家モリニューのデルフィの二元論に対する批判とすこぶる酷似している。

彼女の著作は、本質的にはマルクス主義に対する反論として書かれている。……しかし攻撃されているのは、かなり単純化されすぎたかつ戯画化されたマルクス理論の解釈である。[Molyneux 1979=1987:30]

私がマルクス主義を「十九世紀の思想」と決めつけ、アルチュセール以降のマルクス・ルネサンスに対して無理解であると批判する竹中氏や久場氏のマルクス主義理解は、マルクス主義が時代とともに成長をとげ、マルクス本人が見落とした性や家族の問題をもつぎつぎに柔軟にとりこむことのできる全域的な思想(これ一つあればすべて足りる!)であるかのようである。マルクス主義護教論の立場に立つ必要のない私は、マルクスが解けない、または解かない問題があれば、マルクス理論を捨て他の理論を援用すればそれでよい。私のマルクス主義理解が「矮小化」(ワラ人形狩り)だと批判する人々のマルクス主義理解こそ、私の目からは「誇大化」(枯尾花！)と見える。

だが、彼らがマルクス主義を、(まだ)全域的な思想だと考えるには根拠がある。今日の社会が資本制的な社会である限りにおいて、マルクス主義は有効である。何故ならば「資本制は全域的だから」である。マルクス理論の全域性を信じる人々の、資本制に対するこの過大評価は、アイロニーと言うほかない。あたかもマルクス理論の全域性を信じるには、資本制の全域性を承認しなければならないかのような循環に、この人々は陥っている。

だが資本制は、ほんとうに彼らが信じるほど「全域的」――資本の論理が一元的に支配し、自己運動する――だろうか？　古典的な市民社会論や資本制理解に代わって、社会史や家族史が明らかにしたのは、資本制が手つかずのままに残した非資本制的な領域の発見であった。それが資本に対して有効に働くということは、その領域が資本制の一部だということを必ずしも意味しない。その考え方は、「現にあるものはすべて資本制に存在を許されてある」という、おそるべき機能主義的一元論へと道を開く。

国家や人種という市場外ファクターが資本とますますコンフリクトを強めている今日、資本制には限界があるという考え方を、私はますます強めるようになった。そして、資本制が限界のあるシステムだという考えを持たなければ、どうしてこれを打ち破る希望を私たちは持つことができるだろうか？

＊　＊　＊

本稿を脱稿してから、さらに二点、マルクス主義フェミニズムについて批判的に言及した重要な文献を目にする機会を得た。それについても論じておきたい。

瀬地山角氏は「主婦の誕生と変遷」［瀬地山 1990b］という興味深い論文の中で、日本、韓国、台湾の東アジア三国の「主婦・女子労働」をめぐる比較研究を行なっている。どちらかといえば欧米との比較が主だった日本の研究動向から言えば、欠けていた視角であり、しかも日本、韓国、台湾という儒教文化圏に属する三国の中での偏差を問題にするという貴重な比較の視点である。氏はこの中で「資本制」に代わって「産業主義」(2)という概念を採用し、「国家と産業主義・家父長制との関係」［瀬地山 1990b：23］を見ていこうとする。このアプローチに対しては、(1)国家を重要な「行為者」と見ていこうとする態度は、マルクス主義フェミニズムの国家論の手薄さへの批判とともに、肯定的に受容できるし、(2)「家父長制」を独立の分析概念として用いた点は評価できる。だが、氏は、「産業主義」と「家父長制」との間の関係を、「経済と規範」というもっともオーソドックスな(通俗的な、と言ってもよい）社会学的二元論に還元した。私が本書をつうじて一貫して主張しているのは、「家父長制」はミッシェル・バレットの言うように単なる「規範」＝「上部構造」ではなく、物質的基盤を持った「下部構造」だということである。氏の分析自体が、家族と産業社会との間の女子労働の配置 allocation を実証的に問題にしているのだから、「規範」には「物質的基盤」がともなっている。他方で氏は「産業主義」の変種――資本主義／社会主義であれ、日本型産業主義／韓国型産業主義であれ――をイデオロギーや文化「規範」で説明する試みをやっていないのだから、性による労働の配置だけを家父長制「規範」の文化差で説明するというのは、奇妙なことである。もし氏が自分の分析に一貫性を持たせたいとするなら、「家父長制」もまた「産業主義」同様制度的な実在であり、その変種に応じた文化イデオロギーの変異体が存在するのだと言うべきであろう。

瀬地山氏は、「家父長制」という概念を認めたあと、それを「規範」に切り下げる。あたかもこの概念をしぶしぶ採用したかのように。氏の「家父長制」概念の物質基盤に対する無理解は、次のような部分にあらわれる。

たとえば階級という概念は、それがもともと使われていた社会学などの中では、もはや相当な概念の変更なしには使うことができないにもかかわらず、それをマルクス主義の影響から簡単に導入して、「女性は階級たりうるか」といった議論がおきること

も、一部のマルクス主義フェミニズムの理論水準の低さを表わすものといえるだろう。〔瀬地山 1990b：33，注(4)〕

この文は問題が多い。第一に、「階級」という概念は社会学ではもともと使われてこなかった。第二に、「相当な概念の変更なしに」階級という概念を使うことができないという指摘には全く同感だが、その「相当な概念の変更」を迫ったのが「女性＝階級」という概念であり、「簡単に導入」したわけではない。第三に、氏は「階級」概念が全く無効だと宣告したがっているようだが、氏の認識とは逆に、国際分業・性分業そしてほんらいの意味の階級分業のトリプル・クロスの中で、人種と性に並んで階級概念の重要性は再び浮上していると考える点で、私は瀬地山氏と意見を異にしている。

もう一つの重要な批判は、労農派マルクス主義者を自称する川副詔三氏からよせられた『フェミニズムからの挑戦にこたえて』である。「上野千鶴子理論によせて――マルクス主義者より」と副題された本書は、四四一頁にのぼる大著であり、氏にこれを書かせた動機は「フェミニズムが提起している思想上・理論上の諸問題が建設的であり、人間の解放に関する社会科学的理論において、根本原理にまで迫るラディカルな質を持っており、しかも、その点で本質的であるだけにとどまらず、人類史全体を視野に入れた全面性を有しているからである」〔川副 1990：5〕。

氏はさらに、検討の対象として主として本書のもとになった私の『思想の科学』誌上の連載「マルクス主義フェミニズム——その可能性と限界」を扱う理由を、次のように述べる。「この論文は、そのとりあつかっているテーマが本質問題に集約され、かつ、全面性を有しているという意味で、しかも、一定の論争的性格をも備えているという点において、こうした検討のために、これ以上ふさわしいものをさがすのはまず困難であろうと評価しうる論文であった。」[川副 1990：5–6]

クーンとウォルプの『フェミニズムと唯物論』を『マルクス主義フェミニズムの挑戦』と題して邦訳して以来、連載タイトルの副題も含めて、私はマルクス主義者に「挑戦」を投げかけ、反応が返ってくるのを心待ちにしていた。氏の書物は、マルクス主義の概念規定からフェミニズムの問題意識、認識論に至るまでその全体性、徹底性において「挑戦にこたえて」マルクス主義陣営から出された今のところ唯一にして最大の反応であり、氏に四百頁余を書かせたエネルギーと真摯さに、敬意を表したい。マルクス主義陣営内部の錯綜したセクショナリズムについて私は立ち入った事情を知らないが、氏が「スターリニスト」と呼ぶ自称「正統派(男性)マルクス主義者」からは、私自身のものも含めてマルクス主義フェミニズムが冷笑もしくは無視の扱いを受けていることを思えば、氏の態度は貴重である。「上野氏のように、論点を論争的に、しかも全面的に提起する理論家に出あって、はじめて、こうしたテーマで書くことが可能となった。上野氏には、その点で多くを教えられたし、感謝している。」[川副 1990：10]と書く氏にならって、私もまた、実践活動の合間を縫って書きつがれたという氏の労作に多大な敬意を捧げたい。少なくとも氏は、フェミニズムの問題提起が「女・子供」の局地的領域に関わる問題ではなく、人類史を読み直す全域的な問題であると認め、その挑戦を深刻にうけとめたのである。

この大部な書物の批判にいちいち答えるためには、私の方も一篇の論文か、さもなければ本書の一章をあてなければならないが、さしあたり手短かに要点をしぼって論じておこう。『思想の科学』初出時の論文と本書とは、構成を異にしたほかは論旨は連載当時と大きくへだたっていないから氏の批判は本書についても妥当するが、それに対して私は本書の記述を改める必要を感じない。ただ氏の批判に照らして、何が原因で氏と私の認識のちがいが起きたのかを洗い出して明確にしておきたい。

氏の批判は、フェミニストの提起した「家事労働」概念と「家父長制」概念に集中する。この二点は、マルクス主義フェミニズムとラディカル・フェミニズムが提起したもっとも重要な二大概念であるから、氏のターゲットはすこぶる正鵠を得ている。

批判の第一点は、マルクス主義フェミニズムの「家事労働」概念が、マルクス主義に対する無理解からくるらちもない夢想だということである。氏は、「マルクスが、資本というものが……市場内にある労働だけを「生産労働」と見な」[川副 1990 : 98]したことを、私が誤解して「マルクスが市場内にある労働だけを「生産労働」だと規定した」とし、マルクス主義に対する事実無根の攻撃を行なったと言う。というのは、マルクスによれば「人間労働はそれが人間労働である限り「生産労働」」[川副 1990 : 98]だからであり、この誤解が生じたのは、「フェミニストは、生産労働とは何かを本質的なところで理解していない」[川副 1990 : 104]からだと言う。その結果、家事労働理論全体が「砂上の楼閣」[川副 1990 : 104]になっているとする。マルクス主義フェミニストにとって核心的な「家事労働」概念が根拠のないものだという批判は、すこぶる重大なものだから反論を加えないわけにはいかない。

第一に、定義の問題がある。マルクスは「生産労働」という用語を、二重の意味で使っている。一つは、川副氏の言うように、使用価値を生むあらゆる有用な人間労働は「生産労働」であるという広義の意味、もう一つは資本にとって生産的な労働だけを「生産労働」と呼ぶという狭義の意味である。資本にとって生産的か否か(資本増殖をもたらすか否か)で「生産労働」と「不生産労働」を定義したのは、川副氏の説に反して、資本ではなく、マルクスである。そもそも資本制には「生産労働」「不生産労働」という用語はない。言っておくが、これはマルクス主義が資本制下の労働に与えた用語である。資本にあるのは、ただ「支払い労働」と「不払い労働」の区別だけである。いや、この言い方も正確ではない。「不払い労働」という概念を持ちこんだのはフェミニストであって、資本にとっては支払われた労働だけが「労働」である。資本にとっては「労働」とそれ以外のものだけがある。したがって、資本にとっては、「家事労働」は「労働」ではない。「家事」も「労働」だと主張したのは、マルクス主義フェミニストだけであった。

第二に、マルクス主義フェミニストが「家事」も「労働」だと主張できたのは、もちろん、マルクス理論を知っていたからである。価値を生む有用な人間の活動がすべて「(生産)労働」だとしたら、「家事」もまたれっきとした「労働」であるとマルクス主義フェミニストは主張し、氏の言うとおり「その人間労働の中に生産的と不生産的とに分ける資本の不当性をこそ」[川副 1990：130]言ってきたのに、氏にはそれが見えないようである。

第三に、「家事労働」も「人間労働」の一つだという前提から出発して、マルクス主義フェミニストは、あげて「資本はなぜ家事労働を生産労働に分類しなかったか？」という問いを解くために力を傾けてきた。それに対する答が、マルクス主義にはなかったからである。にもかかわらず、この「マルクス主義に対するフェミニストの問い」に対するマルクス主義陣営の側からの答は、これまでのところ、高木氏や島津氏のようにマルクスが定義した「生産労働」と「不生産労働」との区別を、自明の真理のようにくり返すだけであった。氏が「スターリニスト」によるマルクス主義の歪曲と呼ぶ彼らの対応は、フェミニストに劣らず「マルクス主義に対する無知」から来ているもので、この無知に対する無知の応酬を氏は「フェミニストとマルクス主義の不幸な関係」と呼び、えてして「マルクス主義の側の問題性の結果であるといわねばならない」[川副 1990：368]と言う。公認マルクス主義者がマルクス主義に対して無理解ならば、マルクス主義者ならぬフェミニストがマルクス主義に対して無理解であるのは当然だ。しかも「これがマルクスの理論だ」と彼らが主張する説を信用する以外に——したがって当然のことながら、それに反発する以外に——フェミニストに何ができただろう?

第四に、川副氏の言う「労農派マルクス主義」が「ほんとうのマルクス理解」にもとづくとして、氏の解釈になる「家事労働」とは奇妙なものである。氏は、家族内家事労働(本来の意味での家事労働)とは「自家生産・取得・消費の家族領域」にあるような労働[川副 1990：113]であり、「商品の生産・流通・取得の領域」の外にあるから「支払いをうけない」のは当然である、という循環的定義をくり返すにすぎない。そんなことはわかっている。マルクス主義フェミニストの問題提起は、なぜ一定の労働が資本制のもとで「自家生産・取得・消費の家族領域」に残されたか、を問うている。しかも氏は「人間生命の生産・再生産」活動は「モノの消費」過程であるから「(モノの)生産労働」とはちがう、マルクス主義フェミニストは、労働でないものを労働と呼ぶという重大な誤りを犯していると言う[川副 1990：147]。だが、氏による「労働」と「消費」との区別は「モノの生産」の視点から定義されたもので、氏自身が自覚しているように「イノチの生産」の側から見れば、「モノの生産」の方が「生命力の消費」過程に他ならない[川副 1990：153]。「人間生命の生産・再生産」を「労働」とは呼ばないというこのマルクス主義の定義こそが、「モノの生産」優位の思想からきていると、マルクス主義フェミニストは批判しているのである。

第五に、氏は「人間生命生産・再生産」を「再生産労働」と規定する私に対して「上野氏は、基本的には労働でないものを労働と規定しようとしたのである。イノチの生産をまたもや労働に還元するということは、人間の行為のすべてを労働に還元すること以外のことを意味していない。それがナンセンスであることは、くり返すまでもない」[川副 1990：147]と批判する。だがこの文も氏の無理解と誤読を証明している。「再生産労働」という用語で私が言いたかったのは、資本制下の商品生産が「労働」――しかも疎外された（資本に利潤を生む）労働――であるなら、資本制下の家族における生命の再生産も、（疎外された）「労働」に「格下げ」――川副氏の表現を使えば――されている、という事実である。氏は私が「マルクスは資本が家事労働を不生産的と定義したと指摘した」というのを「マルクスは……家事労働を不生産的と定義した」と誤読していると非難するが、氏も同じことを私に対してやっている。「私は資本制が生命の再生産を労働に還元していると見なす」と言うのを、氏は「私は……生命の再生産を労働に還元している」と誤読するのである。もちろん、「不生産労働」という用語、「再生産労働」という用語は、それぞれマルクスと私のものである。だがその用語の否定的な含意の責を用語の発明者に負わせるのは、本末顚倒である。私が「再生産労働」という用語の導入で意図したのは、家父長制的資本制下での「生命の再生産」がとる様式をよりよく記述するためであって、「労働でないものを労働」にしているのは、私ではなく、家父長制的資本制の側である。しかもそれを「労働」とさえ呼ばず支払われないままに置くことによって「二流の労働」に位置づけているのだから、家父長制と資本制の共謀の罪は深い、と指摘しているのである。「不払い労働」「再生産労働」と用語でマルクス主義フェミニストが主張するのは、「二流の労働」を少なくとも「一流の労働」なみに扱えという要求であり、「上野氏をはじめとするフェミニストたちが、労働というものをフェティシズム的に神格化」して「女性の行為をも同様に神聖だと位置づけたいために、何が何でも家事や生殖を労働に「昇格」させようとしている」[川副 1990：158]わけではない。しかもこの「二流の労働」は、しばしばそう誤解されているように、「一流の労働」のように資本に直接搾取される労働とちがって「より搾取の度合いの少ない労働」のことではない。女の「二流の労働」は、資本制と家父長制の二重の抑圧のもとに置かれた労働のことであり、「再生産労働」という概念は、この「二重の抑圧」を解明するために持ちこまれた分析概念であることを氏は理解していない。家父長制的資本制のもとで「女のやっていること」は「再生産労働」と見なすことができる。そう見なすことによって何が言え、何が言えないかが、理論的課題だということを、私はくり返し明らかにしている。

第六に、私が扱っているのは、家事労働の歴史的規定である。「家事労働」を、狭義の「再生産労働」に限定したのは、「自己生命の生産・再生産」が家事労働の外部化によってミニマムになった歴史的現実を反映している。これについては氏もまた「人間の生命生産領域(マルクス主義における狭義の人間生命生産、再生産領域)の人間の行為を……あくまで「労働」と規定しようとすれば……他者生命生産しか、再生産には含まれてこない」[川副 1990：157]と合意を与えている。そもそも家事労働論そのものが、家事労働から家内労働(自家直接消費のための生産)が放逐された後にしか成り立たない。私が「家事労働」を「女が他者生命の生産・再生産のためにする労働」に限定するのは、次のような理由である。たとえば単身の女が、自分自身の生命再生産のために行なう活動を家事労働とは呼ばない。シングルの女だって家事労働を行なっているというういい方は、ここで私が明らかにしたいと思う問題点をかえってくもらせる。都市化された生活のもとでは、単身者が自己生命を生産・再生産する活動はミニマムに切り下げられている。単身の男は、それさえやらずに自分自身の生命再生産のための活動を、商品として購入するかもしれない。食事や睡眠を家事労働とは呼ばないように、他者に移転できない自己生命の生産・再生産は「家事労働」ではない。だが、どちらにしても、それは単身の女と単身の男の労働力のクオリティに差をつけない。だが女が「他者生命生産・再生産」のための活動を引きうけたとたん、女は市場内で二流の労働力に転落する。現実の労働市場で単身の女が単身の男に対して格差のある賃金を支払われているとすれば、「他者生命生産・再生産」労働の排他的な性別配当という制度にもとづく予期が、単身の女を「主婦になるべき女」の集団に分類するからである。だが、もしシングル・ファザーのように「他者生命生産・再生産」労働をかかえこめば、男も「二流の労働力」に転落するのは目に見えている。だとしたらここでの問題は「他者生命生産・再生産」の労働がなぜ排他的に女にだけ配当されているかという労働の性的配置をめぐる問題であり、それに資本制が説明変数として役に立たなければ「家父長制」という概念を持ってくるほかなかったのである。

第七に、「家族内で行なわれる労働の性的配置」を問題にするために「家族の経済学」を提唱することに対して、氏の反応は、すこぶる冷笑的なものである。

わずか数人の家族の中での、労働とその生産物取得と消費という、目をあけてさえいれば誰にでも見えるし、すぐに理解でき、かつ、いっさい理論など不要な領域についての「経済学」などというと、地下でマルクスやエンゲルスは苦笑するにちがいない。
[川副 1990：175]

しかし、マルクス主義者は「目をあけてさえいれば、見えるもの」に目をつむってきたのである。その理由は第一に、氏が家族を「成員間に搾取・被搾取という関係の存在しない」「共同体」的社会組織[川副 1990：182]だと見なすことによる。家族が「共同体」的に見えるのは家族内の搾取者の目に対してにすぎない。被搾取者にとってみれば、家族は「共同体」の美名のもとに、不正と不合理とが横行する場である。女性は自分たちを家族内の被搾取者だと感じ、家族の中に大きな不公正が存在していると指摘した。それは目をふさいでいた家族の「共同性」の神話をこわし、性と世代の異なるメンバーからなる家族をバラバラに解体する作業の中からしか出てこなかった。第二に、氏が家族について「搾取・被搾取」の用語を使わないのは、それが商品生産にだけ関わる用語であるというマルクス主義者の「常識」による。商品生産の領域にのみ搾取があり、家族の領域には搾取はないとするのは、マルクス主義者の夢想にすぎない。氏は「家族内の「経済学の論理」」を「共同取得・共同消費」だとし、「家事労働はそれが存在することさえ意識化されず……無意識のうちに消費されていく」〔川副 1990：183〕と言う。家事労働は誰の目に「意識化」されないのか？　家事労働を「無意識に消費」するのは誰か？　女は誰が家事労働を意識的に行なっているか、知っている。その上、家族を「共同取得・共同消費」の単位と見なすのは、一体誰のつくったイデオロギーによるだろう。「家事労働は家族内労働であるから……誰の所有物かを法的に限定する意識をもつべくもない」〔川副 1990：183〕と氏は言うが、貨幣化されない労働の帰属を問わないのは、氏の言うとおり資本の側であって、現物経済の中では、誰の労働の貢献が誰に帰属しているかは、当事者にはわかっている。資本制同様、家事労働の所有を問わないことによって、氏は家父長制に加担している。「こうして家族成員は人格的に家長に従属させられる。その支配権は、彼が家族の他者の労働を搾取するためのものではない。逆にモノを分与することにもとづく」〔川副 1990：183〕という認識に至っては、氏の「家族の政治学」に対する無知と極楽トンボぶりは、ほとんど犯罪的である。

フェミニストは「家族の政治経済学」を解くためにこそ、家父長制という概念を創造した。川副氏はフェミニストによる「家父長制」概念の提起を評価し、「こんにちまでのマルクス主義が、賃金労働者家族における家父長制を見逃したことは理論的誤りだ」〔川副 1990：341〕ということを認める。しかも「マルクス主義の家族理論はきわめて幼稚な水準のままに、事実上、十九世紀末の内容のままで化石化させられている」〔川副 1990：351〕ことを認め、その幼稚な家族理論を権威主義的にふりかざしてフェミニストの提起を圧殺することがいかに犯罪的かをさえ指摘する。反省はいい。家族に対するマルクス理論の現状認識も一致している。違うのは、フェミニストが、マルクス主義には「性に盲目」になるだけの十分に内在的な理由があったのだろうと推論していることである。この「誤り」は偶然の産物ではない。家族は自然的存在である、家事労働は消滅すべき運命にある、賃労働者の単婚家庭には差別はない等々のマルクス主義者の思いこみは、女がやっていることに対する恐るべき無知と無理解を示している。「家庭」領域を分離・創出しておきながら、それを不可視の存在にしたてあげた産業社会のたくらみを、マルクスもまた同時代者として共有していたと言うほかはない。氏は、私がマルクス主義を「十九世紀の理論」というのがよほどお嫌いらしいが、もう一つ氏がマルクス主義への「重要な改訂」と見なす「生産力主義」への留保も、生産力の向上に限界がないと見なされていた十九世紀進歩史観の影響と考えれば説明がつく。マルクス主義もまた時代の産物であり、時代が帯びた歴史的限界を刻印されていると考えることに、何のためらいがあるのだろうか？　二十世紀思想としてのフェミニズムもまた、いずれそう言われる運命にある。理論家としてのマルクス主義者の任務は、マルクスの視野に入ってこなかった歴史的変数の存在をいさぎよく認めて、マルクスを同時代に通用する理論として不断に改訂していくことではないだろうか。その改訂の実践の一つに、氏の次のような率直な言明がある。

従来のマルクス主義賃金論の理論において、一点だけ重要な改訂が必要となる。……女性の賃金が低賃金であることの第一義的理由は、男性労働者への排他的家長賃金保証のためというように訂正すべきであろうということである。資本主義的生産関係のもとにある賃金労働者家族を家父長制家族として維持していくものとして、女性への低賃金が構造化されているとみるべきであろう。[川副 1990 : 335]

だがその直後に、氏は「なぜ、そうなるかは、それは本稿の課題ではない」とつづける。それに答えたのがマルクス主義フェミニズムである。「マルクス主義に対するフェミニストの挑戦」に応えてマルクス主義者としての氏がとるべき対応は、フェミニズム理論への揚げ足とり的ないろいろの反駁よりは、むしろこの問いを共有してマルクス主義者の側から解答を出すことではないだろうか。

家父長制と資本制の検討をとおして、女性解放の「基本課題」について、氏と私はほぼ共通の目標に達する。

(1)〈私的所有の廃絶〉

(2)〈労働における男女平等の実現〉

第一は、女性の社会的労働への……男性と差別のない参加。
第二は……男性の家長賃金を廃絶し、男女の別なく家族生存費を支給すること。
第三は、家事労働の男女平等分担の実現。
(3)〈母性の権利の実現〉［川副 1990：205–206］

このうち、(1)の「女性抑圧の根本問題は私的所有にある」という命題を私は共有しないが、(1)を除いては、ほぼ全面的に同意できる。(2)の三条件は、フェミニズムの用語で言えば、第一は、労働市場の性別隔離 gender segregation の廃止、第二は、男女同一労働同一賃金(しかもシングル・マザーが安心して生きていける賃金を！)、第三は、性別役割分担の廃止となる。(3)の「母性」は、男女両性を含めた「親性の権利の実現」と言いかえてもらいたい。ここで「母性」という概念をうっかり使うところに、「母性」の政治性を一貫して問題にしてきたフェミニズムに対する氏の無理解がある。その留保を除けば、氏の提起はほぼ全面的に賛成できるものである。だが氏は、これがマルクス主義の中からは内在的には出てこなかったこと、氏がフェミニズムから学んだ当のものであることを率直に認めるべきであろう。

「人間解放の実際運動」に対して氏が提起している次の三つの戦略は、さらに重要である。

第一は「解放主体の形成……その主要な内実において女性解放主体形成論」である。それは「家族の変革」から始まる。「そのような解放主体に家族が変革されるための最も重要な最低条件は何か、それは、家族自体が人間抑圧の場でなくなることである。いいかえれば家父長制家族でなくなることである。」〔川副 1990：408–409, 413〕

第二は、「女性労働組合の結成」である。女性労働組合の主要な任務の一つは、「男女の平等賃金を実現するための闘い」である。〔川副 1990：414–415〕

第三は、「女性党の結成」である。「女性党の結成は、フェミニズム実践が、フェミニストの提起するような課題を含むかぎり、不可欠の必要事と考えるべきものであろう。女性党と既存の政党との関係は、一致する課題における共同であり、敵対する問題での闘争である。女性党自身の側からは既存の諸政党への党員の二重加盟は一向に障害にならない。」〔川副 1990：419–420〕

この三点も全く同感である。しかも、家父長制家族、男性労働組合、男性党それぞれのアキレス腱をねらうような戦略を、男性マルクス主義者である氏の口から言い出す勇気には敬意を表する。これらの戦略は、これまで、家族破壊と分派主義の名のもとに、フェミニストがはげしく攻撃されてきた当のものだからである。だが氏の提案が、フェミニストの戦略にほぼ全面的に一致するのは、当然であろう。ここではフェミニズムに学びそれに接近したのは氏の方だからである。

「マルクス主義とフェミニズムの不幸な関係に、一刻も早く終止符を打つべきだ」[川副 1990：370]とする氏の提言には、私も全く同感である。だが、それには、氏のように「マルクス主義に対するフェミニストの挑戦」を真正面からうけて立とうとするマルクス主義者の側の真摯な態度と、同時に、フェミニストがマルクス主義から学んだように、マルクス主義者の側からも、フェミニズムに学ぶ率直な姿勢と、歩みよりが必要である。

家父長制を問題視し、家父長制の廃絶に同意する氏も、具体的な戦略となると、旧来の男性マルクス主義者の限界を露呈する。

「家長権廃絶の具体的要求が、家長権を有する男性労働者への女性の要求としてではなく、女性による、資本と国家への要求としての性格をもつという事実である。」[川副 1990：360]と言うことで、氏はフェミニストの闘いを、再び「階級闘争」に還元する。それは理論的にはフェミニズムへの無理解であり、実践的にはフェミニズムの圧殺である。この「女性の闘い」に対して「男性はどちらに立つことも可能である。家長としての特権にしがみつく者たちは、資本と国家の側に立って、これらの女性たちの要求に冷たく背を向けるであろう。女性との人間的な平等を求める者たちは、女とともに闘うであろう。中間的には傍観者を決めこんで、実際的には性抑圧の温存に手を貸し、家長特権の上に安住しつづける者たちもいるであろう」[川副 1990：360]。三六〇頁もマルクス主義フェミニズムについて論じてきたあとでなおかつ男の態度について氏の示す極楽トンボぶりは、右派左派を問わず、男というものの「女性問題」に対する絶望的なまでの無知無理解を示している。もし氏の言うとおり、「女性の階級闘争」を支持することが男性労働者の「階級意識」を試すことになるなら、彼らに選択の余地はないはずである。「男性マルクス主義者は必然的に女性と共闘しなければならない」と書くかわりに、「どちらに立つことも可能である」と書くことによって、氏は自ら階級による利害と性別による利害とが別箇のものであると論証していることになる。

マルクス主義フェミニストの答は明快である。第一に性抑圧には物質的根拠があること、第二にそれから男性労働者は利益を得ていること、第三に彼らにその既得権を捨てる気がないこと、第四に、歴史的には既得権を守るために男性労働者は資本および国家と共謀して積極的に女性を排除する役割まで果たしてきたことである。フェミニズムはたんなるヒューマニズムではない。それは「女性との人間的平等を求める男」がいかに少ないか、そしてそれは何故かという根拠を明らかにしてきた。「女性の闘争」が「資本と国家に対する闘いであって、必ずしも家長男性を主敵とするものではないことが確認できればよい」[川副 1990：361]という氏の主観的願望に反して、フェミニズムの「主要な敵 main enemy」[Delphy 1984]は男性であることを私は公言してはばからない。男との敵対を避けたい似非《エセ》フェミニストの女や、女性との対決を避けることでフェミニズムの問題性を無化したい反フェミニストの男だけが「男と女は共通の敵に向かって共闘できる」(3)と無邪気に信じたがる。

「「モグラたたき」よろしく、家長権の個々のあらわれを一つ一つシラミつぶしにたたいてまわる」フェミニストの実践に実践活動家としての氏が疑念を表明するに至っては、不可解というほかない。労働運動は個々の現場における資本制の抑圧のあらわれを「「モグラたたき」よろしく一つ一つシラミつぶしに」たたいてまわってきたのではなかったか？たとえ階級が最終的に廃絶されない限り抑圧の根源がなくならないとしても、日々の労働運動をやめるわけにいかないことは、氏が一番よく知っているはずである。そのように、女性労働者は男性雇用者とだけでなく男性主導の労働組合とも闘ってきたし、個々の家庭で妻は夫と闘ってきた。家父長制の最小組織である単婚家族の中での妻の夫に対する個別の闘いこそ、フェミニズムの出発点だった。個々の労働者が雇用者との直接の対決を避けて通れないように、個々の女もまた一組の男女の中で現れる家父長制との直接の対決を避けては通れないのである。

最後に、氏が同書の末尾に提起したフェミニスト認識論に対する疑念に答えておこう。

フェミニズムがすべての認識をイデオロギーに還元することを批判して、氏は「科学的認識の可能性と実在性」を擁護する。氏によればこの「科学的認識」とは「唯物論的世界観」のことであろう。氏は「上野氏、フェミニスト理論の最も根源的問題性」は、この「科学に対する冷笑的態度にある」[川副 1990：437]と言う。しかり。氏の指摘は正しい。「科学的認識」の名のもとに、性差別的なイデオロギーを圧しつけてきたすべての理論を、私は何度でも「冷笑」する。私は「客観的実在」があるかないかを議論しているのではない。科学の名のもとに「客観的実在」に到達したと僭称するこれまでのすべての男仕立ての理論を、「冷笑」しているのである。氏の予測に反して、私はフェミニズムが客観的認識にもとづく実証主義だとは考えない。「客観的実在」なるものは、あるかもしれないし、ないかもしれない。あるとしてもその全貌には、誰もたどりつけないかもしれない。フェミニズムはただ「客観的実在」かもしれないものを、女の視点から見ればこのように見えるという見え方を提示したものであり、当然それには限界がある。フェミニズムは一種のイデオロギー、つまり利害や視点に制約された偏向した思想である。その「偏向」において、「しょせん女の思想」にすぎないフェミニズムは、これまでの認識のすべてに対して、「おまえはしょせん男の思想にすぎない」と、その「偏向」を指摘したのだ。そして「女の見え方」と「男の見え方」がこれほど食い違っている時に、それが同じ「客観的実在」

だと、一体誰に言えるだろうか？

私は前言を翻さないが、視点の共有や複眼化は可能だと考える。それは「科学的認識」を主張する尊大な自己正当化よりは、フェミニズムをその一つとする多元的認識への謙虚な提案なのである。

（1）その中に私の見解も含まれている。中川論文注(43)および(24)参照。
（2）氏によれば「産業化(産業主義)」は「資本主義と社会主義とを下位類型として含む」概念であり、「生産手段の所有形態」を問わない点で、より徹底的にマルクス主義からのテイクオフを果たした用語である。[瀬地山 1990b：33]
（3）「男女共生社会」という政府の標語も同じようなものである。男性との対決と彼らの変貌を経ないでは「男女共生」はありえないのに、対決の時代は終わったとする言説は、ただ「男を敵にまわしたくない女」か「女にこびたい男」にだけ支持される。

PART Ⅱ
分　析　篇

第八章　家父長制と資本制　第一期

8・1　工業化とドムスの解体

近代以前の社会では、生産・再生産複合体の単位はドムスであった。ドムスに住んでいる人々をファミリア familia と言うが、これを近代的な意味で「家族」と訳すのは正確でない。ファミリアとはラテン語で家内奴隷から家畜までを含む世帯単位を指していた。ドムスは通常土地を基盤としてその中で生産・再生産の自律性 autonomy が完結するような単位である。

ドムスの理想型は、ジャン＝ジャック・ルソーの『新エロイーズ』[Rousseau 1761＝1979]の中に、クララン農園のユートピア的な暮らしとして描かれている。クラランは農業を基盤にした自給自足的な世帯単位で、下僕を含む世帯成員の春夏秋冬の暮らしがその中で自足的に営まれるミクロコスモスである。生産労働はすべて家内労働であり、これは家内制生産様式の一種である。かつその中で世代の再生産もまた行なわれている。

注意すべきなのは、このドムスが単婚家族によって担われていることである。ルソーの分身とおぼしき青年家庭教師サン＝プルーが恋した令嬢ジュリは、やがて自分の身分と徳にふさわしい紳士ヴォルマール氏と結婚し、クラランの女主人におさまる。サン＝プルーはこの高潔な夫婦を敬愛し、今度はジュリの子どもたちのために家庭教師をつとめるというこの「家庭小説」の設定は、もしジュリの夫が企業家のような産業ブルジョアジーであれば、近代的なブルジョア単婚家族のあらゆる特徴を備えている。ジュリは労働に従事しない、ドムスの中の女主人、理想的な妻であり母であるドメスティック・ウーマンである。

十八世紀末から十九世紀にかけてヨーロッパでもアメリカでも、家庭を理想化する小説やイデオロギー的言説が流布した。むしろこの言説の理想化を介して、「家庭性 domesticity」という概念が歴史上はじめてこの時代に成立したのだと、家族史家や女性学研究者は指摘する[矢木 1981]。

興味ぶかいことに、「家庭性」の概念が成立した時、その基盤は『新エロイーズ』の場合同様、しばしば前工業的な、つまり農業的な生産基盤の上に、別な言葉で言えば自然と田園生活の上に置かれた。十八世紀から十九世紀と言えば、近代化すなわち都市化と工業化の波の中で「田園の危機」が叫ばれた時代でもあった。それはたんに自然破壊という点だけでなく、共同体的な土地所有が解体し、農村が分解していく過程でもあった。

土地所有に基盤を置く家族＝経営体はほんらい前近代的なものである。通常これは単婚家族ではありえない。農業経営体としての家族は、単婚をこえた拡大家族――日本では直系家族、インド＝ヨーロッパでは傍系親族を含む複合家族――を単位とし、土地所有をもとにした強い凝集力を持つ。しかもこの家族＝経営体は一種の家族労働団である。その中では性と年齢による労働の分業はあるが、すべての生産労働は「家内労働」であって、「生産労働」と「家内労働」との間の分業はありえない。

自給自足をもととした家族経営体を、ギリシャ語でオイコスと言った。オイコスを司る規範（ノモス）、オイコス・ノモスがオイコノミア、すなわちエコノミーの語源である。オイコノミアはしたがって「家政学」と訳されるべきであり、オイコスの主人である家父長patriarch がになうべきまじめな知識を意味していた。事実十九世紀まで、イギリスでは「家政」とは男が担当するものであった。オイコノミアがエコノミー（経済学）に転化する背後には、大きな社会的転換がある。生産活動は親族集団から「離床 disembedded」（ポランニ）し「生産労働」と「家内労働」とが分離する。「家内労働」が生産労働の残余物になったのは、これ以降である。それと同時に、エコノミーは、「オイコスの学」であることをやめて、ドムスの〈外部〉、つまり市場に働く原理を探究する学問となった。

したがって、ルソーが描いたように、ブルジョア的な単婚家族の理想像を、非ブルジョア的な(つまりここでは前工業的な)基盤に置くことには明らかな矛盾がある。クラランのユートピアは、質素や勤勉さといったブルジョア的エートスを除けば、ほんらい他人の労働に寄食する貴族的な生活形態である。ジュリの夫ヴォルマール氏は農園経営という「家政」に企業家的采配をふるうが、ジュリはその妻でありかつ子の母である女性として、性的な存在に局限される。貴族の女性とは、生産者である必要から逃れて、もっぱら再生産者であることが期待された存在であった(1)。

ブルジョア家族の理想型が貴族的な家庭生活に置かれたことには、いくつかの根拠がある。第一に、アンシャンレジーム期のブルジョアジーには、貴族に反発しながらその生活様式に憧れる階層上昇願望があった。働かない美貌の妻を家に置いておくことは一種のステイタスシンボルを意味した。女性にとっても「家に居る妻」になることは——たとえ召使いを失って家事労働の一切を自分の手でしなければならないハメになっても——「階層上昇願望」と根づよく結びついている。第二に、生産の場から隔離された「家内領域domestic sphere」の成立は、女性からも歓迎された。女性は「女部屋」のあるじとなり、「家内領域」に君臨した[Cott 1977]。のちにそれが「幽閉」と呼ばれるようになったとしても、それは家父長制支配下の生産労働のうちにむき出されて、直接に労働の搾取を受けるような状態よりは、はるかに「女性の地位向上」として歓迎されたのである。(2) こうして女性は、公的世界からの避難所である私生活の中で、保護された子どもとともに「女・子どもの世界」を作り上げる。「母性愛」「子ども時代」など私たちに親しい概念が、「家庭性」の概念同様、ほぼこの時期に形成されたことを、アリエス[Ariès 1960]やバダンテール[Badinter 1980]らは証言する。

第三に、女性の生産労働からの隔離を通じて、家族がかつてないほど性的な存在になったということが挙げられる。ミシェル・フーコーは『性の歴史』[Foucault 1976＝1986]の中で、近代的な性道徳は「家族」の中に〈性〉を押しこめたと指摘するが、その裏面は、「家族」が歴史上かつてないほど〈性化 sexualize〉されたことでもあった。近代家族のもとでは、人々は性交し生殖するために家族をつくる。家族の〈性〉的な側面への一元化は、結婚に際しておおいようもなくあらわになる。結婚する男女に向かって周囲が聞く最初の家庭生活への「抱負」は「子どもは何人つくりますか」というものだが、このあからさまに〈性〉的な質問に対して、新郎新婦は頬を赤らめる。しかし〈性化〉された家族にとって、それ以外の目的はほんらいありえない。家族が同時に生業の基盤でもある前近代家族であったならこうはならないだろう。若夫婦は結婚生活の「抱負」を聞かれて、「先祖代々受け継いできた家業を発展させ、子々孫々に盤石のいしずえを築きます」と胸を張って答えるかもしれない。家族の〈性化〉を通じて、女性が「再生産者」に限局されたこと――その裏側に男性が「生産者」に限局されたことがともなう――が、近代家族を、他のすべての前近代的な家族から区別する。

この近代家族を、ほんらい成り立ちえない自給自足的な田園生活の基盤の上に描いてみせたのはルソーだけではない。十八〜十九世紀の「家庭小説 family roman」は、つねに都会に対する嫌悪と自然への賛美と結びついている。また同じ時期に多く描かれた「家族の肖像」はどれも田園風景を背景としていた。十八〜十九世紀の「家族」の理想化は、迫りくる工業化の波を受けて進行しつつあった「家族の危機」の産物であった。現代同様、近代の形成期にも、「家族の解体」の危機は叫ばれていた。だが「解体」したのはせいぜい「前近代家族」にすぎない。家族はその「解体」をつうじて「近代家族」へと「再編」されたのである。[落合 1989, 上野 1985]

8・2　再生産の「自由市場」

ルソーの『新エロイーズ』は、正確には「家庭小説」であるより前に「恋愛小説」である。『新エロイーズ』というタイトル自体が、中世の熱烈な恋人たち、「アベラールとエロイーズ」からとられている。ルソーの恋愛小説は、中世の宮廷恋愛といくつかの点でちがっており、近代恋愛小説として画期的であった。第一に未婚の令嬢ジュリと青年サン＝プルーははげしい情熱恋愛の虜になり、性関係を含む交渉を持つ。第二にジュリはのちにヴォルマール夫人となり、かつての恋人サン＝プルーを自分の子どもたちの家庭教師に迎えて、「三角関係 ménage à trois」を暗示するような世帯をいとなむが、ジュリ、今はヴォルマール夫人とサン＝プルーの間の「姦通」は、ジュリの徳によってこれも自由意思で回避される。

ルソーの『新エロイーズ』が刊行されたとき、この恋愛小説は当時のフランス社会に大きなスキャンダルとして迎えられた。というのも、婚前の自由恋愛・婚後の貞節という「近代的」なルソーの恋愛結婚観が、当時の性風俗——婚前の純潔・婚後の姦通(なにしろフランスでは結婚することは女にとって情夫 amant を持つ資格を、男にとっては間男に妻を寝とられる夫 cocu になることを意味していた)——とまっこうから対立するものだったからである。

ジュリはヴォルマール氏と、情熱恋愛によってではないが、自由意思によって結婚する。この結婚に、財産や家柄などの階級的な「同類婚」の原則が働いている——恋愛結婚もまたほとんどの場合「同類婚」の原則にしたがっており、「身分のちがい」を超えることはまれである――ことを除けば理念的にはジュリは自由意思による結婚でクランに単婚家族を営み、この「家庭」を自由意思で守る。

自由意思による恋愛と結婚は、再生産パートナーのマッチング・ゲームにおける「レッセ・フェール」というルールの表現である。近代的な恋愛結婚イデオロギーは、再生産をも「自由市場」化する。「性の自由市場」の中で最終的な「最適均衡」が達成されることが期待されている。この自由市場に登場するプレイヤーたちにとっては、誰もが誰もに対して潜在的な恋愛＝結婚の対象となる。

婚姻を交換ゲームととらえるという卓抜なアイディアを出したのはレヴィ＝ストロースだった[Lévi-Strauss 1949]。このゲームのルール(婚姻規則)は、プレイヤーを「結婚できる相手 marriageable」と「結婚できない相手 unmarriageable」のカテゴリーに分けることから始まる。それにもとづいて婚姻ゲームの方向性や規則性が定まる。

恋愛結婚イデオロギーは、「自由恋愛」の名のもとに、この婚姻ゲームのルールを解体する。「自由恋愛」のもとでも、唯一の婚姻タブーが残っているが、それは近親相姦のタブー incest taboo である。自分の母、姉妹、娘だけが「結婚できない相手」のカテゴリーに入る。しかし単婚家族のもとでは、このカテゴリーにあてはまる対象は五指にも満たないだろう。これに対して、母、姉妹、娘が類別的な親族名称として親族構造の全体に及ぶ場合には、「結婚できない相手」の数は飛躍的に増大する。婚姻ルールの比較文化的な見地からは、近代社会とは、「結婚できない相手」が人類史上ミニマムになった社会、裏返して言えば、ごくわずかの近親者を除いて、すべての異性が性的にアクセス可能になった、かつてないほど〈性〉的な時代であるとも言えるのだ。

恋愛結婚イデオロギーは婚姻ゲームをスクランブル化する。それは一見無秩序、ルールの不在のように見える。資本制が生産の「自由市場」を前提しているように、恋愛結婚にもとづく近代家族は、再生産の「自由市場」において成立する。生産様式と再生産様式は相互に無関係に成立するのではなく、互いに通底しあっている。しかも再生産の「自由市場」で出会うのは、親族構造から理念的には自由な、単身者である。この単身者が再生産できるようになるための生産的な条件を準備したのが、土地から自由な個人を「労働力」として商品化した資本制であった。もっとひらたく言えば、土地を持たない無産者でも自分の労働力を売りさえすれば、自分の家族を営み維持することができるようになった。このメカニズムを抜きにしては、近代化にともなう婚姻率の飛躍的な上昇と、単婚家族の大衆的な成立を語ることはできない。

誰もが結婚できるようになった時代、それが近代である。再生産が階級や親族構造上の一部の人々に独占されていた時代に比べれば、近代家族のもとでは、誰もが再生産者になれるようになった。生産の自由市場に人々は単身者として登場したが、まさにそのことによってこの単身者は、再生産する身体であることが可能になった。

8・3 「近代家族」の成立

近代形成期が、言いかえれば資本制の成立期が、実際に伝統家族を含めて家族というものを解体する方向に動いたかどうかについては、いくつかの議論がある。理念的に言えば、市場という経済的交換ゲームに参加するプレイヤーは、土地という生産手段から切り離された「自由な個人」――「生産手段から自由な free from」、つまり無産労働者をも意味する――であればよい。この「個人」は、イギリスでは「囲い込み enclosure」によって農地を追われた離農農民たち、日本では土地を長子相続に独占された農家の次男三男であった。「市場」にとっては、ゲームに参加する「個人」は基本的に単身者であり、その「個人」が再生産をするかしないかには市場は非関与である。だからこそ、神島二郎氏の言う「単身者型」近代化をとげた日本の方が、離農農民家族の都市流入という問題をかかえこんだ工業化初期のイギリスに比べて、労働者家族のメンテナンスに「福祉立法」というかたちでコストを支払わずにすんだのである。

しかも、産業革命による技術革新は、労働の質を平準化して、マルクスの言う「抽象的労働 abstract labor」を成立させた。時間単価によって測られるような「労働価値」説は、労働の質を一切捨象した「抽象的労働」の成立を前提としている。「抽象的労働」を共通分母として、労働の間のあらゆる質的差異は消去されて互いに交換可能なものになる。したがって資本制下の「抽象的労働」は、主として性と年齢とにもとづいた伝統的な労働の差異化をも破壊する。技術的にも工場制生産は、熟練労働を女・子どもでもできる非熟練労働に置きかえる。つまり、市場が前提する「個人」とは、性・年齢を問わない「単身者」であり、このようなシステムにとっては単身者がクローン人間的に自動再生産することと——コストなしに！——こそがのぞましいことになる。性と年齢という再生産の変数は、市場的な生産システムにとってはノイズにしかならないはずであった。

少なくとも理念的には、そうであった。しかし、家族史研究や比較近代化論が明らかにしつつあるのは、市場化の進行もまた、その当初から市場外的な要因との相互作用のもとでしか成立しなかった、という事実である。たとえば工場制労働の初期に、工場労働者に女と子どもが大量に参入していったという事実は、たんに技術革新による「非熟練労働」の一般化だけには帰せられない。女と子どもが工場労働者になっていったのは、伝統社会の性・年齢差別のおかげで、第一に女・子どもの労賃が安かったからであり、第二に貨幣といういかがわしい新種の社会的資源に最初にとびついたのは、土地や名誉のような伝統的な社会資源の配分から排除されていた人びと、つまり女と子ども、そして下層の男性だったからである。産業革命は、紡織のような軽工業部門から始まったが、この最初の紡織労働者が、女であったか男であったかにも、伝統的な性分業の残響が見られる。紡ぎ織る、という仕事が伝統的に「女の仕事」であったところでは、労働の形態が機械化によって変わっても、紡績産業は女工によってになわれた。だが労働が私的領域から公的領域に移転したことで、男性が機械化された紡績労働を独占したインドのような社会もある。

女子労働経済史の研究者、千本暁子氏は、明治期の工場労働者の賃金台帳を克明に調べるという労作をものしているが、その中で彼女は、地域差・業種差を問わずどの工場でも、女工の工賃が男工の工賃のほぼ三分の二に収斂していくことを立証している[千本 1981]。理由の一つは、男工と女工の職階が違う(男工は女工の監督的地位に就く)からだが、これは労働に内在する要因からは説明できない。ただし、この収斂の過程は、男女同一賃金に近いレベルを含めてジグザグのプロセスをたどる。このプロセスを見ていると、逆に、資本制という、伝統社会の〈外部〉に付着し増殖したこのシステムが、市場外的な要因にどう対処してよいかわからない、そのとまどいの軌跡が目に浮かぶ。

工場労働者のリクルートさえ、家族制度を解体するどころか、家族的な紐帯をかえって利用したものであったことを、タマラ・ハレヴンは厖大な社会史的資料によって立証している[Hareven 1982＝1990]。工場労働者は、オジからメイ、姉からその妹、そのイトコ、と血縁紐帯を伝ってリクルートされた。その上機械制工場労働のラインナップにおいてさえ、血縁的な紐帯のもとに父は娘を監督し、姉は妹と並んで作業をしたことが知られている。家族労働団家族的な関係はいわばそのまま工場労働のラインナップの中に持ちこまれた。家族労働団の編成は土地というハタケから工場というハタケにそのまま移行したのである。

ブルジョア的な近代家族の理念が前近代的な家族＝経営体を解体する以前に工業化が急速に進行してしまったところでは、家族＝経営体の理念はただ「ハタケを変えて」実現される傾向がある。もっとやさしく言いかえると、おくれて工業化したところほど、女性の職場進出は容易だという逆説が生じる。日本でも都市部より農村部の方が、女性の就業率は一般に高いし、女性の就労に対する抵抗も少ない。「家族労働団」の伝統が強く残っているところほど、女も子どもも、働ける者は誰でも、就労の機会さえあれば労働に従事することは「あたりまえ」と見なされている。鶴見良行氏はアジアを旅して、子どもも女も年寄りも果ては家長さえも、自分一人を支えるに足りないわずかな現金収入を求めて働き、それを持ち寄って世帯を支えている現実を見て、それを「悲惨」と感じるかもしれない日本人の見方に反省を促している[鶴見 1986]。「考えてみれば前近代社会の暮らしとは、老いも若きもそれぞれの労働を持ちよって一家を支える、というものではなかったか」と鶴見氏は注意を喚起する。「家族労働団」の意識を分かち持つ人々にとっては、近代化とは、ただこの労働の場面が、非貨幣セクターから貨幣セクターに移ったことを意味するにすぎない。

村上信彦氏も『明治女性史』[村上 1977]の中で、明治期の初期工場労働者が通勤女工であり、彼女たちの多くが既婚者であったことを指摘している。『女工哀史』が描くような住み込みの未婚女子労働者が「女工」の主流を占めるに至ったのは、日清・日露戦争を経て日本の産業革命が完成し、紡織業の飛躍的な発展の中で労働強化が要請されたのちのことであった。未婚・単身・住み込みの女子労働者は、既婚の通勤女工に比べて、低賃金の長時間労働に耐え、かつ管理がしやすい。通勤女工は家庭的な事情を労働に持ちこみ、また不平・不満が多く要求水準が高かったため、雇用主に歓迎されなかった。

既婚の通勤女工から未婚女子労働者への変化は、労働者を性・年齢を超越した単身者へと還元する経済合理性の追求の結果のように見える。だがそれは、彼女らが労働市場へ「自由な個人」としてあらわれる限りにおいてである。実際には、彼女たちは家父長制のもとで父が所有権を持つ財産のように扱われ、わずかな前借金で工場へ年季奉公に出された年端もいかない少女たちであった。彼女たちは自分の労働力の使用や処分に関して自己決定権がなく、かつその労働の収益からも疎外されていた。家父長制下の家族では、女だけでなく子どもも一種の財産権の対象になる。夫の妻に対する抑圧と搾取が問題視されるのにくらべれば、父の娘に対する搾取は見逃されやすい。日本の未婚女子労働市場の形成は、市場原理の貫徹によってではなく、むしろ市場が市場外原理である家父長制につけこむことによって成り立った。

とはいえ、家族的な労働が非貨幣セクターから貨幣セクターへ移行したことによって、旧制度下の家族の勢力構造は何らかの影響を受ける。というのは、労働の貨幣的な報酬は個人に帰属するからである。家内制生産様式のもとでは、労働の成果の個人的な帰属は分離しにくい。家族成員すべての労働成果は、権威の配分構造にしたがって家父長の支配下に置かれる。女性の労働の貢献がどれほど多くても、それが必ずしも労働生産物の所有権に結びつかず、したがって女性の地位と相関しない理由はここにある。だが工場制生産のもとで男も女も賃労働者になると、賃金というかたちで個人の労働成果の帰属は明らかになる。この事実は、家父長の専決的な所有権を一定程度おびやかす。

ただしこれも「個人」という概念が成立している限りにおいて、である。「家族」という単位が超個人的実体として内面化され、個人がその中の有機的なパーツにしかすぎないところでは、労働者の賃金は個人に帰属しない。親が子どもに代わって前借金を受けとったり、夫が妻の勤務先に行って給料を前借りしたりするような慣行が行なわれているところでは、労働者は「家族の一員」として働いているのであって、「自由な個人」として労働しているわけではない。たとえ労働者個人が自由意思でそうしている場合でさえ、たとえばつとめに出た姉が大学生の弟へ仕送りをするとか田舎の弟妹を支えているという場合には、彼女はただ制度の強制による代わりにその内面化によって、超個人的実体としての家族の一部として労働しているのである。これは家内制生産様式とは呼べないけれども、家外的でありながらかつ家族的な生産様式である。

伝統的な家族内勢力構造への影響は、貨幣経済の浸透が性・年齢に応じてタイムラグがあるところで、とりわけ顕著なかたちをとる。たとえば伝統的貴重財を長老が独占しているところでは、貨幣といういかがわしい新種の財は、保守的な長老によって排除されることによってかえって、「構造的劣位 structural inferiority」(ターナー)にある女と若者にとって、よりアクセスの容易な資源となる。交換経済で有名なトロブリアンド諸島について、この伝統経済が「世界システム world system」(ウォーラーステイン)に巻きこまれてからのちの、貨幣経済化の進行のおびただしいケーススタディが、人類学者によって報告されているが、その中には貨幣経済化が伝統社会の威信構造 authority structure をおびやかすケースが見られる。伝統的には女と若者はクラと呼ばれる名誉ある交換ゲームから排除されてきた。だが彼らは新しいテクノロジーの修得を通じて(トラックの運転)、また教育という手段を通じて(学校の教師)、貨幣収入を手に入れる。貨幣という新しい社会的資源が、缶詰やさまざまな工業製品と交換可能な汎通性の高いメディアであることが判明するにつれて、伝統的な貴重財の威信は相対的に低下する。たとえばその過程で、島外に出稼ぎに出て現金収入を家族に仕送りしている娘や息子が、あいかわらず伝統的な交換ゲームに参加している父やオジの貴重財の、実質的な所有権者として公認されているというケースさえある[Gregory 1982]。

これもまた、市場外的な要因が市場に持ちこんだ波及効果であり、過渡期の逆説である。社会の変動期には、一般に旧秩序の受益者であった人々が変動の波にもっとものりおくれる。しかしこのタイムラグの解消は、文字どおり時間の問題にすぎない。社会の構成メンバーのすべてが、新秩序のもとに移行してしまえば、過渡期の逆転もまた解消する。そのようにして明治三十年代頃までには、ほぼ三対二の比率で男女賃金格差は定着したし、未婚女子労働市場もまた確立した。男性家長労働者を雇用し、既婚女性を労働市場から排除するという近代型性別役割分担——「結婚したら主婦」——の常識は、このようにジグザグのプロセスをたどりながら、市場が市場外要因をとりこみ、利用するかたちで、資本制の初期に成立したのである。

資本制が家族という市場外的な要因にどう対処していったかという試行錯誤のプロセスは、資本制が内生的に成熟していったイギリスのような国で、より劇的にあらわれる。「囲いこみ」によって離農を余儀なくされた農民は、一家をあげて都市に移住する。これらの都市移民たちは、貧困、犯罪、売春、病気、スラム化などのありとあらゆる都市病理のにない手となり、家族解体の危機に直面した。都市的なものに対するルサンチマンは、こうした都市移民の生活の現実から生じている。この現実に対して十六世紀から十七世紀にかけて、たびたび救貧法 Poor Law が発布される。救貧法は福祉立法の原型と言われているが、その成り立ちを考えると、福祉国家化がポスト資本制国家であるという発展段階説はあやしくなる。社会福祉とは、資本制の成立のごく当初から、資本制に随伴して、いわば資本制の補完物として、登場したものである。「自由市場」は「国家」をミニマムにすることを要求したはずなのに、その実、市場はその当初から〈外部〉に国家を要請していたのである。それはあたかも市場が最初からその限界を知っていたかのように——市場原理を論理的に極限化すればかえってノイズを増幅するというパラドックスに陥ることを予め予測していたかのように——見える。

一八〇二年、イギリスで最初の工場法が制定される。これは九歳以下の少年労働の禁止、九〜十三歳の少年の労働時間を週四十八時間に制限すること等を決めたもので、最初の労働者保護立法と言われている。ついでこの労働者保護政策は、少年労働から婦人労働へと拡張される。これらの婦人・少年労働者に対する「保護」立法が、労働市場にもたらした現実的帰結は、女・子どもの労働市場からの排除だった。それは成人＝男性労働者による労働市場の独占と、その背後に排除された「女・子どもの世界」を作り出した。「母性愛」や保護された「子ども時代」の概念は、このひとまとめに隔離された「女・子どもの世界」の成立抜きには考えられない。

労働市場から女・子どもを放逐し、成人＝男性労働者に限定することが資本制にとって有利な取り引きであったかどうかは疑わしい。なぜならこの成人＝男性労働者もまた「自由な個人」ではなく、その実、家長労働者として家族のエイジェントだったからである。もしこの成人＝男性が「自由な個人」であるとしたら、市場はただこの単身者の身体を再生産するに足るコストを労賃として支払えば足りたはずである。だが、実際には資本家は家長労働者が家族を支えるに足る賃金――たとえそれがどんなにミニマムであるにしても――を「家族給」として支払ってきた。これは市場原理からすればノイズにちがいない。(3)

家族の全成員に代わって家長だけがただ一人の「大黒柱 breadwinner」として働けば一家を養うに足る賃金が得られる状況を「進歩」ととらえる見方もある。たしかに一家総労働の時代の家族全成員の総労働時間に比べれば、家長労働者だけの労働時間の方が短いかもしれない。それは労働生産性の向上の結果でもあるだろう。だが「生産労働」時間が減った代わり、「家内領域」に隔離された女と子どもには、それぞれ「再生産する労働」と「再生産される労働」とが待っている。「女・子ども」の隔離は子供時代の延長、つまり成人に要する期間が長期化したことと結びついている。前近代社会では、九歳の少年は十分に一人前の稼得能力を持っていた。労働を禁止された少年は、その代わり教育を強制される。子ども時代の延長は教育期間の延長を意味する。そして教育の機能とは、よりクオリティの高い労働力を次代の労働市場に送りこむことであった。イリイチが「教育(を受ける)労働」を「シャドウ・ワーク」の一つに数えたのは卓見だった。教育はたんに自己充足的な活動ではない。被教育者である子どもは、自己の負担において、労働者になる準備のための労働を行なっているのである。教育(を受けること)がその強制的性格において一種の労働であること、かつこの労働が非市場セクターにおかれた不払い労働であることの二つの点で、被教育労働は、「シャドウ・ワーク」としての性格を共有している。もしこの「女と子ども」のシャドウ・ワークまでも労働時間に含めるとすれば、そして家長労働者に支払われる賃金が、この私的な再生産労働までをも暗黙裡に対象に含んでいるとすれば、この世帯主単独収入(シングルインカム)型の労働が家族労働団型の労働に比べて「進歩」であると言うことは難しい。

本の豆知識

●ISBN コードってなに？●

書籍のカバー裏や奥付ページにある ISBN 978-…から始まる番号．書籍出版物に対し発行形態別に１書名に１つ付与される識別番号で，ISBN は国際標準図書番号の略．

ISBN978-4-00-431636-7

- 978：BOOKS 接頭数字
- 4：日本の国記号
- 00：出版者記号（岩波書店は00）
- 431636：書名記号
- 7：チェック数字

岩波書店
https://www.iwanami.co.jp/

8・4　ヴィクトリアン・コンプロマイズ

工場法の直後、イギリスでは一八三七年から一九〇一年までヴィクトリア女王の治下、「ヴィクトリア時代」と言われる経済的発展と繁栄の時代がつづく。家庭性の崇拝 cult of domesticity やヴィクトリアン・モラルと呼ばれる抑圧的な性道徳、男らしさや女らしさの規範などはほぼこの時代に成立する。この過程を通じて、市場と市場外への性別配当にもとづいた性分業型の「近代家族」が成立する。この家族は、成人＝男性だけが貨幣資源へのアクセスを排他的に独占するという点で「家父長的家族」であるが、家内制生産様式にもとづかない点では伝統的な家父長制とはちがっている。近代的な「家父長制」を伝統的なそれと混同してはならない。ブルジョア単婚家族の中の「家父長制」は、「封建的」な家父長制の残滓などではなく、市場によって、かつ市場にふさわしく編成された近代的な制度である。

ところで労働市場からの「女・子ども」の放逐と男性家長労働者の雇用という選択は、果たして市場の経済合理性の論理的な帰結なのだろうか。市場はその経済合理性のためなら、どんな市場外要因も利用する、と考える立場がある。この立場からすれば、市場は合理的な選択の結果、性と年齢という市場外的な変数を市場に導入したことになる。その理由は、福祉立法や労働者保護立法に見られるように、家族解体から帰結するコストの方が家族を維持するコストより高くつくことがわかったからである。

「家族解体にともなうコスト」も「家族を維持するコスト」も一種の「社会費用」である。国家＝総資本と容易に等置できるところでは、総資本は合意の上でこの社会費用を負担することを引き受けた、と言うこともできる。だが、現実には、「家族解体にともなうコスト」は「福祉」という名の「社会費用」が負担するのに対し、「家族を維持するコスト」は家長労働者に対して「家族給」として個々の企業によって支払われる。「自由市場」の原則から言えば、個々の資本家はただ自己の経済合理性にしたがって利潤極大化をはかるべく行動すれば、それが最終的には「予定調和」に達するはずであった。それが私的資本が「私的」である理由である。個々の私的資本は、労働者の再生産に関与しない。労働者の供給は、資源の供給同様、市場の〈外部〉に、つまり「自然」に属している。しかも労働市場の成立は、商品市場と同じく、その〈外部〉からの供給に限界がないことを前提しなければならない。総資本は労働市場の再生産に関心を持つが、個々の資本の利害は、総資本の利害と一致するわけではない。

労働市場が「女・子ども」を追い出し、市場の外に「近代家族」という私領域を疎外した時、市場は市場原理にとってはノイズであるはずの非市場的な原理を隠密裡に導入し、これと妥協した。この妥協が、市場にとって結果的に経済合理性にかなっていたかどうかは、べつ問題である。問題は、「市場」という局地的な原理――ただし自己を全域的だと錯覚している局地的な原理――からは内在的に出てくるはずのない原理を、市場が外から持ちこんだことである。市場はいわば非合理な行動をとったのであり、この非合理な選択が、「利潤の極大化」という目的に結果的にかなっていたかどうかは、この選択の「非合理性」を免罪しない。

マルクス主義フェミニストは、市場が「近代家族」のメンテナンスのために払った費用を称して、資本制と家父長制の間に歴史的に成立した「ヴィクトリアン・コンプロマイズ（ヴィクトリア朝の妥協）」と呼ぶ[Sokoloff 1980]。その結果成立したシステムが、「家父長制的資本制 patriarchal capitalism」と呼ばれるものである。このシステムは予め二元的である。家父長制的な近代家族は、あくまで資本制下の家族であり、逆に資本制は、その補完物としての家族を市場の〈外部〉に前提している。

だとすれば、市場が手を結んだエイジェントとは、実は「個人」ではなく「家族」であった。市場は「自由な個人」をプレイヤーとして成り立つゲームのはずだったのに、この「個人」は、実は単婚家族の代理人＝家長労働者だった。「自由な個人」を登場させるために、市場は伝統的な共同体に敵対し、これを産業化の過程で解体していったが、共同体が析出したのは「自由な個人」ではなくその実「自由な・孤立した単婚家族」だった。アリエスは、近代化の過程で「勝利したのは個人でなく家族」だったと言う。家族の独立性が歴史上かつてないほど高まったこと、と同時に家族が歴史上どの時代にもまして公的な領域から隔離され孤立したこと、そしてそれだからこそ逆に家族が市場に対してむき出しにさらされたこと――近代家族を特徴づけるこれらすべての属性は、こうして、「市場と個人」の二元論のうちにではなく、「市場と家族」の二元論のもとに成立したのである。

8・5 「家」の発明

家族という自律的な単位が、伝統社会の遺制どころか近代の産物であることは、すでに多くの研究者によって指摘されている。日本ではそれは、「家」制度という明治政府の発明品のかたちをとった。「家」制度を封建遺制と呼ぶのは正しくない。それはたしかに封建制下の武家の伝統に端を発しているが、身分制社会においては武家の伝統は「常民」(柳田国男)の伝統と同じではなかった。「常民」の世界に武家の伝統を持ちこみ、「家」の概念を確立したのは、明治三一年の帝国民法である。伊藤幹治氏は『家族国家観の人類学』

［伊藤 1982］の中で、民法制定に至る過程で「常民」的な家族習俗が武家の家父長的な家族法に敗退していくプロセスを描いている。日本では儒教的な「家」制度が、ヴィクトリアン・モラルにもとづく西欧的な近代家族のカウンターパートであったことを、青木やよひ氏は明治国家の成立の過程に即して論証している［青木 1983b］。これらの労作のおかげで「家」が前近代的なものどころかきわめて近代的な発明品であるという驚くべき発見はようやく「常識」になりつつあるが、その詳しい展開はこれらの著者にまかせよう。

幕末から明治にかけては、伝統的な村落共同体の解体期であった。「家」の独立性・自律性は、共同体の規制と逆相関の関係にある。共同体のサンクションが弱まるのに応じて、「家」は経営体としての自律性をかくとくし、そのことによって「家」相互の隔壁も厚くなった。労働の共同や農具の貸し借りは次第にすたれ、村内婚も家格を重んじる仲人婚に移行していく。「家」が公的性格を失ったことに比例して、「私事」の秘匿性（「身ウチの恥」意識）は高まっていく。共同体の解体を促したのは、「個人主義」ではなく「家エゴイズム」であった。

「家」制度を封建遺制と見なす考えは、第一に近代百年（正確には明治三十年代からせいぜい半世紀あまり）の「伝統」を、不変の歴史的伝統と錯覚するあやまちに陥っていることから、第二に、武家的な「伝統」を日本社会全体の「伝統」ととりちがえることから、来ている。第三に、近代を「個人主義」の時代と額面どおりにとらえる近代主義者の思いこみがある。「家」を前近代、「個人」を近代の産物と信じて疑わない人々は、「家と近代的自我との葛藤」を好んで近代人の心理的な主題にする。日本の近代小説が「私小説」の名のもとにくり返し描いてきたのはこの主題だった。だが、ここでもフェミニスト文芸批評は、視点をみごとにくつがえして見せた。駒尺喜美氏は、日本近代文学史をフェミニスト視点からまるごと読みかえるという野心的な試みの中で[駒尺 1978, 1982]、「私小説の主人公は、ほんとうに「家」制度の抑圧の犠牲になった被害者なのだろうか？」というしごくもっともな、しかしコロンブスの卵のような問いを立てた。島崎藤村といい、太宰治といい、私小説作家たちはいずれも例外なく彼じしん家父長の立場にいる男性であって、その家父長の支配下で呻吟する女や子どもではない。彼らが主題にした「家」制度との葛藤とは、「家と近代的自我との葛藤」などではなく、実のところ「家長責任を背負いきれない弱い自我の悩みや煩悶」であった。そしてこの「家長責任から逃避する未成熟な自我」は、そのことによって家長支配のもとに置かれた妻や子どもをたっぷり傷つけており、かえって自分の加害性に無知かつ無恥であるという「目からウロコが落ちるような」(五木寛之氏の表現)発見に導かれる。

近代はしたがって逆説的ながら「個人の時代」というより「家族の時代」と言うべきで

あろう。この家族は、かつてないほど脆弱で孤立した小家族ではあるが、またかつてないほど純化され特化した「家族以外の何ものでもないような家族」でもあったのである。

（1）貴族の女性はたんに再生産者であるだけではなかった。彼女たちはなるほど生産者ではなかったが、財産の相続権を持っており、したがって「所有者」であった。「生産者」ではないが「所有者」であるというこの特性こそが、貴族の階級的性格を定義する。したがって所有者としての貴族の女性は、財産の正統な継承者を産むという最小限の「再生産労働」のほかは、「有閑階級 leisure class」として大きな自由を享受した。

（2）本書第三章第三節「ドメスティック・フェミニズムの逆説」参照。

（3）日本の賃金構造は、若年・低学歴層には完全な単身者型だが、結婚年齢の前後から急激な上昇曲線を描き、中年期に停滞する。この給与体系を支える理念は個人に対する「職務給」ではなく、ライフサイクルの平均パターンを暗黙裡に前提した「家族給」体系である。

第九章　家父長制と資本制　第二期

9・1　第一次世界大戦とI期フェミニズム

資本制と家父長制の妥協は、歴史上ただ一回だけ起き、ただ一回で終わったわけではない。資本制はその成立期以降、いくたびかの変貌をとげている。資本制下の生産様式と家父長制下の再生産様式とは、そのつど変化に対応した微調整を迫られてきている。

マルクスの市場分析は、十九世紀末の資本主義諸国の帝国主義的侵略の動向までは、いわばセオリーどおりの予測力を持っていた。市場はその固有の運動法則から好況・不況の波をくり返し、ついには大恐慌に陥るのを避けられない。市場に内在的な運動法則で見るかぎり、そうである。これを避けるには、市場がその〈外部〉を求めること、市場の運動法則が市場の中で自己完結しないように誘導することが必要である。資本主義が帝国主義に転化せざるをえない必然性は、この市場の〈外部〉へのあからさまな依存性のあらわれと考えられる。その結果、経済は戦争経済に転化する。戦争というこの巨大な「消尽」がブラックホールとして市場の〈外部〉にある限り、市場の供給過剰はすべて吸収されて、恐慌は起こらない。戦争は成長した経済のダンピング・グラウンド、資本制にとって無くてはならないもう一つの「自然」だった。そしてその予測どおり、十九世紀末の列強の帝国主義的侵略から、最初の帝国主義戦争である第一次世界大戦が起きる。

藤枝澪子氏は、二十世紀の女性解放運動を二つに分かって、二十世紀初頭の女性解放運動をⅠ期フェミニズム、六〇年代から七〇年代にかけてのウィメンズ・リブの波をⅡ期フェミニズムと名づける。Ⅰ期フェミニズムは欧米、日本を問わず第一次世界大戦後に大きな高まりを見せた［藤枝 1985, 落合 1985a］。

逆説的なことに、戦争は女性解放を促進する働きをする。戦争は男性的な諸活動の中でもっとも聖なる行為、女性の進出が最後になるべき男性性のサンクチュアリ（聖域）である。(1) ところが男性が戦場へ出かけることによって、「銃後」では平時の性分業の体制がくずれる。田畑や工場をあとにした男たちに代わって、女たちも鋤や鍬を持たざるをえなかったし、工場で「男の仕事」と見なされていた旋盤工やリベット打ちにも従事しなければならなかった。二つの世界大戦をつうじて、参戦諸国は、女性に国策協力を呼びかけたが、それは「産めよ殖やせよ」と子どもを兵士としてオクニに捧げるという母性をつうじての国策協力だけでなく、砲弾や航空機を作るという男性的な職域に進出するという戦争協力に至るまで、女性を伝統的な家庭領域から引っ張り出すことをアピールした。もちろんこのアピールは、「女の領域は家庭」という「醇風美俗」に反するから、国策レベルでの女性の戦争協力への呼びかけはアンビヴァレントなものにならざるをえない。アメリカでもヨーロッパでも、両大戦中女性の戦争協力を訴える国策ポスターがいくつも作られているが、その多くは、「男性的な仕事をしてもあなたの女性性は少しも損なわれませんよ」という苦しまぎれのダブル・メッセージを送っている[Honey 1981](2)。

戦争協力という名の「社会参加」を通じて女性が学ぶのは、女性の公的領域への進出にともなう実績と自信である。この過程を通じて、女性は、性分業——社会領域の区分とそれへの性別配当——は、「能力」によってではなく「禁止」と「排除」によって成り立っていることを学ぶ。

「銃後」には、こうして逆説的にも女性の一種の自治 autonomy が成立する。女性は家庭外の行動範囲を手に入れ、自信を身につける。村上信彦氏は『日本の婦人問題』[1978]の中で、大政翼賛の国防婦人会でさえ、女性解放に貢献したことを指摘している。国策協力の錦の御旗のもと、嫁は姑に遠慮せずに、夜間でも堂々と外出できたからである(3)。

女性の戦争参加は、その国が総力戦になるほど強力に推しすすめられる。男子成員をどんどん戦場に駆り立てなければならないところでは、もはや平時の性分業を維持しつづけることはむずかしい。日本でも、十五年戦争のあいだ、戸主およびその後継者には初期のころは赤紙が来なかったが、やがて敗戦の色濃くなると、世帯主にまで召集令状が及ぶようになった。母子家庭になった「銃後の妻」もしくは戦争未亡人にとっては、自らが家長となって家族を支えるほかなかった。(4)

戦争をつうじてかくとくした女性の実績と自信は、戦争が終わって平和が回復しても容易にはもとへ戻らない。とりわけ敗戦国ではそうである。たんに戦勝国より戦敗国の方が男子人口の損失が大きいというばかりではない。戦争はたんに物量の争いである以上に、国家の間のイデオロギー(理念)の争いだから、国が負けたとき、その国民の理念が負けたのである。理念を掲げて闘った兵士たちは、復員して戻ったときウチに対しても権威を失墜する。戦後の混乱期は、どこの国でも、ウチとソトとの「性別役割分担」を平時の状態に回復するための移行期だが、女たちを「家庭に帰す」のは戦勝国の男性より戦敗国の男性にとって、よりむずかしい。

第一次世界大戦後、欧米諸国ではつぎつぎに婦人参政権が認められた。イギリスでは一九一八年、ドイツでは一九年、アメリカでは二〇年とあいついで婦人参政権運動は勝利するが、この背景には、戦争中の女性の国策協力への貢献を認めよという要求があった。もちろん女性の政治的権利を、国家への貢献を取り引き材料にしてかくとくするというのはすこぶる危険なことである。日本の婦人参政権運動は、第一次世界大戦後のI期フェミニズムの波にのり遅れ、そのために十五年戦争中の国策協力のなかに巻きこまれていった。その事情は、鈴木裕子氏の『フェミニズムと戦争』[鈴木 1986]の中に如実に描かれている。

9・2　未婚女子労働市場の成立

第一次世界大戦後は、同時に女性の職場進出が進んだ時期でもあった。ドイツでもイギリスでも、工場労働者のほかに、看護婦、タイピスト、電話交換手、秘書のような女性のオフィスワーカーがしだいに増加していく。この女性たちは従軍看護婦や事務員として戦時中に駆り出され、戦後もそのまま職場に残った女性たちだった。また戦後の復興経済が男子労働者を選好している余裕がない時期に、職場進出していった女性たちだった。彼女たちの多くは夫を失った未亡人や父を亡くした娘たちで、戦死した家長に代わって一家を支える家計責任を背負っていた。

戦争経済の成長プロセスを通じて、未婚女子雇用労働市場が成立する。たとえ生産労働に従事していたとしても、これまで家内制生産の領域に封じこめられていた女性に対して、家庭外の雇用機会が大量に開かれた。そしてこの労働市場に「男なみ」に登場した女性たちが身に着けたのが、男性のビジネススーツをまねた、肩パッド入りのテーラードスーツというビジネスファッションだった。

ただしこの労働市場が開かれていたのは、「家庭責任のない」女性に対してだけであった。「仕事か家庭か」という私たちになじみ深い二者択一の問いは、この時期以降に成立する。つまりこの時期に「結婚までは仕事」という未婚女子雇用労働の常識が成立するからである。「(家庭外の)仕事」のオプションのないところでは、「仕事か家庭か」の選択自体が成り立たない。女性は結婚に際してはじめて「仕事(の継続)か家庭(に入る)か」を問われる。

「結婚までの腰かけ仕事」の常識もまたこの帰結として成立する。もちろんすべての女子労働者が結婚するわけではない。女子労働市場には、適齢期前の未婚女子労働者だけでなく、結婚年齢を過ぎた非婚女子労働者も含まれる。「職業婦人」という言葉には、「嫁《ゆ》きおくれ」のハイミスというニュアンスがつきまとっていた。また未婚・非婚だけでなく、既婚女性であっても、夫に死別したり離別した女性もまた、女子労働市場の中にはいた。いずれにしてもこの当時、女性は結婚していれば職業を持たず、職業を持っていれば結婚していない、という「仕事か家庭か」の二者択一のしくみの中にはまっていた。

「仕事か家庭か」は、しかしながら、家父長制的な家族制度をゆるがすに至らない。女子雇用労働力を必要とした資本制は、これを「結婚までの仕事」と女性のライフサイクル上に配分することで、生産領域と再生産領域の分離を温存した。未婚・非婚を問わず「家庭責任のない」女子労働者は、「男なみ」の単身者としてとり扱われる。資本制下の生産労働が非両立にしたのは、あいかわらず「家庭責任」という名の再生産労働だった。

未婚女子労働市場の成立は、「女らしさ」の規範をゆるがすにも至らない。結婚までは女は一人前でない(もしくは結婚しなければ女でない)と見なされる限り、労働市場にとどまる女性は中性的な労働者として勤労倫理に従うことが求められる。結婚と同時に彼女は領域を移動するにすぎない。この規範を内面化した女性は、職場で極めつきの有能な職業婦人であっても、結婚に際してためらわず退職して家事に専念することを選ぶ。「あれかこれか」の二者択一の規範の中では、「結婚までは仕事にベスト、結婚したら家庭にベスト」とおのおのの領域に最善を尽くすことには、何の論理的な矛盾もない。

その上、結婚が女性のゴールであるようなところでは、職業生活にとどまる女性はしばしば不完全な女性と見なされる。仕事が結婚によっていつでも中断させられるところでは、未婚女子労働者はつねに職場の「通過客」にすぎないし、たとえ独身をつづけていてもいつそれが結婚で中断されるかわからない。「仕事か結婚か」の規範は、女性を職場の永続的な仲間として迎え入れないための理由を与え、職場の女性差別のかっこうの口実となる。

未婚女子労働市場の成立が女性にもたらしたのは、独身女性の間の「男なみ」の自由の享受と晩婚化とであった。第一次世界大戦後、ワイマール期のドイツでは、職業と収入を持った女性たちの、性的放縦や享楽的生活を嘆く世論がくり返し起きる[住沢 1985]。彼女たちは消費文明の担い手の一つとなった。また、女性の晩婚化は、少産化・小家族化に貢献した。

9・3　恐慌下の家族とケインズ革命

戦勝国のアメリカは、ヨーロッパとちがって自国を戦場にしなかった。戦争によるダメージが少なかった代わり、戦争による影響もまたヨーロッパほど大きくはなかった。それどころか第一次世界大戦の戦争経済で漁夫の利を占めたのはアメリカである。

そのアメリカが、国内の資本制の再編を迫られたのは、一九二九年ウォール街のパニックに始まる大恐慌の時である。恐慌は戦争と同様、女性の地位の向上に貢献する。なぜなら、失業した夫に代わって、妻や娘が家計を支えるようになるからである。権威を失墜した夫に代わって「妻・母優位」の家族が成立する[Elder 1974]。

一般に不況期の家族や、経済的に抑圧を受けている少数民族 ethnic minority の家族では、「妻・母優位」の母家長的な傾向が強い。つまり、労働市場には一人前の家長労働者に与える就労機会はないのに、雇用条件が劣悪な「女・子どものこづかい稼ぎ」程度の雇用機会は開かれているからである。ここでは労働市場の性差別が逆説的に働いて、男性よりも女性の方が就労機会に恵まれる。失業者の夫を妻が洗濯婦や掃除婦の仕事で支えるという構図は、恐慌期の家族にも、またスラムの黒人家族にもしばしば見られる。

大恐慌下のアメリカは、未曾有の失業率を経験した。それは社会不安をひきおこし、家父長制をゆるがした。そのアメリカが採用したのは、財政投資による国内有効需要の創出というケインズ政策、「修正資本主義」だった。「自由市場」の予定調和がくずれた時、「総資本」の代表としての政治が出した処方箋は、「もっと国家を！」というものであった。ここにおいて「神の見えざる手」は「国家の見える手」に転化する。財政投融資政策が景気変動の安全弁になるという「自由市場」への介入政策がこれ以後、「自由主義」国家の任務となる。「市場」は、たんに個々のプレイヤーたる資本家の総和以上のものになる。そこには、個々の資本を超えた「総資本」の意思を体現した、国家という第三のセクター——ドムスでも市場でもない「第三の」領域——が、顕在化する。

資本制はケインズ革命以後、多少なりともゆるやかな「統制経済」に移行する。ケインズ革命以降の「修正資本主義」を、国家という主体による「統制経済」の一種と見なすことができるなら、一九一七年にロシアで成立し、スターリン治下であいつぐ五カ年計画として結実したソ連の「計画経済」もまた国家の介入によって生産調節や需給均衡をはかる点で、「統制経済」の一種、その極端な変種だと考えられる。両者のちがいはただ「程度の差」にすぎなくなる。社会主義経済体制が資本制のあとに来るべき発展段階でもなんでもなく、ただ統制経済の「程度のちがい」によって区別されるもう一つの経済体制にすぎない、という「収斂理論 convergence theory」は、ここから生まれてくる。この見方からは、「資本主義経済体制」と「社会主義経済体制」との間に決定的な断絶はない。ただ、計画性の有無と、その意思決定主体の集中・分散の程度(集権か分権か)の差によって、完全な「自由市場」から完全な「計画経済」までのコンティニュアム(連続性)が考えられる。しかもこの両極は、「自由市場」が国家の統制をより要請し、「計画経済」が分権的な市場原理をさらに取り入れるというかたちで、互いに似たような形態に「収斂」しつつあるというわけだ。この立場からは、ユーゴスラヴィアのような「混合経済」を説明する柔軟な「比較経済体制論」[岩田 1971]が生まれてくる。

戦争もまた、統制経済の一種である。国家はその命運を賭けた「非常時」に、「全体意思」を持った一種の人格的な主体として劇的に登場する。「国益」の名のもとに、資本と労働者との配置が決定される。戦時下の「国家主義」が「社会主義」のように見えるという「国家社会主義」者たちの誤解は、ここに起因する。もしかしたらこれは「誤解」ではなく、「国家主義」とはたしかに「社会主義」のヴァージョン（変種）かもしれないのである。

統制経済のさまざまなヴァリアントのうち、危機にある経済は戦争と革命という激烈な国家的統制に打開策を求め、それより危機がゆるやかだった経済は、ニューディール政策のようなよりおだやかな国家の介入を選んだ。資本制の「世界システム」（ウォーラーステイン）に巻きこまれた諸国にとって、危機は同時代的だったのであり、ただその危機の深さに見合う対応策が明暗を分けたとする説は、今日では定説になっている。

戦争は、市場が求める〈外部〉、内需はいわば市場が増殖する〈内なる外部〉である。戦争という〈窮極の外部〉を選ぶ道を断たれた市場システムは、内需拡大に向かうほかない（平和産業！）。それは、労働者に利潤を分配することを通じて需要を創出するという、市場にとってはいわばタコが自分の足を食べて太るようなトリックなのだが、ケインズ政策は、このトリックをつうじて失業率を抑えるという不自然な介入を行ない、資本主義を修正するという「革命」を達成した。

9・4　高度成長期とII期フェミニズム

第二次世界大戦後、日本でもようやく一九四六年に婦人参政権がかくとくされる。敗戦国日本では、権威を失墜し自信を喪失して復員してきた男性の家長たちに代わって、自信をつけたのは戦中・戦後をしゃにむに働いてこざるをえなかった女性たちだった。戦後の復興経済は家長労働者を選好する余裕もないままに、企業は未婚・非婚・脱婚の女子労働者を受け入れる。彼女たちは夫を失って子どもを養わなければならない立場の戦争未亡人だったり、兄を亡くして老親を支えなければならない妹だったり、戦争で配偶者になるべき同世代の男性人口を大量に失い、生涯独身を余儀なくされた若い娘たちだったりした。今日企業で定年まで勤めあげたり、その中で管理職や重役にまでなったキャリアウーマンのパイオニアには、この時期に職場に参入した女性が多い。

戦後復興が成熟してくるにつれ、企業は女子労働者に門戸を閉ざすようになる。一九六二年には「女子大生亡国論」がマスコミを賑わせる。このころまでには女性は高等教育を受けてもしょせん「結婚したら主婦」という常識が成立していた。

とはいえ、一九五〇年代をつうじて女性は社会運動に圧倒的な力を発揮した。一九五四年、杉並区の一主婦が始めた原水爆禁止を求める署名運動は、またたくうちに一千万署名を集めるに至る。戦争に反対し平和を守る「母親大会」も各地で大規模な成功をおさめる。

しかし戦後から五〇年代にかけての女性の運動の盛り上がりを、Ⅱ期フェミニズムとは呼ばない。敗戦直後の女性パワーが、戦後復興にともなって「女よ家庭に帰れ」というキャンペーンにたやすく乗せられた理由は謎だが、それまで女性の力を結集していた婦人参政権運動は、一九四六年の新憲法の成立とともにタナボタ式に与えられた婦人参政権によってひとまずのゴールに達し、目標を見失った。「政治的平等」を達成した女性運動は、形式平等の背後にある実質不平等をかえって不問に付すようになる。女性のターゲットは「母親として」反核・平和に向かう。〈家族〉の領域の担い手として、女性は自己の役割に疑問を持つどころか、積極的にその役割を引き受けたのである。母親運動はそれがどんなに強力でも、家父長制を補強しこそすれ、それをゆるがすことにはならなかった。

Ⅱ期フェミニズムは、六〇年代から七〇年代にかけて先進工業諸国でほぼ同時代的に成立した。アメリカでは、それはケネディ政権下の公民権運動の一環として、ブラックパワーのいわば随伴物にすぎなかったが、六〇年代末までには、女性は人種差別 racism とは独立した根拠や主張を持つ性差別 sexism 反対の運動をつくり上げるに至った。

日本のフェミニズムもほぼ同時代に成立している。よく誤解を受けるように、日本のリブがアメリカのウィメンズ・リブの輸入品だということはない。アメリカからのインパクトはたしかに受けたが、ヨーロッパでも日本でも、高度産業資本制が逢着した社会システムが共通にひきおこす問題点を、これら先進工業諸国の女性たちは共有していた。Ⅱ期フェミニズムは、高度に発達した産業社会でのみ、はじめて成立した「女性問題」を背景としている。それはさまざまな混沌をはらんでいるが、たんに女性に対して抑圧的な「封建遺制」とめざめた女性の「近代的自我」との間の葛藤などと解されてはならない。第三世界の女性問題と先進工業諸国の女性問題とは、同時代性を持ちながら、その内容は大きくへだたっている。第三世界の女性たちは、先進工業諸国のリブの女性たちの要求を、衣食足りた世界の住人のぜいたくな悩みと見なしがちだが、リブを含むⅡ期フェミニズムは先進工業諸国でのみ、かつそこだからこそ、成立する根拠があった。

その根拠とは一言で言って、女性にとって家族の〈近代〉が完成した、という事実である。日本の一九六〇年代は、その意味で劇的な一つのエポックであった。日本の〈近代〉は、六〇年代高度成長期をつうじて完成した。もちろん〈近代化〉は明治維新から百年、一貫してつづいてきてはいるが、その変化の度合いは一様でない。日本の〈近代化〉には大きな節目が二度ある。一度めは日清・日露の両戦争から第一次世界大戦を経て日本の資本制が成立する明治末期〜大正期の時代、もう一つの大きな節目は一九六〇年代である。この二つの節目はそれぞれⅠ期フェミニズムとⅡ期フェミニズムの成立に対応している。

日本の〈近代〉が六〇年代に完成した、という言い方は、おおかたの人には奇異に聞こえるかもしれない。常識では、日本〈近代〉は明治維新の時にすでに始まっているからである。長くつづきすぎた「昭和」という元号に代わって、社会学者は昭和三十五年を「高度成長元年」と呼ぶ。この高度成長元年をさかいにして、その前後で日本の社会がドラスティックな変化をとげていることが、いくつかの指標ではっきりわかる。

たとえば日本の労働人口のうち、雇用者が自営業者を上まわったのは六〇年代の初めだった。高度成長期までは、「近代化」したと言いながら日本人の半数以上はまだ家内制生産様式のもとで働いていた。しかもその半数近くは、まだ農業に従事していた。近代化の指標の一つである人口都市化率をみても、一九五〇年には三七・五%だったのが六〇年には六三・五%に達している。五〇年代になだれをうって起きた「向都離村」現象の過程で、日本人の半数以上は六〇年代に都市移民一世としての生活を歩み始めたのである。この時期の核家族率は六〇・二%。しかも六〇年をさかいにして、家族数の平均は五人近くから三人台(六〇年四・九七人、七〇年三・六九人)へと急速にドロップする。女性の平均出生児数が二人を割るのも六〇年代である。この時期には核家族化のみならず小家族化も成立している。すなわち、都市・雇用者・核家族、しかも子どもは二人まで、の今日私たちが知っているような典型的な〈近代〉家族が、大衆規模で成立したのである。

雇用者・核家族の中で、女ははじめて「結婚したら主婦」になることができる。第一に彼女は家内(生産)労働に従事しない家事専従者になる。第二に彼女以外に成人女子(姑や小姑)のいない核家族の中では、競争者がいないために彼女は自動的に「主(なる)婦」になる。ただしこの「主婦」は、采配を振るうべき下働きの女性たちを失って、自ら家事・育児に手を下さざるをえない家事労働者である。

高度成長期は、男にとってはいわば「一億総サラリーマン化」の完成、女にとっては、「サラリーマンの妻」=「奥さん」に成り上がる夢の完成であった。しかし誰もが「サラリーマンの妻」になった時、この成り上がりはその実、女性の「家事専従者」への転落を意味していた。六〇年代の高度成長期をつうじて、日本の社会は、滅私奉公する企業戦士とそれを銃後で支える家事・育児に専念する妻、というもっとも近代的な性別役割分担を完成し、これを大衆規模で確立した。フェミニストはこれを「家父長制」と呼ぶが、この「家父長制」はまったく近代的なものであり、封建遺制の家父長制とは質を異にしている。

9・5 主婦の大衆化と「女性階級」の成立

六〇年代高度成長期をつうじて、日本の〈近代〉は完成した。それは同時に、家族の〈近代〉の完成を、すなわち都市・雇用者・核家族の中で「夫は仕事・妻は家庭」の近代型性別役割分担が完成し、大衆化したことを意味していた。女性のライフサイクルにとっては、結婚までの一時期を「腰かけ就職」したあと、結婚もしくは出産を機会に「家庭に入る」というパターン──今となってはまったく古典的な！──が定着した時期である。

「結婚したら主婦」になるという中産階級上昇の夢は、「一億総中流」化をつうじて達成されたけれども、経済変数が規定する「子どもは二人まで」のささやかな「中産階級」のホームでは、女は一〇〇%の再生産者としての分業にも、安んじているわけにはいかなかった。早晩、子育て期以後の中産階級の妻をさいなむ孤立と不安が待ち受けていた。ベティ・フリーダンが『女性の神秘 Feminine mystique』──ほとんど Feminine mistake と読みまちがいたいくらいだ──(邦題『新しい女性の創造』)[Friedan 1963]の中で描いた中産階級の妻の不安と不満は、一九六〇年代の末までには、大衆規模で日本の「中流の妻」たちにも共有されていた。

一九七〇年に日本で最初のリブの産声があがる。Ⅱ期フェミニズムの開始を画したウィメンズ・リブの直接のにない手は、もと新左翼の女性たち、失望した女マルクス主義者たちだったが、その背後には「主婦的状況」を生きる女性層の「声なき多数派 silent majority」からの共感と支持があった。リブは多くの誤解と中傷にさらされたけれども、ひとたびその主張が女性層に正確に伝わったとき、そのメッセージはたちどころに理解されて、いくたの草の根の女性運動を生んでいったのだった。というのも、Ⅱ期フェミニズムは、女性の人権ではなくて、この近代型性別役割分担そのものを問題にし、あたりまえだと思われていた「主婦」役割そのものを疑問視したからである。「女性問題」はここで「フェミニズム」へと転換をとげる。というのも、Ⅱ期フェミニズムは、女性の「問題」という社会の「不公正」をではなく、社会が正常と見なす「構造《しくみ》」そのものを問題視したからである。

工業化の完成の中で先進工業諸国に同時代的に成立したⅡ期フェミニズムは、国境を超えて多くの共通点を持っていた。それは前工業化社会の第三世界の女性問題とは、問題の位相を異にしていた。そこでは階級差より性差の方が、疎外と抑圧の構造を解くための第一次的変数として大きく浮かび上がってくる根拠があった。そして層としての女性の抑圧の物質基盤は、女性が主婦として第一に生産労働から疎外され、第二に再生産労働という不払い労働に従事させられている、という二重の疎外のうちにあった。「性階級 sex class」という概念もまた、こうした社会的背景のもとに成立する。この時期には、女性は被抑圧階級としての共通の利害を層として共有していたのであり、第一に資本制に対し、第二に家父長制に対して二重の闘いを挑む十分な理由を持っていた。この背景のもとに、Ⅱ期フェミニズムは、燎原の火のごとく女性層のあいだに拡がっていった。

（1） 性分業の中で、どの社会でも男性が共通して独占しているのは「闘い」という行為である。「闘い」に女性はタブーとされ、戦士や武器から女性はケガレとして遠ざけられる。動物行動学的に言えば、この「闘い」は、食べ物や女をめぐる男同士のナワバリ争いにほかならないから、彼らが守っているはずの当の女たちが前線へ出てきては、彼らの戦士としてのアイデンティティは崩壊する。アメリカのERA運動に対する悪質な攻撃キャンペーンの一つに、「男女平等になったら女も徴兵されるようになる」というロジックがあったが、ニュース番組のインタヴュアーの質問に答えて、年若いGIは、「もしそうなったら、何のために闘っているかわからなくなります」とあからさまに困惑を表明していた。

（2） モーリン・ハニーは第二次世界大戦中のアメリカの女性向け国策協力ポスターを分析している。そこには国家が女性に一方で女性役割を破ることを呼びかけながら、他方で女性性を保持するように求めるディレンマがあらわれている。第一次世界大戦中のドイツ、イギリス、アメリカの国策協力ポスターについては、京都の工芸繊維大学の美術工芸資料館に厖大なコレクションがあり、竹内次男氏の尽力で整理がすすめられている。『朝日グラフ』一九八六年五月三十日号「第一次大戦下の欧米ポスター」参照。

(3) 一つの社会現象は、それ自体が一〇〇%悪でも一〇〇%善でもない。それが女性に及ぼす影響は多面的なものである。戦争即人民への抑圧、と公式的に見る見方からは、あの戦争でさえ女性解放に貢献した、という村上氏のような柔軟な見方は出て来にくい。

(4) バッハオーフェンによって「考えられる母権制にもっとも近い」と言われたイロクォイ族の女性は、首長を選ぶ権利や重要な縁組を取り決める権利などを持っているが、それというのも男たちが闘いや狩猟に長期間家を空けるからである[上野 1986a]。先進工業諸国ではきわだって男女平等がすすんだスウェーデンの「文化的伝統」を、女性運動に関わっているあるスウェーデン女性は「バイキングの伝統のせい」と言ってのけた。男たちが長期に航海に出かけている間、故郷では女たちの自治区が成立するからだと言う。

第十章　家父長制と資本制　第三期

10・1　M字型就労

六〇年代の高度成長期は、資本制にとってもう一つの新しい展開の始まりでもあった。日本の〈近代〉の完成は、同時にその解体の開始でもあったからである。家族と女性に関していうと、「結婚したら主婦」の性別役割分担が成立したとたん、その「主婦の座」は足もとから掘り崩され始めていた。それは、「主婦労働者」の誕生である。

六〇年代の高度成長期は、マイホーム主義を理想とする性別役割分担を完成させ、女を家庭に封じこめたとたんに、女性を家庭から労働市場へと引っ張り出す動きを見せた。ただし、〈近代家族〉の性別役割規範と抵触しない、別言すれば「家父長制」を温存した——いかにも奇怪なしかたで——既婚女子労働市場の成立に成功したのである。

女子雇用者の配偶関係別構成比を見ると一九六二年には未婚女子が五五・二%、既婚女子四四・七%、ただし既婚者のうち一二・七%は死別・離別のいわば脱婚者だから、有配偶の女性は三二・〇%である。それが約二十年後の一九八一年には、未婚女子三二・一%、既婚女子六七・九%(うち有配偶五八・〇%、死・離別九・八%)と完全に逆転している。したがって、高度成長期までは、職業婦人といえば未婚女性の「結婚までの腰かけ仕事」か、さもなくば婚期を逸した独身女性や後家のがんばり、という常識は、ほぼ正しかった。労働市場にのこっている女性は、婚前か婚外、または脱婚の女性たちであり、結婚と仕事は非両立と見なされていた。この時期までは、女は仕事を持っていれば結婚しておらず、結婚していれば仕事をしていないのがあたりまえと見なされていた。

高度成長期の十年を通じて女子労働力中の未婚者と既婚者の比率は逆転する。だが、既婚女子の労働市場への参入は、女性が結婚後も職場に踏みとどまることをも、「仕事と家庭の両立」をさえも意味しない。あいかわらず大多数の未婚女子労働者は、結婚もしくは出産を機会に職場を去る。再生産者としての女性の役割と生産者としての役割とは、あいかわらず非両立のままである。既婚女子の労働市場への参入は、ただこの再生産者としての女性の役割がいちじるしく短期化したこと――ポスト育児期の早期化――によっている。女性は、再生産者の役割と生産者の役割とを両立したわけではなく、再生産者の役割をはやばやと終えたあとに再び生産者へと復帰した。言いかえれば、「仕事と家庭」の両立は、ある意味で達成されるには達成されたが、同時にではなく、ライフステージ別の配当によって時期をずらして実現されたのである。

女子労働力率の年齢階級別構成比を見てみるとその経過が見てとれる〔図3〕。一九六〇年、高度成長元年には、二〇—二四歳をピークにしてなだらかな下降曲線を描いていた労働力率が、一九八一年には四〇—四九歳台にもう一つのピークを持ついわゆる「M字型」に変わる。二五—三四歳のライフステージ第二期(出産・育児期)には、労働力率はいったん落ちこみ、一九八〇年前後を最低として、その後は上昇傾向にある。M字型の谷の部分の成立は、雇用者化の進行と相関しているから、職業と育児、つまり資本制下の生産労働が、いかに再生産労働と非両立かということを逆に立証している。八〇年以降のライフステージ第二期の女子労働力率の上昇は、女子雇用労働力の増加を意味する。アメリカでは、女子労働力率のカーブはとっくにM字型を解消して出産・育児期の落ちこみをなくしている〔図4〕が、これはもちろん女性の側の大きなコストと犠牲によっている。[1]

自営業者の暮らしの中では、再生産労働と生産労働のトレード・オフは、問題にならない。家内制生産様式のもとでは、女はつねに同時に生産者でもあり再生産者でもあった。それどころかその両方であることを強制されていた。農家の主婦には、家事・育児専業の主婦になる自由はない。

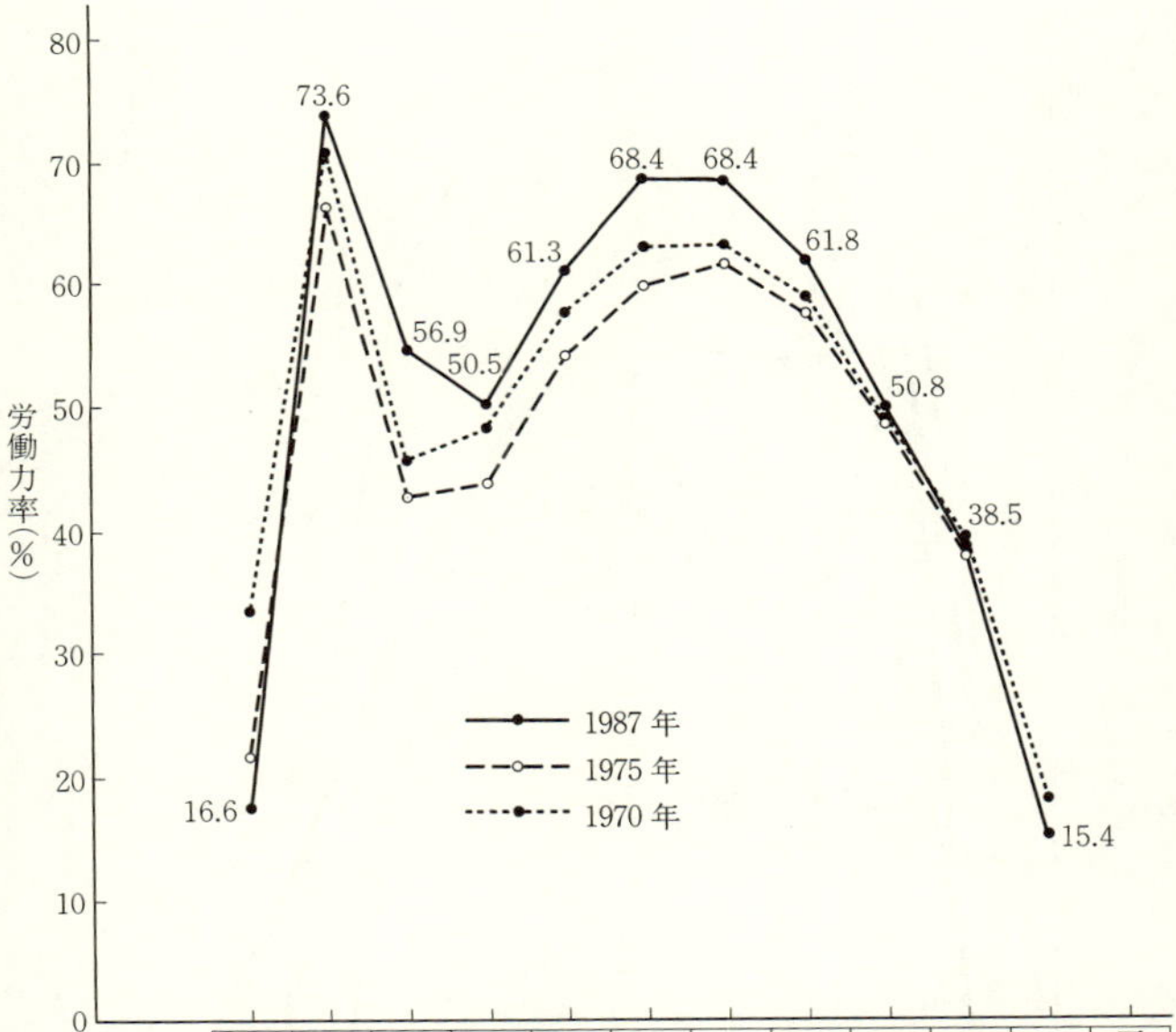

	15〜19歳	20〜24	25〜29	30〜34	35〜39	40〜44	45〜49	50〜54	55〜59	60〜64	65歳以上	平均
	%	%	%	%	%	%	%	%	%	%	%	%
1960年	49.0	70.8	54.5	56.5	59.0		59.0		46.7		25.6	54.5
1970年	33.6	70.6	45.5	48.2	57.5	62.8	63.0	58.8	48.7	39.1	17.9	49.9
1975年	21.7	66.2	42.6	43.9	54.0	59.9	61.5	57.8	48.8	38.0	15.3	45.7
1980年	18.5	70.0	49.2	48.2	58.0	64.1	64.4	59.3	50.5	38.8	15.5	47.6
1985年	16.6	71.9	54.1	50.6	60.0	67.9	68.1	61.0	51.0	38.5	15.5	48.7
1987年	16.6	73.6	56.9	50.5	61.3	68.4	68.4	61.8	50.8	38.5	15.4	48.6

資料出所：総務庁統計局「労働力調査」[婦人教育研究会 1988：54]
(注) 図中の数字は 1987 年の値

図 3 女子の年齢階級別労働力率の推移

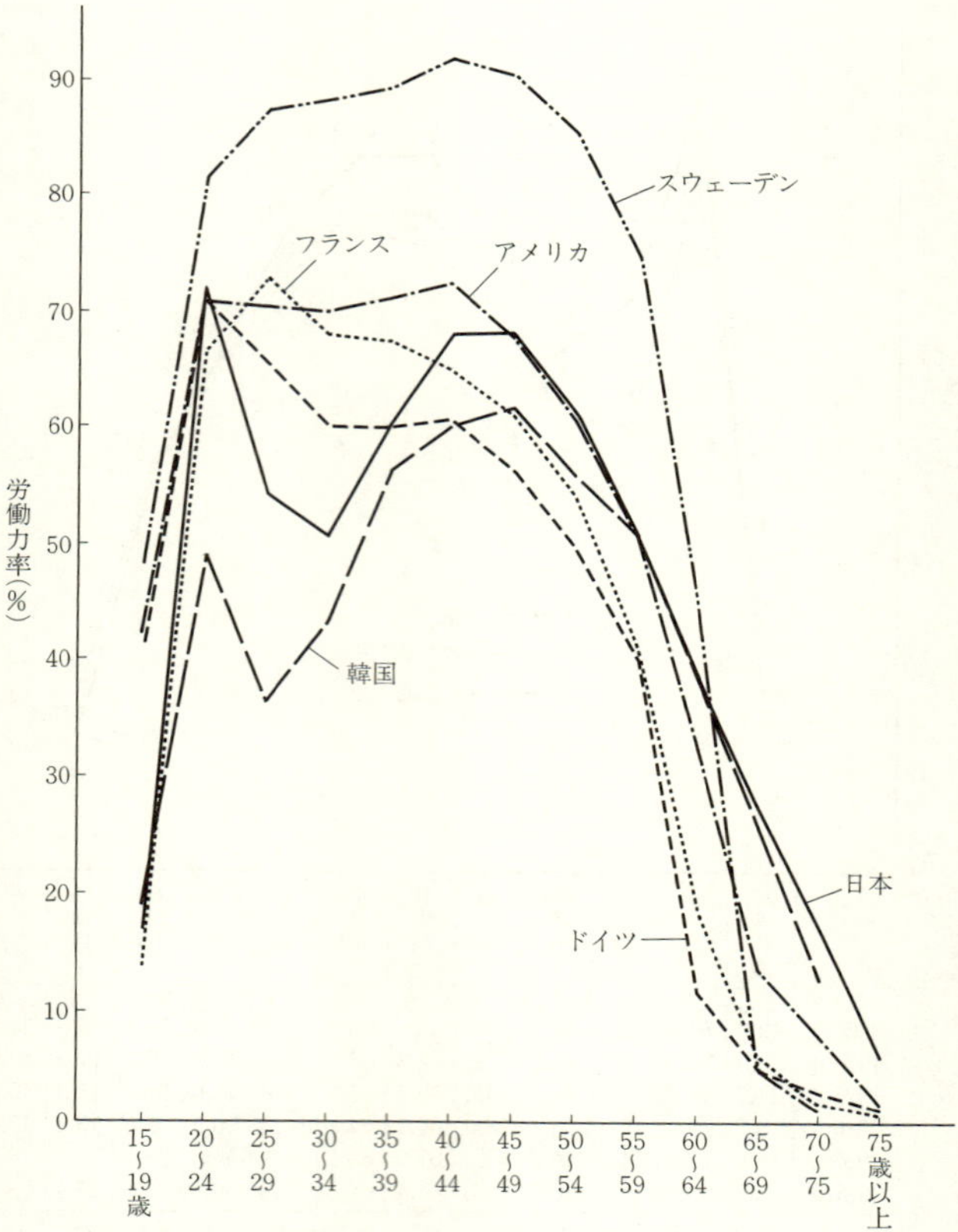

［婦人教育研究会 1988：55］

図 4　女子の年齢階級別労働力率(国際比較)

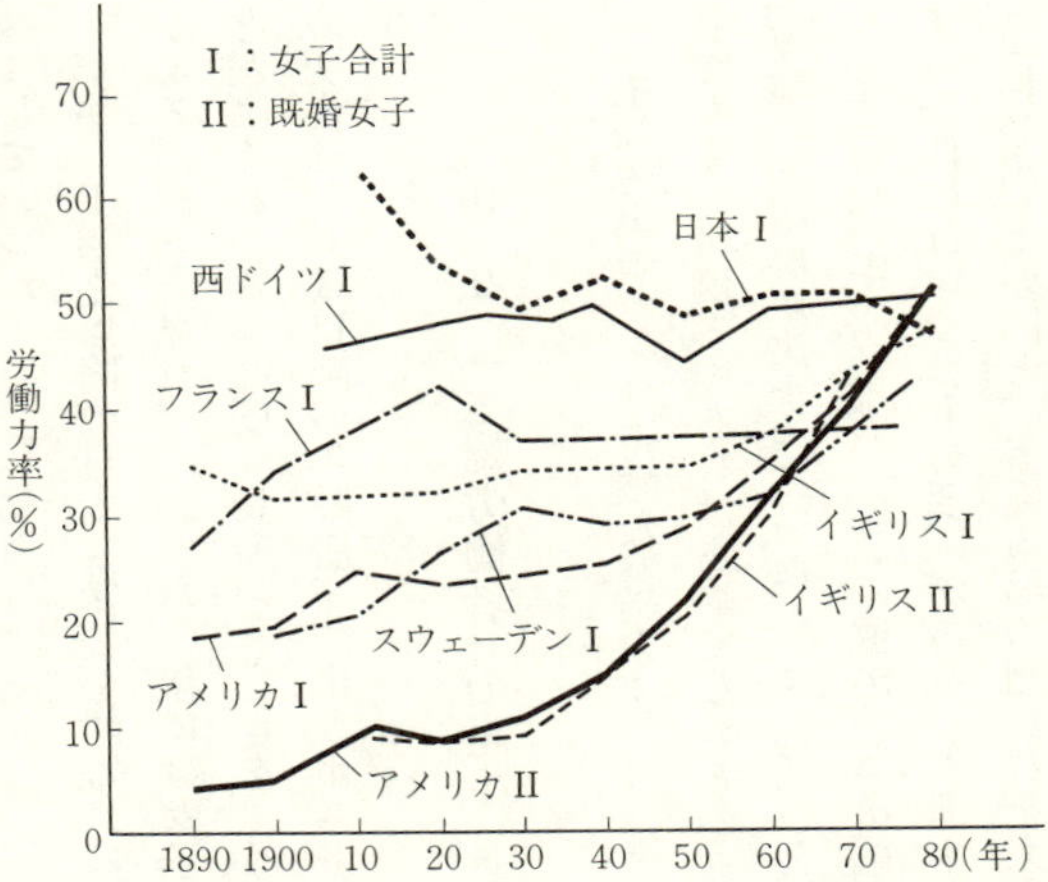

［水野 1984：4］

図 5　女子労働力率の長期変動(1890〜1980 年)

十九世紀末から二十世紀後半までの女子労働力の長期変動を見ると、ほぼ横ばいで大きな変動を見せていない〔図5〕。ドイツ、フランスなどおくれて工業化をした「二流資本主義国」はどれもそうである。産業革命の時期が早かったイギリスとアメリカでは、工業化のプロセスでいったん女子労働力率が大幅に落ちこみ(女性を労働市場からいったん放逐したあと)、十九世紀末からしだいに上昇しはじめる。一九八〇年には、先進資本主義国はいずれも女子労働力率は約五〇％に収斂傾向を見せるが、日本はそのプロセスで、女子労働力率の大幅な低下を経験していない。工業化＝雇用者化のプロセスで、女は家内労働者から家外労働者へと、そのまま横すべりしていった。

だから工業化以降の日本〈近代〉を語るには、正確には女子雇用労働力率の方を見る必要がある。図6を見れば、一九六〇年には女子雇用者といえば未婚と相場が決まっていたことがよくわかる。高度成長期の一〇年をつうじて、女子雇用者はたしかに増加したが、その変化は三五歳以降の年齢層、つまりポスト育児期の既婚女性たちによってになわれた。

10・2 「主婦労働者」の誕生

「主婦労働者」とは奇妙な言葉である。ほんの二十年くらい前まで、主婦であれば労働者でなく、労働者であれば主婦でないという「常識」が支配していた。「主婦」といえば「無職」と相場が決まっていた。ところが、高度成長期の十年間をつうじて成立したのは、この主婦にして労働者、という既婚女子労働市場だった。[2]「主婦労働者」の成立を可能にする条件にはいくつもの要因がある。大別すれば既婚女性を家庭から外へ押し出すプッシュ(押し出し)要因と、労働市場の側が女を家庭から引き出すプル(引っぱり)要因との二つがあげられる[上野 1982b]。

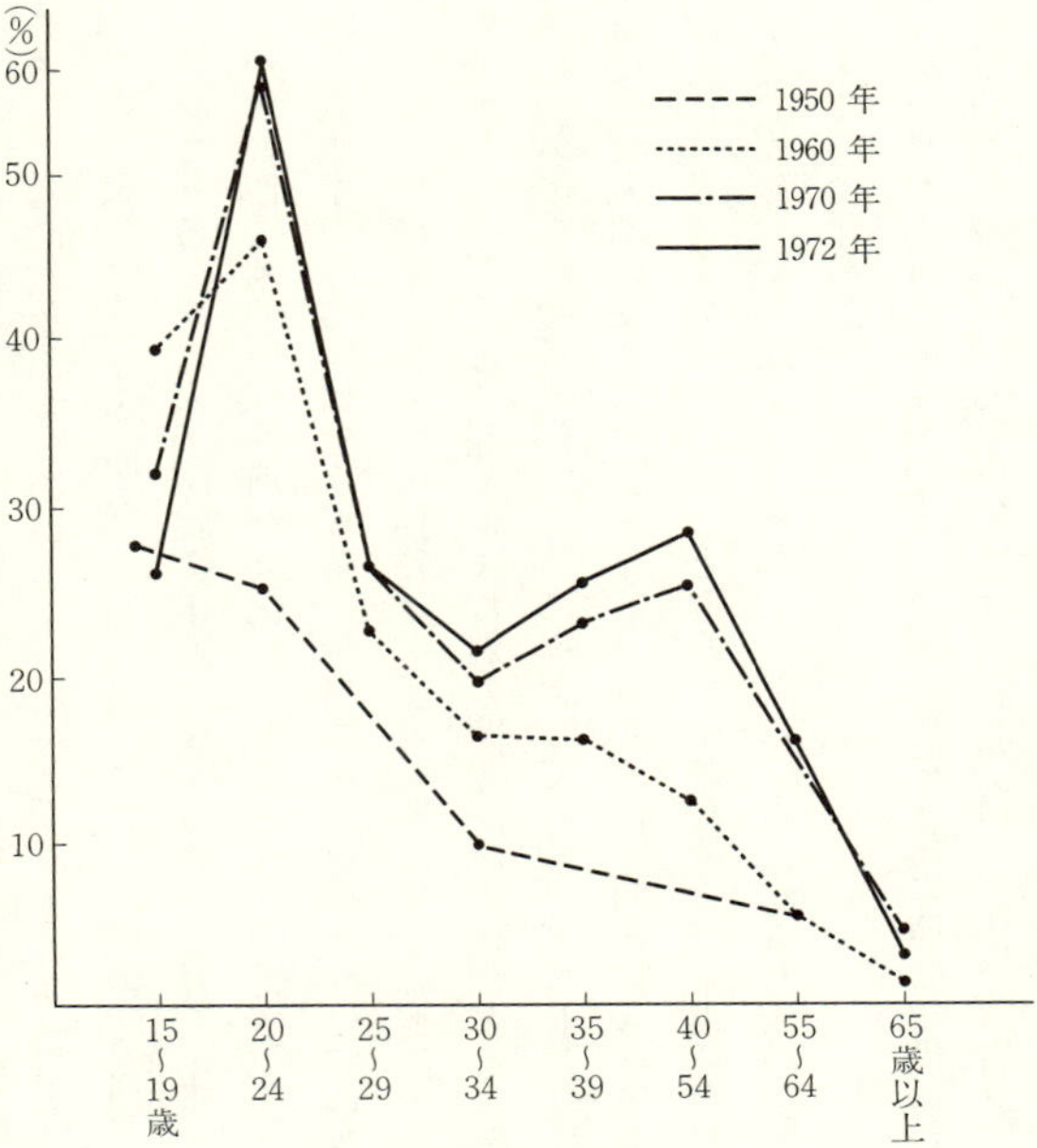

図 6　女子の年齢別雇用率の推移

プッシュ要因の最大のものは、何と言っても出生児数の減少によるポスト育児期の早期化である。一九四六年生まれのコホートによると、平均初婚年齢二五・三歳、それから一年後の二六・五歳で第一子を産み、二年間隔で二八・五歳の時に第二子出産、それが末っ子で打ちどめである。その末子が就学年齢に達するのが三五・〇歳。「妻として母として」生きるのが女の性役割という性別社会化のもとにそれまで生きてきても、そのモデルが有効なのは三五歳まで、あとは早すぎる「余生」が女を待ちうけている。ベティ・フリーダンの描く「郊外中産階級の妻」の孤独は、子育て期以後に現実化する。

育児期の女性の孤立と閉塞にはまた別の問題があるけれども、とりあえずこの時期の女性は一〇〇%の再生産者として母業に専念している。ポスト育児期の母性をおそう虚しさや不安は、育児期の女性には届かない。ポスト育児期という「母業の定年」をおくらせようと思えば、子どもを次から次へと産みつづければよい。事実、明治生まれの女性は平均二五・五歳から三八・〇歳までの約一三年間に、六人から七人の子どもを産みつづけ、末子が成人する前に死んだ。

日本の女性の合計特殊出生率(一人の女性が一生に産む子供の数)は、一九〇五年に五・一一人だったものが、一九八一年には一・七四人、一九八九年現在で一・五七人にまで低下した。二人台を割るのが六〇年代である。「子どもは二人まで」の規範は、六〇年代にあつという間に定着する。日本の社会は、出生抑制を、どんな国家的な強制力にもよらず、たった一世代でなしとげた国である。[3] しかもそれは、「経済的要因」による市場的な「レッセ・フェール」の間接統制のもとに、当事者たちの自由な選択の結果という見かけをとって実現した。

女たちは「子どもは二人まで」しか産まなくなったが、それはもちろん「子どもは二人まで」しか産めなくなったからである。資本制はすでに、女性に生涯をつうじて一〇〇%の再生産者であることを要求せず、許しもしない段階に入っていた。

プッシュ要因の第二には、家事労働の大幅な省力化があげられる。六〇年代の技術革新は、戦争を禁じられた日本経済を、内需拡大へと向かわせた。「海外市場」という外なるフロンティアを見出すことができない市場は、内なる〈外部〉、市場の外の家族という内なるフロンティアを見出した。家電製品の開発・普及に見られるように、資本制は家事労働の大きな部分を急速に社会化＝商品化した。

この「内需拡大」路線は、内なる〈外部〉を食いつぶす、一種の「花見酒の経済」のような循環論法を含んでいる。女性たちは家電製品のおかげで家事を大幅に省力化した。家庭には最後まで省力化も機械化もできない再生産労働だけが残ったが、それもポスト育児期に一段落してみれば、家事労働はもはや健康な成人女性が二四時間勤務で従事するような実質を失っていた。女性たちは家庭に二四時間献身する必要がなくなって職場に出てきたが、それは同時に家電製品を買うためでもあった。すなわち家事省力化機器は女性を家庭から外へ押し出したが、同時に女性は外へ出るために家事省力化機器に依存しなければならず、それを買うために外へ出てお金を得る必要がある、という循環の中にはまりこんでいったのである。

この経緯は、農家の兼業化のプロセスと似ている。機械化された農業機器のおかげで農民は外へ働きに出かけることができるようになったが、働きに出るためには逆に農業機器が不可欠であり、クボタやダイハツを買うために外へ働きに出る、という循環が兼業化のプロセスで生じた。このプロセスでもっともトクをするのは、もちろん売り上げを伸ばした農機具メーカーである。農民は自分たちが買うものを作るために、外へ働きに出た。「内需拡大」のトリックは、タコが自分の足を食うように、市場がその〈外部〉を蚕食していくところにあった。

女性たちは外へ働きに出たが、それは同時に「三種の神器」や三Cと呼ばれる家電製品を買うためでもあった。自分たちが働きに出る条件をつくるために、彼女たちは働かざるをえなくなった。高度成長期の「豊かなくらし」「人なみの生活水準」は、このように女性を労働市場に追い立てることをつうじて達成された。

10・3　パートタイム就労の「発明」

女性の職場進出は、家庭の側に女性の就労を要請し、かつそれを可能にする条件がいくらあっても、労働市場の側に女性を必要とする条件が存在しなければ決して実現しない。つまりプッシュ要因とプル要因が両方そろわなければ、主婦の労働者化は進行しない。慢性的な労働力不足に悩んでいた六〇年代の「成長経済」は、女性を労働市場に引っぱり出すためのプル要因を潜在的に持ちつづけていた。しかしいったん確立した近代型家父長制——モーレツサラリーマンの夫とフルタイムの専業主婦の妻——のもとから、既婚女性を引き出すのはむつかしい。雇用労働が主婦役割と抵触するかぎり、女性は家庭から外へ出て来ないであろう。

賃労働と家事労働が「あれかこれか」の矛盾関係にある事態を、解決するように迫られたのは資本制の側である。というのもほかならぬこの「二者択一」的な矛盾を押しつけたのも、資本制の側だったからである。具体的に言うと、「九時から五時まで」のフルタイム労働シフトを女性に強制するかぎり、家庭責任のない未婚・非婚の女子労働者しか労働市場に登場しない。資本制がそこで妥協の形態として出してきたエポックメーキングな発明が、パートタイムという就労形態だった。

パートタイム就労という画期的なアイディアは、コロンブスの卵のような発明だった。主婦労働者を労働市場に引っぱり出すために、企業は、女性の生活を労働形態に合わせる代わりに、労働の形態の方を女性の暮らしに合わせるという発想の転換を行なったのである。他方、女性の側でも、家庭から外へ出るためのプッシュ要因は十分に成熟していた。だが「子どもは二人まで」のポスト育児期の早期化は、たしかに母親役割を縮小したが、だからと言ってゼロにしたわけではない。主婦が働きに出るのをためらうほとんど唯一の原因は、子どもを鍵っ子にしたくないということの一事である。育児という再生産労働こそが彼女に家庭を選ばせた最大の原因だからである。今も昔も主婦の門限は子どもの帰宅時間である。パートタイムという就労形態は、女性に主婦役割と抵触しない新しい労働の形態を提供した。

この発明が、女性の要求によってではなく、企業の側のつごうで成立したことは、注意されてよい。資本制は、それが女性を労働力として必要としたときにだけ、女性を労働市場に招き入れたのである。

パートタイムという就労形態の起源は、定かでない。六〇年代の初めごろに、一部の大企業が採用し、その後六〇年代をつうじて他の企業にも波及していったらしい。政府の労働統計の中に「短時間就労雇用者」という分類項目が公式にあらわれるのは七〇年代になってからである。労働行政は、久しく短時間雇用者の実態をつかんでいなかったし、その存在さえ表面化していなかった。パートタイム労働者は正式の雇用者と見なされず、雇用契約も社会保険もうけないばかりか、最低賃金制の適用にさえあずからない存在だった。六〇年代初期までは、女性の賃労働の大衆的な形態(女性はいつだって、家事労働のほかに賃労働をつづけていた!)は、内職だった。マニュファクチュア以前の、劣悪な家内制賃労働が内職である。「家でできる仕事求ム」とコミュニティペーパーの「求職」欄は、今も呼びかける。(4) 企業は下請けに、下請けは内職に多くを依存してきた。内職はいわば、家庭の中にまで入りこんだ、工場の端末だった。それがパートタイム労働に置き代わる。女性たちは内職の代わりに、パート労働者として外へ出ていった。その上パート労働の時間給は、内職のそれよりはまだましだった。「短時間就労雇用者」は、高度成長期の終わりに二一六万人、全雇用者中六・七%を占める。女子雇用者だけをとってみると一二・二%である。その後七〇年代をつうじて増えつづけ、一九八五年には、女子雇用者中二二・〇%に達している。つまり女子労働者の五人に一人はパートタイマーなのである。その多くは有配偶の女子労働者である。こうしてパートタイム就労の主婦労働者は、日本の労働市場の不可欠な一部分として構造的に組みこまれていった。

10・4　日本資本制の選択

日本の資本制が、戦後復興と高度成長の過程で、慢性的な労働力不足に悩まされていたことは既に述べた。六〇年代にこの労働力不足に拍車をかけたのは、高等教育の大衆化である。一九六〇年、高度成長元年に高校進学率は男子五九・六％、女子五五・九％、それが一九八〇年には男子九三・一％、女子九五・四％、ほぼ「全入」に近い水準に達している。労働市場の中で不足したのは、管理部門や意思決定部門ではない。かつて、若年・単身・低学歴つまり中卒の労働者が占めていた低賃金・非熟練・単純補助型・不安定雇用の底辺部門である。中卒の労働者が「金の卵」と言われるようになって、この部門の労働力の補充はきわめてむずかしくなった。この部門の労働力不足を補塡するには、日本の資本制にはいくつかのオプションがあった。

第一はオートメーション化である。たしかに技術革新とあいつぐ設備投資とは、工場の労働生産性をかくだんに高め、現業部門の人員を大幅に減らした。機械制大工場の広いスペースでベルトコンベアが無人のまま稼動し、勤務するのはコンピューターで生産管理をするわずかな人員だけ、というシーンは珍しくない。メーカーでも現業部門の人員がいちじるしく縮小し、組織構造は「ピラミッド型」から管理部門が相対的にふえる頭でっかちの「ダイヤモンド型」に、大きく変わった。

しかしオートメ化によってもどうしても解消しきれない部分や、オートメ化によってはどうしても置き換えることのできない対人的なサーヴィス部門などの労働力不足は残る。これに対して資本制がとりえたオプションは、一に既婚女性、二に高齢者、(5)三に――日本の資本制はこのオプションを採らなかったが――移民労働者による補充だった。

第三のオプションは、日本を除く先進工業国はどこも採用しているが、日本だけはこれを採らなかった。アメリカは建国以来、黒人奴隷を含む移民労働力に大きく依存してきたし、ヨーロッパもまた、EC共同体の発足にともなって、商品市場と労働市場とを自由化した。EC内部で南北問題をかかえていたヨーロッパでは、「南」の諸国から豊かな「北」すなわち西ドイツへ向かって、大きな労働力移動が生じた。ギリシャ人、トルコ人のような出稼ぎ労働者は、ドイツ語が十分ではなく、教育水準も低い。彼らが入りこんだのは、労働市場のうち最底辺の現業部門やサーヴィス部門である。彼ら移民労働者は、都市に住みつき、スラムや貧困、犯罪、売春などさまざまな問題をひきおこす。福祉負担のコストも大きい。さらに、下層のドイツ人との間で職をめぐって競合する。プア・ジャーマンの間のルサンチマンと敵意は、容易に排外主義的な人種主義に向かう。近年ドイツで見られるネオ・ナチズムの台頭は、下層中産階級のドイツ人の、移民労働者に対する敵意と反感に基盤を置いている。アメリカ合衆国の人種差別については、今さら言うまでもない。

日本が労働市場を「開国」したらいったいどうなるか。アジアの中の「南北問題」は、いっきょに「南」の諸国から日本への大量の労働力移動として噴出するだろう。現在でもきびしい出入国管理法の網をくぐって、密入国や不法ヴィザによる出稼ぎがあとを断たない。かつて五〇年代に、日本の中の「南北問題」が、大量の「向都離村」現象として噴出したように、今や「アジアの東京」である日本へ、アジアの人々は殺到するだろう。西ドイツの例を見るまでもなく、都市の住宅問題、貧困、犯罪等々の都市病理が沸騰するのは目に見えている。その上排他的な国民性だ。帰国子女や中国からの帰国者の例に見るまでもなく、陰湿で深刻な人種差別が横行するだろう――と、日本の政府官僚は考えたことだろう。彼らは、労働市場の「鎖国」を水際で死守する道を選んだ。それが悪名高い出入国管理法である。難民の受け入れを見ても、国際世論の圧力は高いのに、政府は悪評を甘受しながら頑としてこの「鎖国」状態を固守している。商品市場は、長い間の内外からの「開国」圧力に負けて、コメという「聖域」をのこしてほとんど自由化したのに、労働市場の「開国」は、なかなか実現しない。日本の資本家は、移民労働力の導入によって得る利益より、それによって支払わされるコストの方が高くつくことを承知しているにちがいない。

日本の資本制は、だからと言ってアジアの安い労働力を利用することをギブアップしたわけではない。彼らは、移民労働力を日本に入れる代わりに、外国人労働力を彼らの居住地で利用するという選択をした。それが合弁企業や多国籍企業による現地生産方式である。それによって、企業は現地の安い労働力と原材料を利用した上で、産業廃棄物による公害というコストを支払わずに製品だけを手に入れるという芸当をやってのけることができる。日本の資本制が採ったオプションは、コストをミニマムにしてプロフィットを最大にするという、まことに「合理的」な選択だった。

10・5　資本制と家父長制の第二次妥協

移民労働力に依存できない国内労働市場は、女と高齢者に向かった。主婦は、女でありかつ中高年という二つの(悪)条件をともに備えていた。彼女たちは、中途採用の・家庭責任のある・非熟練の労働者として、いわばハンディだらけで労働市場に参入し、低賃金・単純補助型・不安定雇用の労働者となっていった。

この主婦の労働者化を、資本制と家父長制の第二次の妥協と呼ぼう。「ヴィクトリアン・コンプロマイズ」と呼ばれる第一次の妥協が、夫を一〇〇%の生産者、妻を一〇〇%の再生産者に配当し、フルタイムの専業主婦を成立させた近代型「性別役割分担」を作り出したとするなら、第二次の妥協は、女性を賃労働者にして家事労働者、同時にパートタイム主婦でもパートタイム労働者でもある「主婦労働者」として役割を二重化した「新・性別役割分担」(6)を確立したのである。「主婦労働者」の発明は、資本制にとって得策だった。労働市場はその境界の外部に「労働力予備軍」を必要とする——これがなければ労働力商品のプライス・メカニズムが働かない——が、工業化の進展の過程で、農村という労働力供給の後背地を自ら解体してきた資本制は、もはや農家の次男三男という出稼ぎ労働力に依存することができなくなっていた。日本の資本制は、農家の次男三男という出稼ぎ・単身労働力に支えられていた。日本の工業化は、イギリスのように、エンクロージャーによる農民の離農と都市移住をひきおこさなかった。日本の農村ではあいかわらず長男が土地を単独相続し、家を守った上で、土地から疎外された次男三男だけが都会で就労した。工業化は、かつてなら家内奴隷のごとく朽ち果てた「オジ」たちに、経済的独立の機会を提供したのである。神島二郎氏はこれを単身者型近代化と呼ぶ。かつてはこの農村出身者が労働力予備軍として不況の安全弁になっていた。なぜなら、田舎にルーツを持つ出稼ぎ単身者は、都会で職を失っても、帰るべき場所があったからである。彼らは貨幣収入を失っても、飢えることはなかった。農村にはまだ現物経済が生きていたからである。

農村は久しく労働市場の〈外部〉だった。農村が〈外部〉として蚕食されてしまうにつれて、家庭が、新たな〈外部〉として登場してくる。こうして経済学者の言う「農村不況クッション」説に代わって「家庭不況クッション」説が登場してくる。主婦労働者の妻たちは、失職しても帰るべき家庭がある。このように、一九八五年、いわゆる「グリコ・森永事件」における「かいじん二一面相」の脅迫によって森永製菓から一時帰休を命じられた「パートのおばさん」たちは、甘んじてその命に従ったのである。

報道によれば彼女たちは、平均して一日四時間、月に二十日間ほど働いて当時月収四万から五万円を得ていた。もちろん女一人の生計を支えるにも足らない額である。彼女たちはそれを何に使っていたのだろうか？　ある女性は、自分の四、五万の収入がなくなると、その分住宅ローンの負担が家計に食いこんで、生活が苦しくなると訴えた。また別な女性は、子どものおけいこ事をやめさせなければならないつらさを訴えた。

主婦労働者は何よりも収入を求めて仕事に就くが、その収入は女性の経済的な独立のためではなく、自分自身の使途よりも家計を補う目的で使われる。家計補助型収入――これが収入を求めて労働市場に参入した主婦労働者に対する資本制の分配の形式であり、かつ資本制が家父長制を温存するしかたであった。パートタイム就労と家計補助型収入の組み合わせは、女と資本制の双方にとって利害が一致しているように見える。だが、利害が一致しているのは、資本制と女の間にではなく、資本制と家父長制(下の女)との間においてなのである。

一般的に言って、女性の独立した収入は、家父長制をおびやかす。女性の労働は、家内制生産様式のもとでと家外制生産様式のもととでは、そのあり方が異なる。家父長制下の家内制生産様式においては、女性の(家内 domestic)労働の貢献は、経営体の長である家父長によって領有される。ところが市場化された労働の領域では、賃金は、彼女の夫や父にではなく、彼女本人に支払われる。労働の貢献は、目に見えるものになる。女性は歴史を通じていつでも労働してきたにはちがいないが、その労働が家内労働から賃労働に移行した時に、家族という単位は、さらに個人 individual ——「それ以上分割できない in-divide-able」という意味でもある——という単位にまで分割可能 divide-able になる。

だがそれも、彼女の収入が、家父長制からはなれて独立した生計を営むに足るだけの水準に達すれば、の話である。実際のところ大多数の有配偶女子就業者の家計寄与率は二五%水準に達しない。勤労者家庭の妻の家計寄与率は、一九六〇年でわずか一・三%、とるに足りない額だったが、八一年には一二%に達している。だがそこには扶養控除の上限、一九九〇年で「百万円の壁」がある。

妻の家計寄与は不可欠か？――しかり、不可欠である。今日では妻の家計補助収入は、「なくてもすむ」額ではなくなっている。妻は自分の収入を自分だけのために使うわけではない。妻のサイフは、夫のサイフ以上に家計のサイフと分かちがたい。妻の家計補助収入は、家計の中にカウントされ、家計規模を決める。そうやっていったん拡張した家計規模を、今度は妻が収入を失うことによって縮小するのは、至難のわざである。

家計規模の拡張といっても、それで家計に余裕ができるわけではない。多くの妻たちは、自分の収入がなければ生活が苦しくてやっていけない、と訴えている。所得の配分構造の全体が、男性のシングルインカムだけでは家族全員を養うに足るだけの給与を保証できなくなっている。妻の家計補助収入を最初からあてにしてようやく家計規模が決まるダブルインカム型の家庭が、多数派を占めつつある。

妻の家計補助収入の主な使途は、一つには子どもの教育費負担、二つめには持ち家取得のための住宅ローン負担である。森永のパートの女性が、職を失うことによってこぼしたのも、この二つだった。「家庭不況クッション」説のもとで、「ぜいたくさえしなければ」夫の給料だけでやっていける、と人々は考える。だが子どもの学校外教育費を負担してやり、のぞめば上級学校へ進学させること、そして定年までには住宅ローンを払い終わったささやかな「我が家」が手もとに残っていること――これが「ぜいたく」と言えるだろうか？「みんな中流」の人なみのくらしの現実は、妻の家計補助収入が支えている。

10・6 女性の二重役割

賃労働による妻の家計への(目に見える)貢献は、夫と妻の勢力関係に影響し、家父長制を一定程度後退させる。だがより巧妙なかたちで家父長制を補完し、性支配を強化する。というのも、近代型「性別役割分担」のもとでは女性は家事労働者となるが、「新・性別役割分担」のもとでは女性は賃労働者にして家事労働者という「二重役割 dual role」を背負いこむからである。しかも、主婦が賃労働者化しても、主婦としての「家庭責任」はいっこうになくならない。女性は一〇〇％の家庭責任――家事・育事労働――を背負ったまま、就労する。(7) 女性の「二重役割」は、言いかえれば「二重負担 dual burden」のことでもある。女性は賃労働者として資本制のもとで搾取され、同時に家事労働者として家父長制のもとで搾取されるはめになる。夫は家庭では妻の家事労働の上にあぐらをかき、職場では妻と同じような立場のパートの女子労働者を低賃金で使う上司となる。その上、そうやって妻が得て来た家計補助収入の成果を享受するのもまた、彼自身なのである。

社会学の役割理論では、職業人と家庭人という女性の「二重役割」は、「役割葛藤 role

conflict」のもとだと考えられてきた。「仕事か家庭か」の二者択一のディレンマは、この間の葛藤を表現しているし、同じことは女性解放の用語では「自立か依存か」の対立としても語られてきた。しかし、くり返すが、賃労働が家事労働と抵触するかぎり、別言すれば生産労働と再生産労働が矛盾するかぎり、そう言える。新・旧の性別役割分担をつうじて、一〇〇％の再生産者としての女性の「家庭責任」はなくならない。だが、ライフステージに応じて、再生産労働の重さは変わる。もしくはその質が変わる。

ライフステージ第三期、ポスト育児期の女性の再生産労働は、乳幼児期に比べればいちじるしく軽減する。軽くなった再生産労働負担の分を、生産労働負担が埋める。しかし女性は一〇〇％の生産者に移行するわけではない。パートタイムという就労形態——部分生産者！——は、第三期のライフステージに見合った、生産労働が再生産労働に抵触しないような賃労働と家事労働との間の妥協の形態であった。

この言い方でもまだ正確ではない。ライフステージ第三期に至って、再生産労働の量だけでなく質が変わる。子どもは、第一次社会化過程から第二次社会化過程に移行し、養育は教育にとって代わる。おむつを替え、乳を呑ませるという生理的な養育責任は、子どもの成長にともなって大幅に軽くなるが、代わって教育責任が重くのしかかってくる。そして教育のコストとは、主として貨幣コストである。母親は、養育責任が軽くなった分だけ、教育という外部化された再生産労働を、今度はカネで買わなければならなくなった。

主婦役割と職業役割の「二重役割」が、役割葛藤にならないところに、「新・性別役割分担」が家父長制を維持する秘密がある。というのも、女性はポスト育児期に仕事に出るが、それはほかならぬ「妻＝母」役割をよりよく完遂するためだからである[Sokoloff 1980](8)。

こうして女性は「妻＝母」として労働者になる。ここには、エンゲルスの言うような女性の労働者化が家父長制を揺るがすという仮説はあてはまらない。主婦労働者になることが、「妻＝母」役割と矛盾するどころか、「妻＝母」であるための新しい条件になるという逆説的な弁証法の中に、資本制と家父長制の新しい妥協の形態はあった(9)。それは女性にパート労働者にしてパート主婦(10)——すなわち部分生産者にして部分再生産者——としての新しいアイデンティティを与えることによって、「仕事か家庭か」のディレンマに、見かけの上の解決を与えた。

資本制と家父長制との間のこの第二次の妥協は、資本制・家父長制の双方にとって利益があった。というのは、完全な生産者かもしくは完全な再生産者かの間の二者択一に代わって、調和ある解決と見られた「部分生産者にして部分再生産者」への移行が、もっぱら女性の側にしか起こらなかったからである。

第一に、資本制にとって、女性は部分生産者、いわば不完全な生産者として労働市場に登場した。中高年期の主婦労働者は、最初から労働市場での競争をギブアップした二流の労働者として、劣悪な待遇に甘んじるべく参入したのであって、彼女らを思うさま安上がりの従順な労働力として買いたたくことは、資本制にとって願ってもないことであった。しかも彼女たちの家計補助収入は、「内需拡大」という名の消費市場を与えてくれる、かっこうのお得意様でさえあった。

第二に、家父長制のもとでは、男性はあいかわらず部分再生産者としての女性の家庭責任に依存し、その無償労働の上にあぐらをかいたままだった。女性の部分生産者化は、男性の側での部分再生産者化を少しもひきおこさない。部分生産者にして部分再生産者への変化が、男性の側でも同様に起きない限り、無償の再生産労働という物質的基盤に依拠した女性の抑圧はなくならない。

しかも女性が依然として部分再生産者であることが、女性が部分生産者にしかなりえない口実を与えている。労働市場の中で部分生産者としての主婦労働者が低賃金の職場に置かれ、かつそのために彼女らの収入が家計補助レベルにとどまるかぎり、家長としての男性の権威は安泰である。女性の部分生産者化と部分再生産者化とは、こうして互いに構造的に補強しあって「新・性別役割分担」下の女性の抑圧の物質的基盤となる。

女性が部分再生産者になったとは、不払いの再生産労働の一部が、「支払われる労働」——教育という名の——に置き換わったということである。女性の部分再生産者化は、女性の再生産労働の軽減を意味するだろうか？　見かけの上ではイエス、だが窮極的にはノーである。というのは、この教育という「支払われる再生産労働」のコストを支払うのは、ほかならぬ女性自身だからである。

女性の手から再生産労働の一部を奪い、女性を部分再生産者化するのは家父長制的資本制にとって必要な要請でもあった。ハイテクノロジーに依拠した高度資本制は、教育された労働者を求めていた。初期産業制下の技術革新が熟練労働者を非熟練労働者に置き換えたのとは反対に、第三次技術革新は、インテリジェントな労働者をこそ求めていたのである。この「教育された労働者」を再生産する費用負担を、ほかならぬ女性自身に負わせること——受益者負担！——が、資本制と家父長制の陰謀だった。

10・7　生産と再生産の弁証法

イギリスは現在日本と同じように、大きな産業構造の転換期を経験している。そして日本とはちがってその対応が遅れたために、転換にのりおくれた産業部門の没落にあえいでいる。そこでは産業構造の転換が社会の異なった領域にどんなに跛行的な影響をもたらすかという明暗が、日本以上にドラスティックにあらわれている。しかも、先進産業諸国のうちでは、女子労働力率の年齢階級別の構成が、日本ともっとも近い国でもある。

不況と高い失業率にあえぐイギリス社会で、過去十年間に「男性の失業率が急上昇する中で、社会の各層の中で女性の雇用だけが上昇している」[Mitchel 1986, Beechy 1987]と多くの論者は指摘する。しかもこの雇用は、中高年・既婚女性の層に集中している。若い未婚女性や、死別・離別を含む独身女性の失業率は、かえって上昇している。ミッチェルは、ある高名な経済学者が高校卒業生を前にしたスピーチで「職を見つけるのは、あなた方でなく、あなた方のお母さんの方でしょう」と語ったエピソードを紹介している。その中高年・既婚女性の雇用は、職種においてサーヴィス産業を中心とした部門に限られており、労働形態ではパートタイム、フレックス労働の形をとっている。多くは非熟練部門の、低賃金でかつすこぶる不安定な雇用である。

しかも皮肉なことに、既婚女性の労働市場への参入は、女性の失業率を結果として引き上げることとなる。「主婦は自分のことを失業者とは考えない」[Bruegel 1982：279]にもかかわらず、雇用機会が増えるにつれて職を求める潜在的な主婦の数は急速に増えるからである。

一九七四年から七七年にかけて、職を求める女性の数は、女性向けに創出された職の数よりも急速に上昇した。[Bruegel 1982 : 280]

この間に創出された「女性向け」の仕事の多くは、調理、介護、保育、教育のような「女が家庭でやっている仕事」であった。この期間に公共部門で作り出されたソーシャルワーカーのような仕事の多くも――フルタイムの仕事を求める女性たちがいるにもかかわらず――主としてパートタイムの職として創出された[上野 1987a]。ビーチイは、その理由を、それが「女の仕事 woman's work」だからだ、と説明している[Beechy 1987 : 163]。ブリューゲルもまたそういう「不安定でかつ季節的な」サーヴィス労働のもっともよい見本として、学校給食の調理職をあげている。そしてそれが女の仕事だからこそ「安定した継続的な仕事」にならず、また安定した仕事にならないからこそ、「女の仕事」になっているのだと指摘する[Bruegel 1982 : 278]。

そこで起きているのは、女性の厖大な「周辺労働力化 marginalization of women's labour」である。こうしてこの労働力の周辺部門に出たり入ったりする、女性の「労働力予備軍」が形成される。

女性の「労働力予備軍」説は、家事労働論争がのちに女性の「二重労働」説へと発展した中から生まれた成果の一つであった。

マルクスによれば、労働力予備軍は「資本にとってたんに有利なだけでなく、必要不可欠」でもある[Walby 1986：75]。この労働力予備軍には女ばかりでなく男も含まれる。ブレイヴァーマンは、「労働力予備軍に入る人々は、男も女も共に数の上で増大してきた」[Braverman 1974]と指摘する。ハンフリーズによれば、「労働力予備軍の形成は、たんに循環的な出来事ではなく、(資本制のもとでは)むしろ永続的なトレンドであり、そのプロセスで女性はますます賃労働の中に参入していっている」[Humphries 1983. Walby 1986：79に引用。( )内引用者]と指摘する。この労働力の(男女を問わない)周辺化は、ヴェールホフの指摘する世界規模の、労働力の「主婦化 housewifization」と呼応している。だから、周辺労働に追いやられた女性は、同様に周辺労働部門にいる男性——移民、失業者、第三世界の労働者等——と直接的な競合関係に入る[上野 1987b]。

ブレイヴァーマンは、言う。

男性と女性は、労働力予備軍に異なったルートで参入する。男性は賃労働を離れることによって、女性は賃労働に参入することによって。[Braverman 1974. Walby 1986：79に引用]

それと同様に「労働力予備軍」が不況によって最も影響を受けやすい「使い捨て disposable」労働力だという仮説にとっても、逆説的な事態が起きている。

不況の女子雇用機会に対する影響は、単純な労働力予備軍仮説が示す以上に、もっといりくんだものである。一九七一年から八一年にかけての製造業の周期的な景気変動に女子はもっとも影響を受けやすかったにもかかわらず、女子の雇用機会は少なくとも一九七〇年代半ばをつうじて、公共セクターでも私的サーヴィス部門でも一貫して上昇している。[Ruberty & Tarling 1982. Beechy 1987 : 99 に引用]

労働力予備軍の「使い捨て」仮説にもかかわらず、不況下の七〇年代イギリスで、女子雇用が減少せず、それどころか上昇した事実は、「使い捨て」仮説を廃棄すべき反証なのだろうか？　だがこのプロセスをつうじて起きているのが、男女を問わない労働力の「周辺化」だと考えれば、このプロセスには何の矛盾もない。七〇年代をつうじてイギリスでは、おびただしい失業者が生まれたが、それは男性および独身女性の層、すなわちフルタイム労働者の部分にとりわけ集中した。つまり不況期は正規のフルタイム労働者によりきびしく、彼らを周辺的なパートタイム労働者に置きかえるように働いたのである。

ブレイヴァーマンの言うとおり、「男性は賃労働を離れることによって、女性は賃労働に就くことによって」同じく労働力予備軍を形成し、男女ともに労働力の周辺化は進行した。

一九三〇年代の不況期の雇用研究もまた、同じような傾向を証明する。アメリカでは、一九三〇年代の大恐慌期に「職を失ったのは女性以上に男性の方が多かった」[Milkman 1976]。不況下には、労働力の周辺化はいっそう進む。そこでは周辺労働により適した女性の方がサバイバルし、失業した家長労働者に代わって「はした金 pin-money」を稼ぐ機会を得る。

ビーチイは、オイルショック後の一九七四―七五年の不況に、OECD諸国で一様に同じ事態が起きたと指摘する[Beechy 1986：78]。日本もまた例外ではない。

日本の産業構造の転換はめざましく、廃棄された産業部門での失業者は他の成長産業部門に吸収されていっているために、イギリスやアメリカほど、深刻な失業率の上昇に直面しなかった。だが没落部門と成長部門との産業部門間の落差はいちじるしい。とりわけその打撃は、職種転換のむずかしい、熟練部門の中高年・男性労働者に集中した。若年層は職種の転換がより容易なために、一方で成長する産業部門にただちに吸収されていっているから、イギリスで失業率が若年層にとりわけ高いのとは対照的である。だがこの成長産業部門でも、不定期や自由契約などの不安定雇用のもとにおかれる男性がますます増えている。女性の場合も増えているのはパートタイムやフレックス労働者などの「周辺的」な雇用機会である。(11) それどころかいったんフルタイムの職業に就いた女性を、それから離職させてパートタイマーや派遣労働者として「二次的労働市場 secondary labour market」

に再加入させようという圧力は、以前よりかえって強まっている。

したがって、ガーディナーとスミスが言うように、

女性がますます多くの雇用機会を得たことは、雇用の場における女性と男性との間の格差を縮める結果には少しもならなかった。[Gardiner & Smith 1982. Beechy 1982 : 100に引用]

現に日本でも、男女賃金格差は一九七八年まではわずかな縮小傾向を見せたあと、逆に拡大に転じた。七八年に男性一〇〇に対して五六・二だった女性の賃金は八一年には五三・三と減少し、かえって格差が開いている。この期間に女子雇用はいちじるしく増大したのだから、女性が賃労働に参入することは——それが男性と同じ条件でない限り——それ自体では少しも男女格差の解消にならないことがはっきり立証された。

女性の労働力が周辺化される理由は

……既婚女性は家族という独自の世界を持っていて、生産から排除された際にもそこに退出することができるということである。その上社会福祉は彼女たちの面倒を見る必要がないし、また(自分でそう登録しない限り)失業率の上にあらわれることもない。[Beechy 1987 : 57]

女性の「周辺化」を支えているのは、ここでも家族である。女性の賃労働と家事労働と

は、密接に関係しあっている。女性は再生産者だから生産者として二次的であり、生産者として二次的だから再生産者なのである。こうして女性の家庭への囲いこみと女性労働の周辺化という、女性の「二重のゲットー double ghetto」化[Armstrong & Armstrong 1978：201]が完成する。

10・8　八〇年代の再編

一九八〇年代までに、ツーサイクル型・家計補助型・パートタイム型の就労形態――結婚までは働き、結婚もしくは出産を契機にいったん退職したあと、ポスト育児期に再び職場に復帰する――は、日本女性の多数派を占めるに至った。この変化は、高度成長期以後わずか二十年で起きたから、時代の変化のスピードは思ったより早いと言わねばならない。

一九八〇年にコペンハーゲンで政府代表が署名した国連女性差別撤廃条約は八五年に国会で批准され、同年に男女雇用機会均等法が成立した。それと同時に、労働基準法の女子保護規定も改廃される。一九八六年、いわゆる「均等法元年」以後の女性の職場環境は、さまざまな抵抗を残しながらも変わりつつある。その背後に、第三次技術革新の波を受けて、大きく再編を迫られつつある産業構造の変化がある。

政府のとった政治的選択の中には、八〇年代以降の日本社会の生産と再生産の課題をどう再編成していくかについての一定の見とおしと判断が働いている。かんたんに言ってしまえば、男がすべて生産者、女がすべて再生産者であるという「近代の要請」は終わりつつある。別な言い方をすれば、「近代型性別役割分担」のもとでは、男はだれでも生産者になれたし、女はだれでも再生産者になれた(またなるほかなかった)。そのかぎりで、「近代」は平等な時代、男を生産者として、女を再生産者として、それぞれ平等化する時代だった。その「近代型」の生産と再生産の編成が、再び揺れ動く時代に、私たちは直面している。

(1) デイケアセンターのような公共的な託児施設は、アメリカでは日本以上に不備である。自助努力の資本主義国アメリカに比べれば、日本の方がはるかに「社会主義的」であるとさえ言える。アメリカ女性の育児期就労は、ベビーシッターや昼間里親のような私的な負担を代償に実現されている。資本制による育児の徹底的な私事化のツケは、女性の出産年齢の高齢化と、出生率の減少である。

(2) 「主婦労働者」という奇妙な言葉と同じく、「専業主婦」という奇怪な呼び名もこの頃に登場している。「無職」が当然視されていた「主婦」を、わざわざ「(家事)専業・主婦」と呼ばなければならない背景には、厖大な有職の既婚女性たち(兼業主婦)の登場があった。主婦であることが当たりまえでなくなったからこそ、無職の主婦をわざわざ「専業主婦」と呼ばなければならない事態が生じていたのである[上野 1982b]。

(3) 西欧諸国の出生率低下は、日本よりも長い期間をかけて行なわれている。逆に、急速な人口膨張を経験したインドや中国のような国々は、国策で半ば暴力的・強制的に人口統制を実行している。中国の一人っ子政策や、インドの避妊手術の奨励などがそれである。諸外国の例を考えると、わずかこれだけの短期間に、かつどんな国家的な統制にもよらず出生率の大巾な低下を実現した日本のような例は、きわめて珍しいと言わなければならない。

(4) 「家でできる仕事」を求める育児期の女性を見るたびに、私は胸が痛む。彼女たちは再生産労働のために家にしばりつけられているが、かと言って安んじて育児専業をしていられる経済階層に属してもいない。そして「家でできる」ことが、仕事の条件をどこまでも基準以下に引き下げる働きをしている。女性は労働の再生産コストを割るレベルの賃労働を、「家で」引き受けさせられてきた。

(5) 柏木博は『ミクロユートピアの家族』[1988]の中で、定年制が労働者を無理矢理「老人」カテゴリーに入れ、労働力として周辺化するしくみを指摘している。

(6) 樋口恵子氏の卓抜な命名による[樋口他 1985]。

(7) 「妻は夫の許可」を得て就労するが、夫が妻の就労を許可する条件は、しばしば「家庭(夫や子ども)に迷惑をかけない」ということである。つまり妻が従来どおりの家事責任を果たしつづけ、自分の生活が変化をこうむらない限り、妻が外へ出るのは「自由」というのが「夫の論理」である。だが実のところ、この「妻の自由」の行使のおかげでトクをするのは夫たちなのだ。というのも、自分の家事労働負担はゼロのままなのに、家計は妻の家計補助収入によって確実にうるおうからである。

(8) ソコロフはこのからくりをうまく説明している。

(9) 私の教える女子学生の中には「家事労働」と聞いて「外へ働きに出ること」と答える者さえいる。彼女の論理にしたがえば、外に働きに出て得た賃金で、子どもによりよい生活環境や教育環境を「買って」やることも「母のつとめ」の一つなのである。「家事労働」の現実をとらえる認識はここまで変容してきている。

(10) part-time worker が同時に part-time housewife だという卓見(a part-time worker and housewife)については、フェミニストの畏友レベッカ・ジェニソンのコメントに負っている。

(11) 公共部門での介護、保育、調理のような「女の仕事」を、それが「女の仕事」だからという理由で、不安定なパートタイムの雇用機会として率先して作り出してきた点で、政府と自治体は女性差別に大いに責任があるとビーチイは非難する。

第十一章　家族の再編 I

11・1　人口という資源

人口が資源として語られはじめたのは、近代以降のことである。マルサスが『人口論』を著わしたのは一七九八年。その時期に「人口学」が「学」として成立した背景には、第一に「人口が増えている」という現状認識、第二に「人口は増やせる」という発展の論理、第三に「人口は調節できる」という統制の視点があった。

近年の社会史研究が、人口誌学 demography から出発したのにも理由がある。ロストウのようなもっとも単純な近代化論者の視点からは、近代化の「テイクオフ(離陸)」は人口急増期、近代化の完成期は「プラトー(人口の停滞期)」に達した時と考えられている〔図7〕[Rostow 1960=1974]。したがって、近代化の始まりと終わりは人口曲線によって示され、〈近代〉とは、近代以前と近代以後の二つのプラトーにはさまれた、この人口増加の

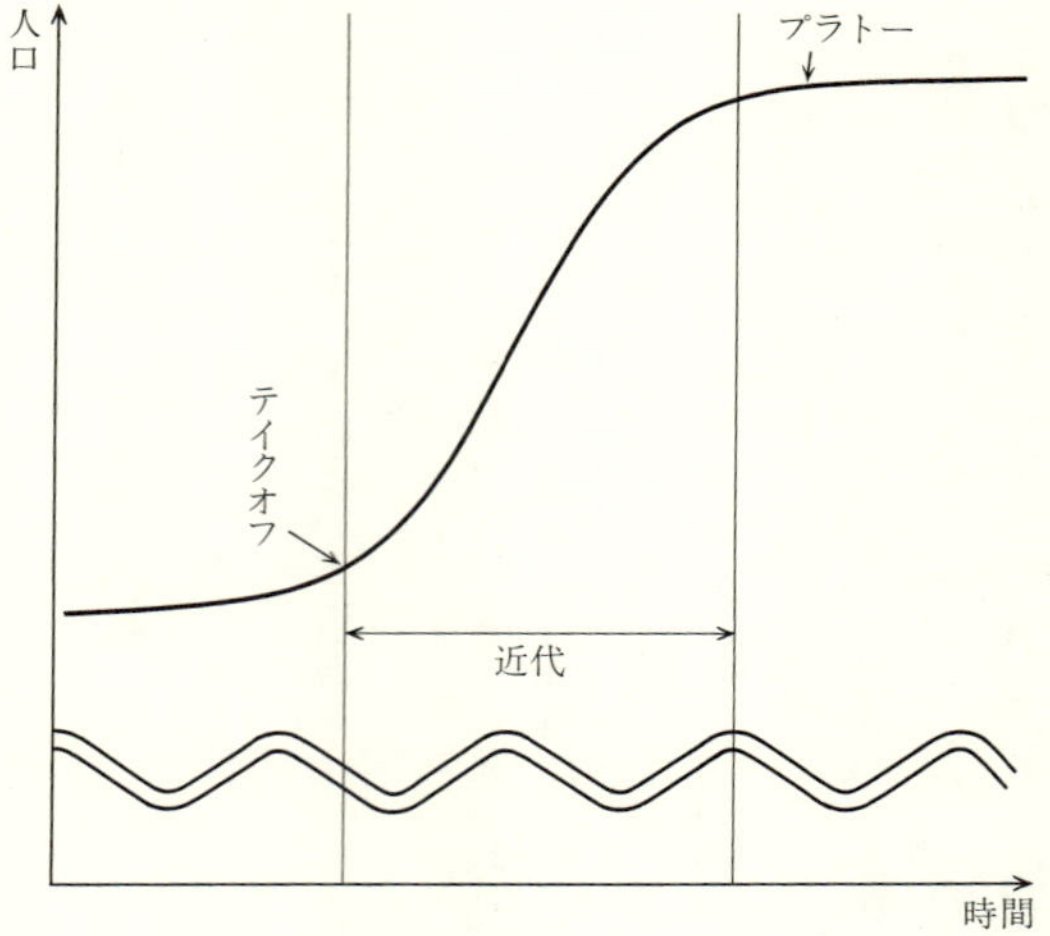

図 7　ロストウの近代化モデル

過渡期だということになる。(1)

人口増加期は、いつでも変動期である。社会の人口支持力が変わるから人口が増えるし、また人口が増えるから社会の方も変動せざるをえない。人口の量的な変化は、必ず社会の質的な変化をともなう。〈近代〉が人口増加期であるということは、〈近代〉が社会変動の過渡期だということをも意味する。人口増加が停滞期に入れば、一般にこの過渡期も終わる。

もちろん、人口停滞的ないわゆる伝統社会においても、人口が資源と考えられていないわけではない。しかし、(1)人口が思うようには増やせないことと、⑵人口を増加させないように一定の社会的な歯止めがかかっていることの二点で、〈近代〉社会とはちがっている。信じられているように、〈前近代〉社会の人口調節は、たんに多産多死――高い出生率と高い乳幼児死亡率――によるとは言えない。いったい人間は、放っておけばどこまでも欲望のおもむくままに性交をくり返し、受胎調節に無知なままに妊娠し、生殖年齢の全期間にわたって子どもを産みつづけ、その大半を不衛生な環境や病気で失う――そんな野蛮な生きものだろうか。私にはこの種の「人口論」こそまったく野蛮な近代主義的偏見に思える。

いわゆる「未開社会」を研究している人類学者にとっては自明のこと――べつな視点からは、驚異――だが、もっとも生産力水準の低いと考えられている狩猟採集社会で、人口の純再生産率はほぼ一・〇におさえられている。多産多死によってではなく、受胎率そのものが低いのだ。妊娠のメカニズムについても十分に知られていないこれらの社会[2]で、避妊の観念や技術があるとは信じにくいが、ともあれ人類学者にもよくわからない事情で、彼らは生涯に七人も八人も子どもを産んだりなどしない。

社会史家の落合恵美子氏によれば、人口調節には、⑴婚姻抑制と⑵婚姻内出生抑制の二つの方法がある［落合 1987］。伝統社会では、⑴婚資の調達がむずかしいために誰もが結婚できるわけではない、⑵産褥期の性交タブーや授乳期間が長いせいで、出生間隔が長い、また(3)性交頻度が〈近代人〉ほど多くない――〈近代人〉ほど数量化されたセックス(回数や持続時間！)に強迫神経症的な思いこみを持っている人種はいるだろうか[3]――ことや、一般的な性交は膣外射精によるらしい(確認することがむずかしいので臆測によるほかない)こと等で、放っておけば子どもがどんどん産まれる、という結果にはならない。

その上この停滞社会は、周囲の生態系 ecosystem との間にも、一定の調和あるホメオスタシスを保っている。狩猟採集民は、飢餓線上をさまよう人々ではない。彼らは自然の恵みの中から口に入れるものなら何でもとり尽くすわけではない。さまざまの食物禁忌や儀礼的なタブーからなる文化規範が、生態系の上をおおっていて、環境資源をとり尽くすことを防いでいる。彼らは食用可能な環境資源を、一〇〇%までは活用しないのである。サーリンズはこのような社会を「豊かな社会 affluent society」と呼んだ[Sahlins 1974][4]。

「停滞社会」とは、このように、生産も再生産も、その能力の限界まで極大化 maximize しないような社会のことである。こうして「停滞社会」は、生産力水準においても再生産力水準においても、単純再生産をくり返す。

このように、性と社会システムの間には、よくわからないけれどもある自動的な調節機構が働いていると考えられる。〈近代化〉のテイクオフが、ロストウの言うように突然の人口爆発で始まるとすれば、この人口増加は、文化＝社会的なこの調節機構が、何かの事情でこわれた結果と考えられる。これはたんに、衛生水準の向上による乳幼児死亡率の低下——もちろんそれもあるけれども——の結果だけ、とは考えにくい。そもそも女が生涯に一〇人近くも子を孕む、ということ自体が、人類史的にはかなり異常なことである。〈近代〉は、だから、いわば「こわれた社会」——人間と自然、人間と身体との間の文化＝社会的な自動制御機構がこわれたことによって始まった社会である。禁忌が解除されることによって、人々は生産と再生産の最大化へと押しやられる。もちろん、禁忌の解除は、別名「解放」とも呼ばれる。いったん拡大再生産のサイクルがまわり出してしまえば、人々は自分がどんな伝統を知っていたかも、じきに忘れてしまう。

アフリカやアジアで、私たちが見る子沢山の家族は、〈前近代〉の姿などではない（明治期の日本もやはり出生率が高かった）。あれもやはり〈近代〉の姿、発展した先進諸国developed countriesによって低開発under-developedの状態におさえこまれた、同時代的な〈近代〉世界システム（ウォーラーステイン）の一パートの姿である。アフリカの飢餓に私たちが見るのは、いわばこわれた社会——もしくはこわされた社会——の悲劇である。

11・2 出生抑制と「再生産の自由」

人口政策はしたがって、〈近代〉国民国家 nation state の成立当初から重要な政治課題だった。市場と個々の資本は労働力の再生産に非関与・無関心を示したが、国家はそうではなかった。〈近代〉国家は、中絶を法律で禁止したりまた合法化したり、産児調節を弾圧したりまた奨励したり、人口政策に無関心だったことは一度もない。それどころかヴィクトリア時代の性道徳を受けついでいるアメリカの一部の保守的な州法は、つい近年まで同性愛を禁止し、婚外性交を非難し、たとえ夫婦の間でさえオーラルセックスを違法とするなど、市民のベッドの中にまで介入しようとした。

性と生殖を統制する社会領域を、「家族」と呼ぶ。文化人類学では「家族」の概念はとっくに解体して、ほとんど定義不可能になっているけれども、それでも性と年齢のカテゴリーで定義される社会領域が存在しない社会はない。家族もしくは親族は長いあいだ、生産と再生産をともに統制する社会制度だった。〈近代〉に固有な事情といえば、この「家族」領域から生産が「離床 disembed」し——文字どおり bed から離れ——再生産のみに特化したこと——つまり bed だけになってしまった——ことにある。

「家族」はしたがって、歴史的にかつ文化＝社会的に多様な形態をとりうる。歴史の変動期は、だから「家族」の変動期でもある。〈近代〉の形成期にも「家族」の解体を嘆く声はちまたに満ちていたが、それはあとになってみれば、〈前近代〉家族の解体を意味し、それに〈近代〉家族が置きかわったにすぎなかったことは歴史が証明した。家族史や社会史の知見は、〈近代〉家族にとって自明視されているさまざまな特性――たとえば〈子供〉の誕生[Ariès 1960]、母性愛の成立[Badinter 1980]、〈主婦〉の誕生[Oakley 1974]等々――の複合complexが、この時期に集中してあらわれることを立証している。〈近代〉形成期に、市場の成立とあい前後して「家庭性domesticity」の領域がいかにして同時的に、かつ不可欠な補完物として成立したかについては、既に詳論したから、ここではくり返さない。

ところで一九八〇年代の今日も、再び「家族の解体」が問題視されている。デモグラフィックな〈近代〉の定義からいけば、人口停滞からすでに減少期に向かっているイギリスやフランスでは、〈近代〉はとっくに終わったことになる。人口停滞の原因は(1)晩婚化、(2)婚姻率の減少、(3)離婚率の上昇、(4)出生率の低下――婚姻抑制も婚姻内出生抑制も共に進行している――によっている。もっとかんたんに言うと、男も女も、婚姻しないかまたは婚姻の中にとどまらないし、そして子どもを産みたがらなくなっている。その結果、夫婦と子どもというユニットから成る〈近代〉家族は、少数派に転落してしまった。

「家族の解体」を嘆く人々は、この現象を指して「解体」と呼ぶ。アメリカでは八〇年代のはじめに、夫婦と未成年の子どもから成る典型的な〈近代〉家族は、全世帯数の一四%に転落してしまった。今となってはまったく古典的と言うほかないこの〈近代〉家族は、今日では少数派になった。代わってふえたのが単身世帯 single household および単親世帯 single parent family(主として母子家庭 single mother family)である。

結婚せず、子どもも産まないという出生抑制は、カッコつきの「自由主義的」な先進諸国では、文化的な禁忌や国家的統制によってではなく、当事者の自由意思による「選択」によって実行されている。中国やインドではそうでないことは誰でも知っている。自由な「選択」によって人々が結婚回避や出産抑制に向かい始めた事実を目のあたりにすると、逆にこれまでどんな文化=社会的な強制力が結婚や出産に働いていたかがよくわかる。

結婚回避や出産回避の傾向は、男の側でも女の側でも同時に起こっている。しかしとりわけ、教育を受けた有職の女性、「男女平等」の規範を内面化し性別役割分担を受け容れようとしない女性たちの間にその傾向が強いために、女とフェミニズムは、この「家族の解体」に責任があると見なされている。事実、〈近代〉家族を支えたイデオロギー的言説の内容を点検してみると、それらの言説があげて女をターゲットにしていたことがよくわかる。結婚や出産への強制力は、もっぱら女への脅迫的な言説――「結婚こそが女の幸せ」

「女は子どもを産んではじめて一人前」――として働いていた。それもふしぎではない。男を生産者／女を再生産者として特化する近代型性別役割分担のもとで、再生産の制度である「家族」は、もっぱら女の手によって支えられるものと期待されていたからである。男の役割はせいぜいこの「女の領域」に非関与・不干渉であることぐらいであった。

六〇年代以降のウィメンズ・リブことⅡ期フェミニズムが、女性に対する再生産へのこの文化＝社会的強制力を告発の対象としたのも、十分な理由がある。この強制力から逃れる自由は、「中絶の権利 abortion right」を求める闘争として女性運動の一つの焦点になった。これは、中絶を法律で禁止する国家に対して、それを法的な権利としてかくとくしようとする、国家と女性との間の闘いであった。〈近代〉国家が、国民の〈私〉生活 private life――その核心に私事化された性と生殖がある――に無関心だ、というのは、とんでもない「神話」にすぎない。〈近代〉国家は、女の子宮という再生産資源の管理に、つねに強い関心を払いつづけてきた。それだからこそ「子宮を女の手に取り返そう」という「再生産の自由 reproductive freedom」の要求は、女性解放闘争の核心にあったし、かつこの要求は父権的なシステムのもっとも激しい怒りを招いたのである。(5)

11・3　家族解体――危機の言説

日本では、ヨーロッパ諸国ですでに起きているような「家族の解体」は、まだ十分に深刻化しているとは言えない。日本人の婚姻率はまだまだ高く、結婚好きな国民性は変わっていない。四〇歳代までに国民の九五％以上が一度は結婚の経験を持つような社会は、国民の一〇％から二〇％が生涯非婚にとどまる西欧のような国と比べると、やはり異例である。離婚率も上昇傾向にあるとはいえ、アメリカや北欧なみには達していない。出生児数の平均はついに二人台を割って、八九年に一・五七人となったが、「子供を産み終えた夫婦では……平均二・二人」「子供を一人も産まないとか、一人しか産まない夫婦は少」ない［総理府 1985：119］。出生率は八三年で一二・七、イギリス（一九七九）の一三・一、フランス（一九七九）の一四・一の水準に近いが、高齢化の開始が西欧諸国より遅いから、人口はまだわずかとは言え増加傾向にある［矢野 1981］。単独世帯は一九八〇年の国勢調査で一九・九％、欧米の二〇％水準に達しているが、これも非婚シングルではなく、未婚シングルと老人単身世帯、とくに後者の増加が主な理由である。

このように要因をあげていけば、欧米諸国をおそっている〈近代〉家族ユニットの構造的な解体という現象は、少なくとも表層では、まだまだ現実化していないように見える。外側から見るかぎり、日本という社会は、集団主義にもとづく日本型経営がそうであったように、「家族」という制度のメンテナンスにおいても、信じられないくらいよくできたwell-organized社会である。

だとすれば、八〇年代の日本をおおう「家族の解体」を憂う声は、ただ危機の先取りなのだろうか？「アメリカを見てみろ」「ドイツはどうだ」と、危機の先進事例を持ち出すことで「悪いお手本」としてそれを回避させようとする脅迫のディスコースにすぎないのだろうか？

「家族の解体」を嘆く声は、日本では六〇年代からすでに始まっている。その基調は実のところ一貫して変わっていない。日本社会での「家族の危機」とは、家族ユニットが文字どおり解体してシングルに還元されるという、ドラスティックな構造面の変化よりは、家族ユニットは家族ユニットとして維持されてはいるものの、うまく機能しない、という機能面の障害を指しているように見える。もちろんこの危機のディスコースには『家庭内離婚』［林 1985］や『妻たちの思秋期』［斎藤 1984］、のような、マトモな見かけを持つ家庭生活を送っている人々が陥っている深刻な病理を指摘するという、社会批評に近いものもある。だが家庭内離婚にもかかわらず日本の夫婦は婚姻関係を解消しようとしないし、主婦症候群にもかかわらず大多数の女性は主婦をおりようとしない。大半の日本の男や女は、家族ユニットを解体するコストの方が、維持するコストより高くつくことを知っている。もちろん彼らは自分たちが「家庭内離婚」や「主婦症候群」から遠くない現実を生きていることはよく承知しているが(さもなければあの種の本がどうしてあれだけの共感を呼ぶだろう?)、不幸にして病理的なケースに至った少数の例外を除いて、大多数の男や女は、神経症にも陥らずにこの状況を何とかやりくりすることができている。そう考えれば、ルポ・ライターが描く病理的なケースは、たんにこの状況に適応しそびれた不器用な人々の悲劇にすぎなくなる。

夫婦と子どもから成り、しかもその中で「性別役割分担」が行なわれているこの〈近代〉家族の自明性を、問題視した思想はフェミニズム以外にない。「家族の危機」を唱える声は、フェミニズムとはべつな方面から、むしろフェミニズム批判として、やってくる。それはこの〈近代〉家族が、期待されたとおりには機能しないこと——具体的には、女が再生産労働を担おうとしないことへの、攻撃としてあらわれる。それはまず第一に、この家族ユニットが核家族ユニットになることによって老親介護という責任が果たせなくなったこと、第二に、この核家族ユニットの中で他に代替者のいない母親が就労しはじめたことによって、育児の質が低下したこと、の二点に向けられている。

かんたんに言えば、「核家族の働く母親」が攻撃のターゲットにされたのである。家族の再生産機能の機能低下は、彼女たちに責任があると見なされた。もちろん家族の再生産機能については、ひとり女性のみが一〇〇%の責任者であったわけだから、この機能低下に男性の責任が問われるべくもなかった。

「家族の危機」の言説が、六〇年代にさかのぼることは示唆的である。前章でも述べたとおり、六〇年代は、(1)都市核家族の大衆的な成立と、(2)主婦の労働者化が同時に始まった時期だからである。「核家族の働く母親」がようやく一般化しはじめた時に、まさにそれは攻撃の対象となったのだ。

この「家族の危機」への処方箋は二つある。一つは「核家族化」が悪いとする大家族回帰志向、二つめは主婦の就労を悪とする「女よ、家庭に帰れ」キャンペーンである。日本の「家族の解体」説は、実のところ六〇年代から一貫して核家族批判を行なってきている。「危機」の言説は、まだ核家族ユニットがバラバラになって個人にまで解体されるほどの危機にまでは届いていない。

核家族は、それ自体で悪であるわけではない。早くから核家族化が始まった欧米諸国の例を見るまでもなく、日本の核家族が機能障害をひきおこしているのは、核家族化そのもののせいでなく、それを取り巻く社会環境が核家族時代にふさわしく成熟していないことによる。女性の就労に対する批判的圧力の方は、家族の内外の経済的要請によって、あっというまに吹きとんでしまった。今日では、就学前の幼児をかかえた女性の間でも、就労を継続する女性はふえている。「働く女性」を非難できないとなれば、「核家族は諸悪の根源」説が、かんたんに導かれる。

今や、この「核家族の働く母親」を救済する究極の解決策は、伝統的な三世代同居への回帰にこそあると考える人々がふえている。三世代同居をしさえすれば、育児期の女性は後顧のうれいなく働きつづけることができるし、それどころか一家に主婦が二人いる葛藤を避けるには、働きに出た方がよい。他方将来の老親介護の心配もない。「三世代同居」は「家族の危機」の特効薬と信じられている。いずれにしても、この「解決策」の中で、二つの再生産労働、育児労働と老親介護労働とは、祖母という名の女と母という名の女の間の世代間交換として、ただ家族の女性メンバーの間でだけ、やりとりされている。大家族回帰派が、その万能解決策の中で示しているのは、再生産労働を女の肩にだけ背負わせるという、断固たる決意である。

しかも世代の異なる女の間での育児労働と老人介護労働との間のトレードは、老人介護がまだ家族が担うべき「再生産労働」の項目の中に入っている特殊日本的な状況によっていることに注意を喚起しておきたい。核家族化は、定義上、親世帯と子世帯の分離を意味する。分離した親世帯のメンテナンスの責任は、通常親世帯にだけあって、子世帯にはない。老親介護という再生産(の終点にある)労働は、核家族化によって、まっ先に家族領域から公的な社会領域へと移転された労働だった。欧米諸国では、「親世帯の維持は子世帯の責任」という日本的な「常識」は通用しない。「三世代同居」の処方箋の固有に日本的な性格とその陥穽については、強調してもしすぎることはない。危機の言説に見る「家族防衛」論は、再生産労働を家族から外化する気は少しもないという、資本制と家父長制との統一見解の表明である。

イタリアのマルクス主義フェミニスト、マリアローザ・ダラ・コスタは、女性の結婚回避や出産抑制を、「(再生産)労働の拒否」ととらえる点でユニークである。

女は労働力再生産を拒否し、量的にも出産数を減らし、質的にも労働力再生産労働の質を落としてきている。それも我々の考えでは「要になる仕事」とみられている「性的な」「愛情による」再生産労働の領域から、この質の低下が開始されているのだ。

[ダラ・コスタ 1986：9]

もちろん一人ひとりの女性は出生児数を、さまざまな外的な条件の制約から余儀なく決定している。自由意思と見えても、実際は環境条件が決定因になっていることが多い。今日、子どもの数が経済力の函数であることは誰でも知っている事実であり、女性たちは

「産まない」のではなく「産めない」のである。

しかし、少産化が女性の就労の拡大とともに始まったのもまた、事実である。「産業化」という生産と再生産のトレード・オフに対して、「仕事か家庭か」のディレンマに立たされた女性たちが出した回答が、少産化という選択肢だった。女性は働きつづけるために子どもを産まないか、もしくはポスト育児期を早期化するために出生児数を抑制する。そうしなければ就労が再開できないからである。もちろん一人ひとりの女性は、就労再開を早めるために「子どもは二人まで」でとどめておく、と意識してやっているわけではない。実際は「子どもは二人まで」でとどめておくから、結果としてポスト育児期が早まる、のが実相であろう。だが、生産と再生産とを非両立にした家父長制的資本制への、これが女性の側からの回答だった。男たちは女が結婚をいやがり、子どもを産まなくなったと嘆くが、生産と再生産の両立をむずかしくし、かつ再生産者である女性に何のサポートも与えなかった社会への、当然のツケが返ってきただけのことである。

ダラ・コスタはさらに、この生産と再生産との間の強いられたトレード・オフのもとでは、女の就労もまた「再生産労働の拒否」のあり方の一つなのだと指摘する。

家庭外労働を「選択」するということは、それ自体で家事労働の拒否が進行していることを示している。

> 家庭外労働というものは、労働時間も定まらない、際限なくおそいかかる家事労働からの防衛手段としてある……。［ダラ・コスタ 1986：11-12］

彼女の指摘は、乳幼児をかかえた女性が「職場にいる時がいちばんの息抜き。これがあるから育児にもはりきってとり組める」と漏らす実感と符合するが、もちろん本人は、育児労働から逃れるのが目的で就労しているわけではない。ダラ・コスタの表現は、多くの人々には詭弁と聞こえるかもしれないが、女性がしばしば「強いられた」と感じている選択を、主体的な選択に置きかえる逆転の戦略として、エポックメーキングだった。女性の「選択」は受動的なものにせよ能動的なものにせよ、社会システムの函数であることをまぬがれない。女性が生産労働と再生産労働のトレード・オフの現実に対して示した反応を、ダラ・コスタは正確に言い当てている。

欧米諸国に見られる婚姻率の低下や離婚率の上昇、出生率の低下などは、たしかに女にだけ割当てられた再生産労働をワリに合わないと感じて、それから女たちがおり始めている現象だと考えることができる。その再生産労働の「拒否」と「質の低下」が、家族の擁護を叫ぶ危機の言説の中核を成している。しかしこの女性の「部分再生産者化」(不完全な再生産者化、と言いかえてもよい)が、その裏面での女性の「(部分)生産者化」に対応しているとしたら、ここで起きているのは、資本制と家父長制の新たな発展段階に見合った生産と再生産の領域の再編成なのであり、家族は「解体」しつつあるのではなく、たんに〈近代〉家族からべつなものへと「再編」されつつあるにすぎない。

11・4 「中断―再就職」型のワナ

「働く母親の増加」という「再生産労働の質・量の低下」は、下部構造 infra-structure の要請がひきおこした変化だった。この「家族の危機」に対して七〇年代以降の日本の家父長制的資本制が示した家族の再編策は、前節で示した核家族批判と大家族回帰という時代錯誤な処方箋のほかには、女性の「(育児期)中断―再就職」型という新しいライフサイクル・パターンだった。

「仕事も子どもも」と要求する女性たちに対して、資本制と家父長制は、「ＯＫ、どちらもお持ちなさい、ただしそれをライフステージ上の各段階にうまく配分しなさい」とすすめたのだ。子どもが母親を必要とする時は心おきなく十分に子どもの側にいてやり、子どもが手を離れたら職場に戻っていらっしゃい――それが母性と個性の両方の満足を要求する女性にとって、理想的な調和した生き方だと提案したのである。事実、この中断―再就職型のライフサイクル・パターンは広く女性の間に受け容れられ、あっという間にマジョリティを占めるようになった。まだ社会に出ていない女子学生たちさえ、これが理想の生き方だとすすんでこのパターンの中にはまっていくようになった。

もちろんこの「中断―再就職」後の「主婦＝労働者」の生き方が、誰にとってつごうがよいようにいかはすでに明らかである。中断―再就職の女の暮らしは、女本人につごうがよいように見えるけれども、その実、資本制と家父長制の双方にとってつごうがよい。資本制にとっては第一に結婚までの女性を回転の早い労働力として使い捨てるために、第二に中断―再就職後の主婦労働力を低賃金の非熟練労働力として買いたたくために。家父長制にとっては、第一に育児期に育児専従の妻を無償で確保でき、第二にポスト育児期に家事負担を負わないままに妻の家計補助収入の成果を享受できるという利益のために。中断―再就職型の女性の生活の苦い現実が、ごまかしようもなくあらわになっているというのに、女性たちのマジョリティは、いまでもすすんでこの生活に入る。というのも、この生活が女につごうがよい――もっと具体的に言えば育児につごうがよいからである。

女性の中断―再就労と主婦労働者化は、もともと育児期中断にその原因を持っている。女たちは将来の労働市場での不利を、すすんで引き受けるわけではない。だからこそ、育児休職制度や再雇用制度の普及には、いつもあつい期待が向けられる(6)。職場復帰の保証さえあれば、社会にとり残されるようなあせりや将来が見えない不安を抱かずに、育児期をもっとゆったり過ごせるのに、と多くの女性たちは感じている。職場復帰の保証があれば、女性たちは安心して休む。だが職場復帰の保証がなくても、女性たちは不安を抱きながらそれでもやっぱり休む。どちらにしても、育児期の女には育児専従になりたい、なるべきだというイデオロギー的圧力が働く。

　この暮らしは、ほんとうに「女につごうがよい」のか、疑ってみる必要がある。これは、家父長制下の女、家父長制の母性イデオロギー――「子どもは母が育てて当たりまえ」――の規範を内面化した女には、つごうがよい。女に一〇〇%の再生産労働を無償で背負わせようとしているのは、ほかならぬ家父長制そのものだからだ。だとしたら、育児期にすすんで育児専従の生活に入っていく女たちの暮らしは、女にとってではなく、家父長制(下の女)にとって、つごうがよいことになる。

　もちろん育児という行為をマクロな社会システムへの効果の面からだけとらえるこの種の議論は、ただちにミクロな当事者の論理――母の実感・子の経験――から反駁を受けるだろう。とりわけ、育児期に女が育児専従の生活に入るのは、女のつごうではなく、子どものつごうのためなのだ、と。女に、母としての献身と自己犠牲を要求するこの母性イデオロギーは、女は子どものために、自分のつごうより子どものつごうを優先するという崇高な動機から、育児専従の生活を送るのだと人々に信じさせる。この論理からは「働く母親」は子どものつごうより自分のつごうを優先した利己的な母親だ、ということになるのは自然である。

この献身のイデオロギーはいろいろな粉飾をほどこされていて、たとえば母は自己犠牲の代わりに金で買えない崇高な価値、たとえば生命《いのち》とのふれあいを得ることができる、という言説がある。この「崇高な価値」を、家父長制はいっこうに男性にはすすめないのだから、このイデオロギーの虚偽性は明らかだが、とはいえ、イデオロギーの正当化のための言説はいくらでもくり出される。まことに理屈と膏薬はどこにでもくっつく、のである。

ともあれ、女は「子どものつごう」で育児退職する。ところで、いったい誰が「子どものつごう」を判定するのだろうか？　子ども本人には不可能である。ありとあらゆる育児イデオロギーは、「結局それが子ども自身のためなのです」という決まり文句をオチにしている。時代と文化をつうじての育児法の多様さを見たら、一体何が「子どものため」なのか、読者は混乱の極みに投げこまれる。たとえば有名な規則授乳法(オッパイは決まった時間に決まった量を)と自律授乳法(オッパイは欲しがる時に欲しがるだけ)の対立を見てみよう。アメリカの育児書は長い間規則授乳法に従ってきた。「赤ん坊が空腹で泣き叫んでも、決まった時間が来るまでオッパイをやってはいけません」——結局それが子ども自身のためなのです、と育児書は母親を説得する。他方、日本の伝統的な授乳法は、子どもを泣かせつづけないこと、子どもの要求にはただちに応じてやることだった。アメリカの育児法も、『スポック博士の育児書』[Spock 1946]を転機にして、規則授乳法から自律授乳法へ変わる。しかし子どもの「主体性」を重んじるはずの自律授乳法も、つねに「だから我慢を知らない、依存心の強い人間に育ち上がるのです」という脅迫のディスコースにさらされている。

授乳のしかたや排便のしつけ toilet training が一生の人格 personality を決定すると大まじめに考えた人々が一九三〇年代のアメリカにいた。「文化とパーソナリティ culture and personality」学派と呼ばれたその人々(7)は、世界各地に散って赤ん坊の授乳と排便のしかたを研究したが、今となっては彼らの業績は、牽強附会なおはなし以上のものではない。人間がオトナになるまでの間には、授乳や排便以外にもっと多様な変数が働いているから、乳児期の生理活動をとりあげて、それが将来の人格を決定するというのは、よほどナイーヴな決定論者以外には言えない。

この決定論は、エディプス期までに生涯が決定されるとする通俗フロイト学説に根拠をおいている。「とり返しのつかない一回性の乳幼児期体験」という科学的心理学の装いを持った脅迫のディスコースは、女たちを育児専従の生活へと追い立てる。

あらゆる育児科学は、したがって科学の装いを持ったイデオロギーである。「子供の発達」をテーマにしたどんな学問的な研究もこのイデオロギー性から自由ではない。[8] まったく対立した育児法や育児観が、「子どものため」という観点からともに正当化される。そしてそれは論者の立場によってバイアスがかかっている。母による専従育児がいいと思う論者はデータからそういう結論を導き出すし、逆に共同保育がよいと考える論者は、それを立証するようなデータを集める。育児法の多様性は、結局どんな状況のもとでも子どもは育っているという単純な事実を除いては、「正しい育児法」についてのどんな解答にも私たちを導かない。それどころか、この種の研究は、読めば読むほど読者を混乱におとしいれるばかりである。

　だとすれば、私たちは「何が正しいか」ではなく、「何が正しいとその人が考えたがっているか」を考えるほかない。そう考えれば、「三歳までは母の手で」の今日的な育児観のイデオロギー性は明らかである。この育児観を支持する人々は、子どもが三歳までは母親が育児専従すべきであり、したがって育児期の女は職場を離れるべきである、と考えたがっている人々である。このイデオロギーを内面化した男は子持ちの女を労働市場から追い出すのに手を貸すし、同じイデオロギーを内面化した女はすすんで労働市場から去る。結果は、育児による女性の就労の中断—再就職である。

　現在流通している母性イデオロギーが、母の育児専従期間を「三歳まで」にディスカウントしているのも何やら不気味である。この育児専従期間は「六歳まで」や「一二歳まで」には及ばないし、反対に「生後一年間まで」にも短縮しない。「成人まで」の育児専従は長すぎるし、「一歳まで」なら短かすぎる。誰にとってか？　この期間の長さは、女や子どもが自分で決めたわけではない。しかも適正な期間の長さは、時代につれてどんどん変わる。社会は、もっとはっきり言えば市場は、子どもが成人するまで女に家庭にいられては困るし、逆に一年の休業でただちに復職されても困るのだ。

「三歳までは母の手で」という八〇年代の育児イデオロギーは、女性をいったん労働市場から放逐する役割を果たす。中断―再就職ののち、女性は「仕事も家庭も」のぞむものの両方を手に入れるが、これが二重の自己実現 dual role どころか二重の負担 dual burden にほかならなかったことは、この暮らしが現実化してからほどなく誰の眼にも明らかになった。

11・5　再生産と分配不公平

ベッティナ・バーチは、「仕事も子どもも」かかえた女性の負担を、二重負担どころか三重負担 triple burden――賃労働・家事・育児――と呼ぶ[Berch 1982]。その結果、女性

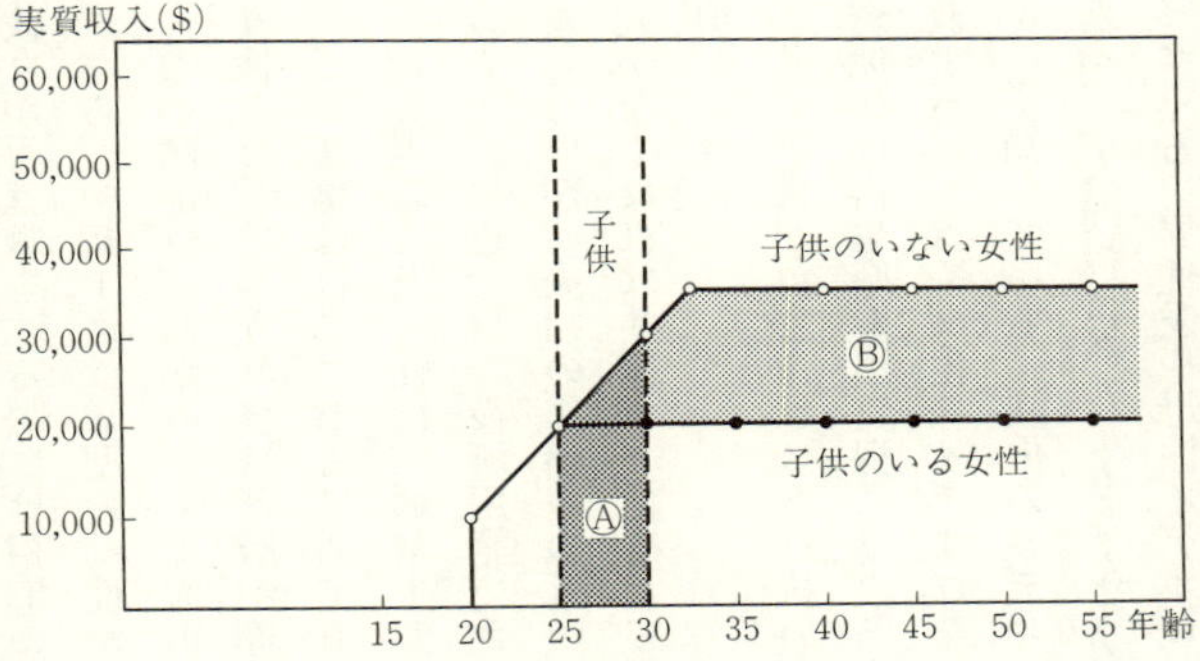

図8　年齢と収入の相関[Berch 1982：113]

はあからさまな経済的弱者に転落する。アメリカの女性学研究は、女性の抑圧を経済の用語で、もっと露骨に言うとカネで定義する傾向があるが、バーチによれば女性に対するこの「分配不公正 distribution injustice」のメカニズムはこうである〔図8〕[Berch 1982：113]。

育児退職をした女性は、たんに収入が0《ゼロ》になるだけではない。もし就労をつづけていればありうべき逸失利益 lost income（図8のⒶの部分）の分も失う。事実上彼女は、ありうべき収入を失い、その上に不払いの再生産労働を担っていることになる。しかし彼女が失うのはそれだけではない。中断後、再就職を果たしても、中高年・非熟練の主婦労働力の賃金はアメリカでも低い。ところが育児期中断をしなかった彼女のもと同僚の女たちは、彼女が育児期中断中も着実にキャリアを積んで、彼女が再就職をする頃には相応のポストとインカムとを手に入れている。生涯給で比較したなら、中断―再就職型の女性が失う逸失利益は、Ⓐ＋Ⓑの合計になる。[9]

この議論は、わかりやすく説得力がある。つまり中断―再就職型の女性と就労継続型の女性とは、はっきり経済階層が違ってくるのだ。

この議論は日本にあてはめてもよくわかる。

育児退職した女性は、通常生涯でもっとも貧困な暮らしに落ちこむ。夫のシングルインカム――最近では、役所用語でさえこれを「片稼ぎ」と言うようだ――で暮らさなければならないが、夫婦の年齢差の近い友だち夫婦では、若い夫の給与水準は高くない。妻の収入がなくなれば共稼ぎで維持していた家計規模を縮小せざるをえない上に、育児費用の負担がかさむ。[10]

若い世代が再生産コストを払いたがらなくなるのも無理はない。母性イデオロギーは、育児には再生産費用負担にひきあう、いやそれ以上の無形の報酬があることを説得するけれども、もはや文化のイデオロギー装置のトリックにはひっかからないほど、彼らは現実をよく知っている。文化のイデオロギー装置が効かなくなってはじめて、再生産という行為が、「人間の自然」でもなんでもなく、文化のたくらみの結果だったということがわかってくる。異性愛や母性イデオロギーなどの文化の装置が、あの手この手で人々を再生産へと強制するからこそ、人々は再生産を行なってきたのである。

事実ヨーロッパの若者たちは、再生産費用負担を見返りにひきあわないコストと考えて、これを支払うのを忌避しはじめた。出産も育児もコストならそれの前提になる結婚もまたコストである。婚姻率の低下や出生率の減少はその結果である。日本も遠からず同じ道をたどらないと言えるだろうか？　日本では母性と家族主義のイデオロギーが、あらゆる経済原則にうちかって再生産を維持しつづけると、いったい誰が保証できるだろう？　ダラ・コスタ流に言えば、これは再生産を私的領域に遺棄した資本制が、必然的に支払わなければならないツケである。

さらに再就職後の女性は、育児期に就労を中断しなかった女性たちとの間だけでなく、その時期に就労中断を考える必要もなかった男性たちとの間でも、大きな分配格差を経験する。夫が年収一千万を超える会社員、妻が年収百万円のパート労働者という組み合わせでは、明らかに両者の間に経済階層格差(つまり、身分ちがい)がある。夫婦がもし超個人的な単位(夫婦は一心同体)であれば、この分配格差は、夫婦の間の愛他的な altruistic な再分配によって調整される。しかしそれも夫婦がうまくいっている間だけ、のことだ。しかも大かたの妻は、自分が夫の意に沿っている間だけ、「夫婦の間がうまくいく」ことを知っている。夫婦の間がうまくいかなくなった時、夫という個人と妻という個人との間に潜在的にあったこの分配格差(身分格差)は顕在化する。

アメリカのデータによれば、離婚を契機にして女性の生活水準は一様に下がっているのに対し、男性の生活水準は上昇していることが知られている。離婚したもと妻が、多くは子どもを引き取ってシングル・マザーになり、その上労働市場の女性差別に直面して貧しい生活を強いられるのに対し、もと夫の方は、妻子を養う家計責任から逃れて、端的に可処分所得が大幅に上昇するからだ。(11) 離婚の損益計算を、経済変数でだけ測るというこの流儀はいかにもアメリカ的だが、離婚前後で男と女の経済階層格差が大きく開くという事実は、男女の間のあからさまな分配格差を示している。

離婚で男が失うものを、経済外変数で見るとどうなるか。男が失うのは自分の家族すなわち自分に属する妻と子、および夫=父としての自分のアイデンティティである。家父長制のイデオロギーは、女に妻=母であることを強いると同様に、男に家長であり、夫=父であることを強いる。その代わり、彼らに家長男性としてのアイデンティティを供給するが、家族から弾き出された離婚男性は、自分のアイデンティティの根拠を失ってパニックに陥るだろうか。しかしもし彼らが、家父長制の供給するこの男性性のアイデンティティに、価値をおかないとすればどうなるのだろう。それは「家父長制の終焉」なのだろうか?

アメリカの女性運動が目標にしていることの一つに、シングル・マザーが安心して子どもを育てられる社会環境への要求がある。彼女たちは、いっこうに再生産負担をシェアしようとせず、それどころか離婚という形で最終的にこの責任を投げ出した男たちに業をにやして、男なしでやっていこうと決めたのだ。男による再生産の放棄と女によるその独占——この構図の中には、男と女の間の根ぶかい敵対がある。性という階級対立の根元には、性の果実である子どもの帰属をめぐる闘いがある。女たちは、男が再生産責任をとろうとしないから、今度はそれを独り占めしようとする。この戦略は、男性敵視の戦略である。だが、この戦略は、彼女たちが意図したとおり男性に対するペナルティとして働くだろうか。そして父権の影響から無垢な、母子家庭で育つ息子たちを大量に生み出すことで、ねらいどおり「家父長制の終焉」をもたらすことができるだろうか？

私はこれに対しても疑惑を持っている。全体社会が男性優位にできている限り、また再生産労働を無償で担うのが女性でありつづける限り、このシングル・マザーによる再生産もまた、家父長制的な社会に奉仕する(多くの戦争未亡人たちが艱難辛苦のあげくに、りっぱに男権的な息子たちを育て上げた事実を見よ)。家父長制の最広義の定義が「社会の男性成員による社会の女性成員の構造的な搾取と支配」だとしたら、一夫一婦婚の家族とは、システムの中でただこの男性成員と女性成員がミニマムになった極限ケースにすぎない。女性は離婚してシングル・マザーになることで、一人の男性による支配から逃れて、代わりに層としての男性によるより徹底した支配のもとに入る。夫がいれば女性は再生産費用分担のうち貨幣費用ではなく現物費用(すなわち労働力)だけを支払えばよかったが、離婚すれば彼女は現物費用ばかりか貨幣費用もともに負担しなければならないからである。大かたの女性にはこれは無理だから、アメリカでも日本でも、彼女たちは貧困層のボーダーライン以下に転落する。

「家族の危機」とその再編の動きは、このように再生産費用の配分をめぐって行なわれている。家父長制下の家族は、再生産をひとり女のみに配当するシステムだった。生産と再生産の市場と家族の間でのバランスシートが揺れ動いている時に、古典的な〈近代〉家父長制だけが延命することはできない。「家族の危機」は女の要求というかたちをとったけれども、じつは資本制と家父長制とが生産労働と再生産労働の分配をめぐってもう一度取り引きをやり直す「家族の再編」のあらわれだった。

(1) ロストウ以後の近代化論も、おおむねこの人口学モデルに依拠している。たとえば近代化の社会意識を類型化して、「伝統志向型」「内部志向型」「他者志向型」という概念を作り上げたことで有名なリースマンの大衆社会論『孤独な群衆』[Riesman 1950=1955]も、基本的にはデモグラフィ要因で近代化の発展段階を区分したものである。

（2）たとえばトロブリアンド島民は、男と女が性交しなければ子どもはできないと説くマリノウスキーを一笑に付した。オーストラリア原住民の中には、先祖のトーテムが乗り移ると妊娠すると考える人々がいる。彼らの間では、性交と妊娠は結びついていない。

（3）フーコーは〈近代〉を、性に関する強迫的な言説が異常に増殖した時代だと見る[Foucault 1976＝1986]。

（4）人々の純生産率が一・〇のレベルにとどまるなら、例えばとつぜんの気候変動などで集団は壊滅的な打撃を受けるかもしれない。飢饉に際して絶滅の危機に瀕した種族の事例はないわけではない。だが一般に、彼らは生態系をその人口支持力の限界まで搾取していないから、飢饉の時も生きのびることができる。事実アフリカの部族社会で、狩猟採集から農耕へ移行した人々の間では、飢饉の際農耕民の方が狩猟採集民より死ぬ率が高かった。彼らの一部は農地を捨ててもとの狩猟採集生活へ戻った。その方がサバイバルの可能性が高いからである。

（5）「中絶の権利」を主張するフェミニストは、とりわけ右翼と宗教家のはげしい非難と暴力にさらされている。今でも一部の国々では、中絶を行なったり主張したりすることは、生命がけなのである。「産む自由・産まない自由」の女性解放に対する含意については、上野[1986b]参照。

（6）一九八六年四月に施行された雇用機会均等法は、再雇用制度の推進をうたっている。だが育児休業制度も再雇用制度も、ともに現行の性別役割分担を前提し、それを補強する結果に終わる点で、批判を受けている。

(7) ルース・ベネディクトやマーガレット・ミードがこの学派に属している。日本でも五〇年代に影響力があった。

(8) アメリカの発達心理学者、ボウルビイによって提起された「母親剥奪 maternal deprivation」理論は、母性イデオロギーに貢献したことで大きな批判を受けた[Bowlby 1951]。ボウルビイの理論についての応酬をめぐる子どもの発達研究の持つイデオロギー性の指摘については、ラターの『母親剥奪理論の功罪』[Rutter 1972]に詳しい。母性観のイデオロギー性については、田間[1985]を参照。

(9) そのせいで現在若い女性の間では、中断—再就職型志望が減って二極分解を起こしている。一方は専業主婦志向、もう一方はキャリアウーマン志向である。働くなら働きつづけるか、やめるならそのまま専業主婦の暮らしがつづけられるような経済階層の男を選ぶか。いずれにせよ「二重負担」はワリにあわないと彼女たちは感じ始めている。

(10) 「中流」の暮らしになれた若い女性たちが、この明らかに経済的に逼迫した暮らしにすすんで入っていく——育児専従を強いる母性イデオロギーは、今でもそれほど強いのだろうか？——にあたって、彼らはこの困難を予期している。私の聞き取りによれば、この片稼ぎの時期を、彼女たちは退職までに貯えた預金でどうにかのりきっているらしい。彼女らは若い夫のシングルインカムでこの時期を暮らせるとは、最初から思っていないようだ。預金という、女性の「凝縮された労働 congealed labor」――子どもはまさにその産物なのである。

(11) 別れた妻に多額の慰謝料と養育費を払い、負担の重さにあえぐ夫と、別れた夫からの送金で優雅に暮らす妻、という組み合わせは、アメリカの神話にすぎない。妻に約束どおりのお金を支払いつづける夫は律儀で経済力のある一部の男性に限られる。大半の男性は、そもそも慰謝料など支払わないか、取り決めた養育費も、はじめのうちだけ送るが、やがて跡絶えがちになる。アメリカのシングル・マザーの大半は、別れた夫からの送金なしで暮らしている。

第十二章　家族の再編 II

12・1　移民労働者

この日本型「家族の再編」については、二つの留保をしておかなければならない。

第一に、夫の片稼ぎによる近代家父長制を維持するために、市場には主婦労働者化以外のもう一つの選択肢――移民労働者の導入がありえたということである。

ダラ・コスタは「再生産と移民」と題する論文の中でこう書いている。

労働者階級を質的にも量的にも補完し、適度に広範な、訓練のゆきとどいた階級として再編するために、移民を採用するという政策は、女の出産拒否、それによって想定される闘争の進展、そして階級内部の新しい関係の創造のすべてに対する、国家の回答だということになる。［ダラ・コスタ 1986：157–158．傍点原著者］(1)

ダラ・コスタによれば、女性の労働者化も「出産拒否」の闘いの一つの帰結なのであるから、移民労働者はたんに彼女の生んだ子どもたちとだけ、労働市場の中で競合しあうわけではない。事実、移民政策によって「ヨーロッパ資本は……女たち自身、彼女たちの闘い、彼女たちの労働が生み出す価値との対決を深めていくのである」[ダラ・コスタ 1986：157]。

移民政策には、「国内で代替のきかない特殊な技能を持った」外国人労働力の導入と、国内で代替はきくがもう誰もやりたがらなくなった底辺の非熟練労働力部門への外国人の導入との二つがある[二神 1986]。日本の労働市場は現在のところ、前者については条件付きで「開国」しているが、後者については厳しい「鎖国」状態である(2)。労働市場「開国」のうまみは、実のところ、この非熟練低賃金労働力 cheap labor を買い入れるところにある。ヨーロッパでも、移民労働力は主としてこの非熟練部門に補充されていった。一般に本国人より教育歴が低く、第二に言語に障壁のある外国人労働者にとっては、事実上自分の能力以下の非熟練労働部門に従事するほかなかった。

女性の労働者化もまた、主として熟練部門ではなく非熟練部門での労働力不足から要請されている。だとすれば、非熟練部門での女子(および若年)労働力と移民労働力とは、労働市場で直接に競合する。

日本の失業率は一九八六年で三％という世界的に見てまれな低水準を維持している。完全雇用をうたうケインズ政策でさえ目標失業率が五％以下だったのだから、日本の雇用状況は、完全以上の理想状態だと言える。だが、これにもし、潜在的に雇用機会を求める既婚女性を「失業者」としてカウントすれば、失業率はいっきょにハネ上がるだろう。レーガノミックス下のアメリカの失業率は六％、しかもこの割合は、マイノリティや低学歴層にいちじるしく高い。女というもう一つのマイノリティ・グループは、他のマイノリティと、直接的な競合関係にある。したがってダラ・コスタが言うように「移民の採用は女の出産拒否に対する国家の側からの反撃なのである」［ダラ・コスタ 1986：159］。

女の職場進出が男の就労機会を奪う、という俗説についても、ここで反論しておこう。同じロジックは、移民労働者が本国人労働者の失業率を高めるというようにも使われ、ドイツでは移民排撃の論理的根拠を提供した。だが、女と移民に対するこの「攻撃」は事実無根の言われなき排撃である。事実上、ドイツでは、トルコ人やギリシャ人のような移民労働者が参入していったのは、清掃業や肉体労働など、ドイツ人たちがもう就きたがらず低賃金でワリも悪い非熟練労働部門だった。ドイツ人の高い失業率は、高学歴・若年労働者に集中している。彼ら高学歴労働者たちは、移民労働者たちと非熟練部門で競合したりしない。移民はべつだんドイツ人がほんらい就くはずだった職業機会を奪ったわけではないのである。

それと同じように、主婦労働者は、かつて男性の家長労働者が就いていた職業に置き換わっていったわけではない。スーパーのレジ打ちやサーヴィス産業のパート労働者を、かつて男性労働者がやったことがあるだろうか。これらは技術革新の過程で新たに生み出され、かつ女性のために用意された、これまでにない就労機会――しかも男たちが決して就こうとしない――だった。

だから、女というマイノリティは、移民という他のマイノリティとだけ、競合する。女が男と、また移民が本国人と――マス・レベルでは、残念ながら――競合するわけではない。日本社会における大量の主婦労働者化現象は、ただ日本の労働市場を閉鎖系 closed system と見なした時にだけ成立した。しかし女性の労働者化の帰趨を占うには、国内労働市場だけを見ているわけにはいかない。日本の移民政策が非熟練労働部門の「鎖国」をいつまで続けられるか未知数の今日、「女性問題」はもはや国内問題としてだけでは、論じられないのである。

女子労働の問題は、移民労働の問題と直結している。だがここでもまた、女子労働の内部で新しい展開が起きるだろう。つまり、移民労働者との直接の競合によって非熟練労働部門から撤退していく女性と、移民労働者に非熟練の家事労働部門を代替させることによっていわば後顧のうれいなく熟練労働部門に入っていく女性たちとに、分解が起きる。労働の機会費用 opportunity cost から言えば、主婦労働のA売り渡し価格が、家事労働のB購入価格より高ければ、主婦は労働者化するし、逆にAがBより低ければ主婦は家庭にとどまる。ここでは、「主婦労働」と「家事労働」とのずれが決定的にものを言う。「主婦労働」とは「主婦がする労働」のことだが、必ずしも「家事労働」を意味しない。逆に「家事労働」は必ずしも主婦がする必要はない。つまりここでは、「家事労働」を当面たまたま担当している「主婦」という名の女の、労働力としての質の差がものを言う。高卒でスーパーの店員をやっている女性と大学院の数学科出でコンピュータのソフト開発をやっている女性とは、家事労働者としては等価だが、「主婦労働者」として市場に出た時には、労働力の価格に差がついてくる。そうなれば、移民労働力の導入の女子労働市場へのインパクトは、(1)非熟練部門から女性を追い出し、(2)熟練部門へ女性をプッシュする、という二とおりの効果を持つことになる。つまり、夫のシングルインカムで暮らし、伝統的な性別役割分担を守る中流の家庭と、男女平等な——ありていに言ってしまえば男も女も平等に家事労働負担から免れた——ダブルキャリア=ダブルインカムの上流家庭とに分解する。この「中流」と「上流」の差は、かつては夫の収入でのみ差がついていたのだが、今や夫なみの年収をかせぐ有能な妻の収入によっても差がつくのだから、いっきょに格差が拡大する[3]。つまり、もはやジェンダー要因よりは階級要因の方が変数としては決定因になるような、アジア型の階級構造があらわれる。そこでは階級によって家族のサブカルチャーもまた違ってくることになろう。「結婚したら(みんな)主婦」のイデオロギーの全域性は崩れる。家事労働サーヴィスを自分の賃金より安いコストで買うことのできる女たちは労働者化し、自分の労働賃金が家事労働購入価格と同等かそれ以下の女たちは家庭にとどまるだろう。それより経済階層の低い「働かざるをえない」女たちは、家事労働者なみの賃金で、自分じしんの家庭の家事労働負担をかかえたその上に賃労働にも従事するだろう。そうなれば、経済階層が夫婦のあり方のサブカルチャーを決定する。家事労働負担が男女ともにミニマムのダブルキャリア・カップル。夫は仕事・妻は家事型の伝統的性別役割分担型カップル。家事と賃労働の二重負担の抑圧を受ける主婦労働者。そうなれば伝統的〈近代家族〉だけが、家族の唯一のモデルではなくなる。[4]

しかし、いずれにしても、家事労働があらゆる労働の中でもっとも低く位置づけられている事実は変わらない。市場が家事労働の価格を最低限におさえる限り、女たちは家事労働をより劣悪な条件の下におかれた労働者に代行させて、自らの労働力を売りに市場へ出ていくことだろう。資本制が圧しつけたこの「経済原則」の前では、ジェンダーの文化規範も「家事は価値ある労働」という主婦イデオロギーのかけ声も、顔色を失う。

したがって、主婦労働者化の帰趨は、移民労働者の導入の有無とふかい関係にある。主婦労働者はある部分で移民労働者と競合関係に立ち、またべつな部分では補完関係に立つ。九〇年代に向けての日本の労働市場開国の動向を、わたしは主婦労働者の帰趨を占うメルクマールとして注目している。ダラ・コスタが言うように、それが資本制が女性に対して出す回答の一つだからである。

12・2 中断―再就職型の陰謀

日本型「家族の再編」についてのもう一つの留保は、これが中断―再就職型の主婦労働者化によって担われていることである。〈近代〉の完成期以降、どの先進工業諸国でも女性の労働力率は上昇している〔第十章図5参照〕。ことにそれは既婚女子の間でいちじるしい。〈近代〉が女子労働に対して及ぼした影響は、一時的に既婚女子労働力率を著しく下げたことである。数世紀にわたるタイムスパンをとれば、〈近代〉とは、工業化にともなって既婚女子労働力率が一時的に低下した歴史上の過渡期と考えられる。〈近代〉の終焉とともに、女子労働力率は既婚・未婚ともに、前工業社会なみに、いわば原状に復帰する。この（とくに既婚女子労働力率の）一時的な低下と回復というパターンは、工業化が早かった諸国ほど顕著で、工業化の比較的遅れた日本のような国ではそれほど明瞭でない。高度成長期まで日本の農業人口は三〇%台を維持していた。きわめて短期間の近代化とその完成のために、日本では、既婚女子労働力率が落ちこむ前に、前工業型の既婚女子労働が、脱工業型の既婚女子労働に移行してしまったのである。

〈近代〉を終焉しつつある先進工業諸国では、どこも同じように既婚女子労働力率が高まっている。だが、その内容には、日本と諸外国――欧米諸国と第三世界の諸国のいずれに比べても――との間に、一つの顕著なちがいがある。それは、日本以外の諸国の既婚女子労働者化が、出産・育児期にも就労を中断しないフルタイム型の就労によって担われているのに対し、日本の場合には、育児期中断・ポスト育児期再就労のパートタイム型就労がマジョリティとなって担われていることである。このちがいには注目してよい。

女性を戦力化することにもっとも積極的だったのは、中国やソ連など社会主義圏の国々である。これらの諸国では、女性の再生産労働負担をあたう限りミニマムにして生産労働者化するために、再生産の社会化を積極的にすすめた。その結果、中国やソ連の女子労働力率の年齢階級別構成は、出産・育児期が谷間になるM字型をとっていない。これらの国々では、女子労働力率のパターンは限りなく男子労働力率のパターンに近い。

アメリカのような「資本主義」国ではどうか？　レッセ・フェールの市場原理は、再生産の私事化にあるから、アメリカの資本家は、そして彼らの資本制的国家も、国民の出産・育児に関与しないのを原則としている。つまり、再生産に関して、国家は一切の介入もしない代わりに、何の援助もしない。アメリカの公共的な託児施設の不備と貧困さは、お話にならない。自助が原則の社会で、私事として妊娠し出産した市民たちは、国家に援助も求めないし、それに対して不満もこぼさない。それに比べれば、不備とはいえ公共的な託児サーヴィスがこれだけ普及した日本の社会は、アメリカの基準から見ればほとんど「社会主義国家」と言えるほどである。既婚女性の労働力化にともなって彼女たちは、公共セクターにではなく雇用主に対して、企業内託児施設を要求している。ここでも「資本主義」の論理は貫徹している。再生産費用負担は、既婚女子労働者を雇うことで利益をあげている当の企業が「受益者負担」すべきだという考えからである。

そのアメリカで近年もっとも急速に労働力化がすすんでいるのは、六歳未満の子どもを持つ女性の間であった。しかもフルタイム就労の増加は、パートタイム就労より急激だった[Masnick & Bane 1980]。その結果、アメリカの年齢階級別女子労働力率は、M字型を脱してしまった。出産・育児期にあるアメリカ女性は、公共的託児サーヴィスの不備にもかかわらず、ベビーシッターやデイ・マザーに高額の育児費用を支払って、なおかつフルタイムで労働市場に参入しつつある。

アジアやアフリカについても同様なことが言える。伝統的な拡大家族が公共的育児サーヴィスに代わって働く母親をサポートするという文化的な条件はあるものの、ここでも既婚女性は育児期中断をせずにフルタイムで就労をつづけている。上層では乳母やメイドを雇って女はフルタイムで働きに出られるし、下層は下層で女たちは子どもをかかえて働く。育児期専業は問題にもならない。ただ日本のような、国民総中流化を果たしたこの異様な社会だけが、既婚女性の大衆的な育児期専業化をもたらしている。

しかしこの育児期専業がそのまま一生つづくわけではないから、女たちは結局、中断―再就職型の暮らしに入る。この中断―再就職型の暮らしがどのくらい女にとってワリの合わない選択かは、既に前章までで詳論したからくり返さない。しかしこの中断―再就職型が、女のマジョリティになったことにこそ、日本の資本制と家父長制の間の陰謀がある。

日本の既婚女子労働力率の上昇は、この中断―再就職型の、主としてパートタイム労働者の増加によって支えられている。女性の賃金は、一九七八年の五六・二(男性一〇〇に対して)をピークとして逆転して減少傾向に転じ、八一年で五三・三に低下している。「国連婦人の一〇年」の間に、諸外国ではのきなみ男女賃金格差は縮まる傾向を見せたというのに、日本では逆に拡大しているのはなぜか？　もちろん女子パートタイマーの入職のためである。パートタイム就労の増加が、女子労働者全体の賃金水準を低める方向に働いた。

既婚女子労働力率の上昇を、べつな言葉で、兼業主婦化と呼ぶことができる。(5) 一九八三年に既婚女性のうち、専業主婦の比率は兼業主婦の比率と逆転して少数派に転落した。兼業主婦をさらにサブカテゴリーに分けて、第一種兼業主婦と第二種兼業とを区別することができる。専業と兼業が農家分類のアナロジーを暗示するように、第一種兼業主婦と第二種兼業主婦も農家のアナロジーから来ている。農家分類によれば、第一種兼業農家とは農業収入が主で農外収入が従の農家、第二種兼業は農業収入が従で農外収入が主の農家である。それにならって言えば、第一種兼業主婦は家事労働が主で賃労働が従の既婚女性、第二種兼業主婦とは賃労働が主で家事労働が従の既婚女性をさす。第一種兼業主婦はほぼ中断―再就職型のライフコースをとるパートタイム就労者に一致し、第二種兼業主婦は、育児期中断をしなかったフルタイム就労者に対応する。というのは、第二種兼業主婦は、職業役割に重きを置くからこそ育児期中断を選ばなかったのだし、勤続一〇年から一五年の現在、相応のポストと収入を享受しているからである。これに対して第一種兼業主婦は、主婦役割に最大のプライオリティを置くからこそ育児期専業の生活に入り、また母役割を優先したいからこそパートタイム就労を選ぶ。(6) しかも中断―再就職型の女性に開かれた就労機会は、しばしば彼女たちに十分な職業人としてのアイデンティティを与えるほどに責任のあるものではない。中断―再就職型の女性は、第一種兼業主婦のカテゴリーに入る。

農業の分野では、専業から兼業へ、さらに第一種兼業から第二種兼業への移行がなだれを打って起こった。今日、日本の農家の九〇%以上は第二種兼業農家である。同じことが主婦の場合にも言えるだろうか？

現在日本で進行しているのは、専業主婦の第一種兼業主婦化である。日本以外の国では、欧米でもアジア・アフリカでも、第二種兼業主婦化が進行している。これには、第一種兼業主婦化を経由した変化も、経由しない変化もある。

日本でも、発展段階説のように、第一種兼業主婦化の次のステップとして第二種兼業主婦化がすすむだろうか？　ことは定向進化説のようにそう単純にはいかない。日本の「主婦労働者化」は、第一種兼業主婦化として成立し、第一種兼業主婦化として安定している。そしてここに、日本の資本制が家父長制を破壊しつくす気がないという、固有の妥協の形態があらわになる。資本制が新たな段階に入る過程で、既婚女性を労働力化していくさまざまなオプションのうち、日本の資本制が中断―再就職型の主婦労働者化というオプションを選んだというこの固有性には注意しておいてよい［樋口 1985］(7)。

12・3　再生産のQC思想

資本制が再生産費用負担を支払う用意がない、という事実は、「家族の危機」の中でますます明らかにされているというのに、資本制にとってはたんにコストにしかならないはずの家父長制を維持する理由は何であろうか。ソコロフは、女性解放の打開策は、資本制と家父長制との間の弁証法 dialectics――そこには調停もあれば矛盾もある――にこそあると指摘したが、それなら資本制と家父長制が再調停の必要に迫られている「家族の再編」の時代こそ、女性解放にとって絶好の好機のはずである。欧米では、資本制はもはや家父長制の支持を必要としない「家父長制なき資本制 capitalism without patriarchy」[Van Allen 1984]の段階に入ったという説まである。もし資本制がもはや家父長制との妥協を必要としないくらいに一元化したのであれば、マルクス主義フェミニズムの分析は、その二元論的構成のゆえに、不要になる。つまりフェミニズムは再び解体して、マルクス主義に還元されてしまえばよいことになる。

だが市場の一元化が同時に市場の終わりであるように――資本制が「子どもの生産」まで市場化すれば話はべつである(8)――家父長制の領域がなくなるとは思えないし(なぜなら

それは「家族の終焉」を意味しているからだ)、したがってまたマルクス主義フェミニズムの分析枠組が当面無効になるとも思われない。

日本の資本制が、家父長制――別言すれば日本型の家族制度――に、第一種兼業主婦化といういわば中途半端なかたちで支持を与えたのは、私には再生産の品質管理(QC=Quality Control)思想のあらわれと見える。日本型家族制度の中では、女は妻であることをそれほど要求されない。女の、母としての献身self devotionが、この制度の中核である。核家族化と少産化の中で、女の母役割はかえって肥大する。女の再生産者化がかつてなかったほど極限までおし進められたのが、近代家父長制のしかけであった。

少産化の中で、女の育児負担はかつての子だくさんの時代より縮小しているように見えるが、実はその逆である。少産化圧力(「子どもは二人まで」)は、何より、子ども一人を一人前に仕立て上げる期間の長期化と、費用の莫大な上昇とから来ている。「子だくさん」の時代とは、逆に、子どもの社会化期間も社会化費用もきわめて安かった時代のことである。放っといても育つからこそ、人々は子どもをつぎつぎに産んだ。

〈近代〉化にともなって、子どもの第一次社会化(赤ん坊が言葉を覚えて人間らしい活動ができるようになるまでの〇―三歳の時期)の期間に比して、第二次社会化(子どもが一人前のオトナになるまで)の期間はかくだんに延長した。言いかえれば、養育に対して教育、の比重がかくだんに増加した。再生産労働とは、この第一次および第二次社会化の全期間にわたる労働のことであり、たんに養育行動のみを意味しない。ダラ・コスタの表現を借りれば、

技術革新の全般的進行が、女の負担の軽減を喚起しているというかなり広まった思いこみは論破されなければならない。肉体労働者の代わりに技術者を再生産するということは、女にとっては、彼らをプールや柔道、ダンス、語学のレッスンなどに連れていく時間がかかるということを意味する。とりわけ女たちは子供の訓練や練習の維持のため、たえず緊張を強いられ、それに費やすエネルギーは、子供を野に放って、母なる自然や、村の人々から学ばせるのにくらべて、はるかに大きいのである。［ダラ・コスタ 1986：27–28］

再生産には、労働の量だけでなく質も問われるようになった。何人子どもを産むかだけでなく、どんな子どもを育てるかがかんじんなのだ。中断—再就職型の第一種兼業主婦労働者を大量に生み出すことで、日本の資本制と家父長制とは、再生産される子どもの品質管理において、ほぼ理想的な調停を得たと言える。

日本の子どもたちは第一次社会化の過程で、育児に献身する依存的な母親との関係をつうじて、同じように依存的で従順な身体へと形成される。この子どもたちは第二次社会化

の段階で、家庭から学校へと引きわたされ、管理された教育をつうじて同じように画一的で従順な身体へとさらに加工されていく。

そうなれば、育児期中断―再就職の主婦労働者化と「三歳までは母の手で」の育児イデオロギーのみごとな共犯関係は明らかになる。母親は第一次社会化の時期はこれに専従しなければならず、だが第一次社会化の時期を超えてまでそうしてはならないのだ。養育を終えた子どもは教育の場へと引きわたさなければならない。伝統社会の中では第二次社会化は、家族や共同体の中で行なわれたが、今日第二次社会化機能を学校に委ねない親は、結果的に子どもを市場に不適合な製品に仕立て上げることでオチコボレにしてしまう。教育は費用のかかる再生産労働である。母親は、教育を自分の手で担う代わりに、自分の手から子どもを奪っていく教育サーヴィスを買うために、今度は生産労働者化しなければならない。子どもを労働市場に適合的な製品に最終的に仕立て上げる画一的で管理的な教育という商品を買うために、母親は積極的に働きに出る。中断―再就職型の主婦労働者にとっては、ポスト育児期には労働者であることこそが、「よき主婦」であるための条件なのである。

桜井哲夫氏は、学校を画一的で従順な身体を加工する工場に類比している[桜井 1984]。工場製品の品質管理(QC)という思想を生み出したのはアメリカだが、このQC思想をとり入れて本場のアメリカをあっという間に出し抜いたのは日本だった。日本型家族制度もまた、この再生産のQC思想のあらわれと見える。

アメリカの資本制は、何の再生産費用負担もしないまま、女たちを労働市場の激烈な競争の中に巻きこんでいった。あまつさえシングル・マザーの増加で、家父長制の再生産費用負担からさえ、女たちをむき出しにしていった(9)。この再生産のレッセ・フェールの生み出した結果は、QCの上ではあまりかんばしくない結果をもたらした。日本の子どもたちはアメリカの子どもたちよりよく仕込まれているし、画一主義と管理教育のおかげでセックスとドラッグがはびこる事態からも相対的に守られている。日本の子どもたちのQCは、日本というこの「よくまとまった社会 well-organized society」を作り出す上で、不可欠の働きをしている。

しかし、このレベルの高いQCを、社会化された再生産労働で達成するのは難しい。なるほどソ連や中国のような社会主義圏の国家では、第一次社会化の段階から託児サーヴィスの供給がある。だが、どんな保育専門家による共同育児も、再生産労働の密度と熱意において、個別の母親の育児に及ばない。ルソーは、近代的な教育書のバイブルと言われる『エミール』[Rousseau 1762＝1962–64]の中で、さまざまな教育上の示唆を与えたあと、しかしどんな専門家による教育も、その熱意と愛情において、実際の母親の教育に及びません、と説く。しろうとの母親の方が、どんな保育専門家よりも、すぐれた教育者なのだ。もし母親が与える程度の熱意と密度をもって育児を公共化するとすれば、そのコストはべらぼうに高くつくものになるだろう。育児の完全な社会化が——その公共化であれ市場化であれ——成り立たないのは、それがあまりにコストの高くつきすぎる選択だからである。

しかし、養育を女にまかせるという選択をした資本制は、教育までは女にまかせない。教育もまた大へんコストのかかる再生産労働である。だが資本制はおどろくべき企みをやってのけた。中断―再就職型の暮らしを女におしつけることで、養育を無償労働として女に担わせたあと、今度は教育の費用負担を同様に女に担わせるという「受益者負担」を実現したのである。市場に適合的な従順な身体が、当事者の負担において、水準の高いＱＣのもとにつぎつぎに再生産されてくるとなれば、資本制にとって家父長制と調停する帳尻は十分に合うだろう。家父長制の産物である母性イデオロギーが、少しも資本制と抵触せず、女と子どもをともに搾取される存在に自発的に仕立てていく再生産労働の組織化が、「家族の再編」の中で進行している。

12・4　日本資本制の選択

行きすぎた生産者化への見直しから、このところ労働時間短縮(時短)への動きが強まっている。男女労働者に再生産労働時間を確保せよという要求としても、時短の動きは女性解放の動きに沿っているように見える。その上、一九八六年の労働基準法の改正とそれにともなう変形労働時間制(フレックスタイム)の導入は、労働者に人間らしい暮らしを保証するかのように見える。

だが考えてみれば、女は、「母」の名において、パートタイム就労という自主時短を、中断―再就労という自主フレックスタイムを、とっくにやってきてしまっているのではなかろうか。しかも自分の不利益とひきかえに。女を自主時短、自主フレックスタイムに追いこんだのは、家父長制が圧しつけた女の再生産労働負担であり、この女の自主時短、自主フレックスタイムから利益を得るのは、女の生産労働を安く買いたたける資本制である。中断―再就職型の主婦労働者化のオプションを選択した日本の資本制は、家父長制との間の矛盾を激烈にする方向ではなく、それを回避する道を選んだように見える。

(1)　伊田久美子・伊藤公雄共訳になるマリアローザ・ダラ・コスタ『家事労働に賃金を』[1986]は、あとがきによれば「イタリアにおいて出版された書籍の翻訳というかたちをとって」おらず、日本語版のためにダラ・コスタ自身が選択・編集した「全く独自の……論集」となっている。この論集の中に「再生産と移民」が収録されていることは、労働市場「鎖国」状態にある日本人読者を想定した上で、著者および訳者に特定のねらいがあったことを暗示する。日本の近未来アセスメントとして、イタリアの事例は多くを学ばせてくれる。

(2)　現実には出入国管理法の網をくぐって、多くのアジア人労働者が観光ビザや就労ビザで入国し就労しており、一部の業種の中には彼らの存在なしには成り立たないところさえある。が、法改正を伴う労働「開国」の是非については、まだ結論が出ていない。

(3)　『週刊求人タイムス』九十六号(一九八六年二月六日号)「女性の時代を考える」特集で、かの長谷川三千子氏は、雇用機会均等法に対して、「経済階層の分解」を加速するという理由で反対している。けだし卓見と言うべきであろう。フェミニストもまた、均等法が女性労働者の分解を促進すると予見していたのだから。ただし解決の方向は、長谷川氏とまったく逆の方向で。長谷川氏の文を以下に引用しておこう。

「男女の役割分担がそれなりに機能している現在、なぜ男女の就職の機会と結果が均等でなければいけないのかということなんです。例えば、これまで国家の政策というのは、各家庭の所得を平均化するため(平等のため)いろいろ苦心してきた訳ですが、この法律はそれとは逆の方向を向いているんですね。というのも、男女がそれぞれ各自の能力に対して公平に扱われるということだけを追求していくと(大体同じ能力、レベルの男女が結婚するものでありますから)社会的な階層、断層が拡大され、極端な話、両極分解をもたらしてしまう。」(六頁)

(4) 現にアメリカのヤッピーのような新しいエリート階級の間では、配偶者同伴のパーティで、妻がどんなに美しく女らしいかと言うより、どれだけ高給取りかを自慢しあうという現象さえあらわれてきている。学歴の高い専門職の妻を持つことは、そういう女に値するほど自分が有能な男性であることを示すステイタス・シンボルなのである。

(5) 行政用語では主婦労働者を「有職主婦」とか「就労主婦」とか言うが、ここでは「専業主婦」に対比して「兼業主婦」という命名を採用する。

(6) パートタイム就労形態を選ぶ女性の最大の動機は子どもを鍵っ子にしたくない(子どもが「ただいま」と帰ってくる時間には家にいてやりたい)ということである。主婦の門限は、子どもの帰宅時間に一致する。

(7) 樋口恵子氏は、戦後強くなったのは女の人権ではなく妻の「座権」であると喝破している。中断—再就職は、「夫は仕事・妻は家庭」の性別役割分担に対して、「夫は仕事・妻は仕事も家庭も」の「新・性別役割分担」(これも樋口氏の命名である)をもたらした。主婦労働者化は、性別役割分担の新しい形態にすぎない、というのが樋口氏の見解である。

(8) SF的な世界では、「子どもの再生産」工場のイメージがくり返しあらわれる。しかしそれは、家族という制度を欠いた社会、社会と個人とが無媒介で向き合っているような社会だ。生命工学が可能にするヒトの再生産工場は、もしかしたらまったくの夢物語ではないかもしれないが、もし可能だとしても、おそろしくコストがかかることだろう。家族による再生産コストとハイテク再生産工場による再生産費用のどちらが高くつくか――もし同じ品質水準を維持するつもりならば――を判定するのはむずかしい。

(9)　その結果は、子どもの虐待 child abuse や子どもたちのドラッグ中毒 drug abuse である。アメリカのような社会で、子どもたちをセックスやドラッグから守るのは至難の業である。親たちは、子どもをドラッグから遠ざけるだけで相当のエネルギーを使う。

第十三章　結び——フェミニスト・オルターナティヴを求めて

13・1　国家・企業・家族——再編の時代

ヒト、モノ、カネ、そして情報のボーダーレス・エコノミーの時代に、一九九〇年代を目前にして「ベルリンの壁」が崩れた。それは「西側」の言うように「資本主義の勝利」だったのだろうか?

否、それは、資本制と暫定的に調和的だった資本制〈外部〉の諸変数、国家、人種、家族などとの調停を、再び資本制が迫られる変動の時代の幕明けと見える。

思えば〈経済〉の拡大にもかかわらず、いや〈経済〉の拡大にともなって、〈経済〉とそれをとりまく〈環境〉——自然環境だけとは限らない——との関係が、これほど再調整 restructuring を要請された時期もなかった。

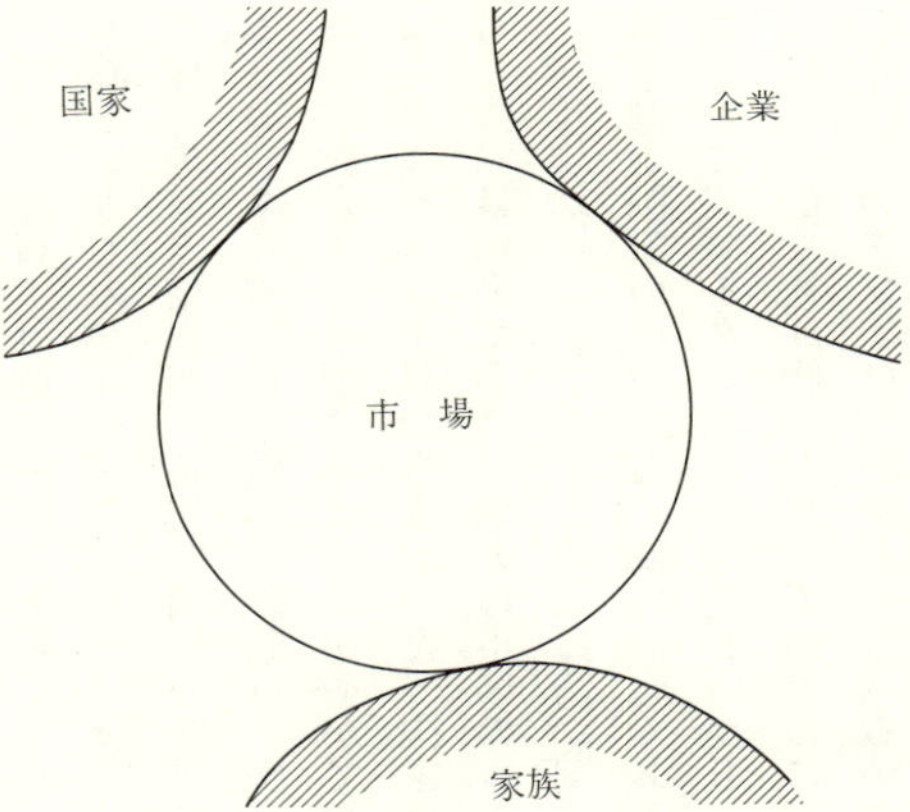

図 9

いま、市場に関与する行為者についての〈環境〉与件についてだけ、見てみよう。市場には三種類の行為者、国家、企業、家計が登場することは、経済学の初歩だが、実のところ、市場には、行為者として個人はついに登場しない。国家も企業も「法人格」として、あたかも個人individualのように、ふるまう。インディヴィデュアル――それ以上分割できない――単位として、国家や企業の内部は手つかずにおかれる。家計単位もまた一つの「人格」のようにふるまうことで、家族の内部は、それ以上立ち入れないブラックボックスのようなものになる。考えてみれば、市場とは、よく内実のわからない、国家、企業、家族という「闇」にとりかこまれたメカニカルで明るいゲームのフィールドであった、ということになる〔図9〕。資本制は、国家、企業、家族について、一体何を知っていたであろうか？

国家が非資本制的な変数であることを、マルクスは知っていた。だからマルクス主義国家論というものが存在する。それは資本制の理論には還元しつくされない。国民国家とは、市場が国家と結んだ一時的な調停の結果であり、超歴史的な概念ではない。国家を独占資本と等置する国家独占資本主義論は、国家を資本制のもとに完全に従属させる試みであったが、総資本の帝国主義的拡大がやがて個別資本を滅ぼすに至る全体主義の危機については、マルクスは予見できなかった。国家は総資本のように合理的には行動しない。なぜなら、国家は権力であり、権力は市場のルールには従わないからである。

「近代家族」が資本制と家族の歴史的な妥協の形態であるように、「近代国家」もまた、資本制と国家の歴史的な妥協の形態である。だが、マルクス主義国家論というものは存在するのに、マルクス主義家族論というものが存在しないとしたら、それはマルクスが、国家は人為的な構成物だと知っていたのに、家族は〈自然〉と見なしたことによる。家族を論じることのタブーは、国家よりもはるかにふかい。このタブーを打ち破って、家族という人為的な制度の中にある〈不自然〉を明らかにしたのがフェミニズムである。

ところで「企業」は、資本制的なものであろうか？「企業」は資本制的にふるまうが、企業の内部構造は、まったく資本制的にできていない。だから経済学と経営学とはまったくディシプリンがちがう。経済学は企業の行動を扱うが、経営学は、企業組織を扱う。マルクス主義は経営を労使の対立ととらえるから、労働運動論はあるが、マルクス主義経営論というものはない。その実、労働組合という組織が、企業組織のミニチュアになっていて、経営という観点からの組織論をまったく欠いているために、労働組合の組織の方が企業組織よりもつねに硬直化して立ちおくれているという皮肉な逆説が起きる。

だが、日米貿易戦争に見られるような日本企業の「市場の勝利」は、「日本型経営」という市場外要因が市場に与えた効果が一因ではなかったか？　市場の理論のもとで、組織はつねにブラックボックスにおかれる。ところが組織には、歴史や文化、慣習のような非市場的な要因が働く。家族が市場の中でエイジェントとして行動するからと言って家族の内部が少しも市場的にはできていないように、企業もまた資本制のもっとも強力なエイジェントでありながら、内部構造は少しも市場的ではない。経営学の隆盛や、近年のネットワーク組織論［金子 1986, 今井・金子 1988］への注目は、企業組織を流動化し再編成する必要に企業人が迫られていることを示している。それは、市場と企業との境界線の、引き直しでもある。

市場との関係が再調整を迫られているのは、したがって家族だけではない。国家も企業もまた、資本制との新しい調停の段階に入ろうとしている。そこでは、国籍や人種、性、年齢といった経済外変数が、また大きな意味を持ちはじめている。

フェミニズムはその中にジェンダーという変数を導入することで、諸システムの横断的で包括的な分析を試みる。「家父長制」という性支配の概念を持ちこむことで、家父長制的資本制のみならず、家父長制的国家や家父長制的企業組織についても、論じることができる。だが、性支配という分析視角には限界もまた、自ずと存在する。フェミニズムは、レイシズム(人種差別)やエイジズム(年齢差別)にまで射程が届くわけではない。フェミニズムが「あらゆる差別」からの解放の理論だというのは、越権行為である。フェミニズムは性支配については考えぬいたが、人種差別のメカニズムについて解けるわけではない。だからこそ、今フェミニズムに要請されているのは、ナショナリズム、レイシズム、エイジズムなど他のさまざまな差別についての理論とクロス・オーバーしながら、抑圧的なシステムについての多元的な理論を構築することである。マルクス主義フェミニズムという「市場と家族についての理論」をその二元論的構成のゆえに批判するよりは、むしろ、国家、人種等のファクターを組みこんだ、さらなる多元論をこそ目ざすべきなのである。経済の言語——しかもたかだか近代以降の市場経済の言語——ですべてを一元的に語りつくそうとするより、市場が市場外的な領域にいかに包囲され、かつ依存しているかを知る方がよい。それによってはじめて、市場と資本制に代わる〈経済〉のオルターナティヴを構想する手がかりをうることができるだろう。フェミニズムはそのアプローチの一つである。

13・2　経済学批判

経済学が「オイコスの学(オイコノミア)」からエコノミーに変容した時に、「経済」概念は、「生産」から「生活」を追い出した。「経済」の意味を、「生存 subsistence」全般へと拡張しようとするポランニ[Polanyi 1977＝1982]の試みは、市場ゲームのシミュレーションに近視眼的に熱中するメインストリームのエコノミストに無視されたままである。マルクスの経済学もまた、「経済学批判」として出発している。経済を扱えば、その倒錯を問うことで、経済学批判に行きつくほかない。

資本制社会は生活のために生産があるのではなく、生産のために生活があるという転倒化した社会であることを、まず確認してかかる必要がある。[渡辺 1987：143]

日本で戦後、「経済」概念の根本的なつくりかえを提唱したのは、主婦論争にも参加した大熊信行氏である。

いま、……近代家族の、せめて骨組みだけでも、改めて描いてみようとすれば、第一にそれは、生産の営みであるという基本事実が出てまいります。産むとか生まれるとかいうのは、もとより生命に関する用語ですから、生産という言葉は、（たとえばマルクスやエンゲルスがそうしたと同じように）いわば優先的に、この家族について使わなければならない言葉なのです。ところが今日、生産という用語は、経済学の偏頗な用例にわざわいされて、もうそれだけで物財の生産を意味し、物財の生産だけを意味するように変っており、それがそのまま、すべての人々の日常の用語例にまで、ひろまってしまいました。そして、そのような用語例にしたがうということは、実は今日の経済理論に特有のものの見方に、知らず識らずしたがうことになってしまいます。それは営利企業本位のものの見方に、また物財中心のものの見方に、自分自身の思考を託するということなのです。いま家族生活の本質をとらえようとするわたしたちは、まずこれまでの経済理論的なものの見方から、きれいさっぱり脱却しないことには、一歩もすすむことができません。［大熊 1956＝上野 1982a：114–115］

これほどはっきりした経済学批判を、戦後の経済学者は挑戦としてうけとめることなく、大熊氏の試みは孤立したまま受けつがれずに終わってしまった。大熊氏自身も、こうして胚胎した「経済学のつくりかえ」というアイディアを、かたちにしてみせずに逝った。前の引用にひきつづいて「ということは、家族およびその生活については、これまでの経済学とは別な、もう一つの独立の科学が、ここになければならないということを意味するのです」という大熊氏の予見を成就するには、それから三十年後、フェミニズムの登場まで待たなければならなかった。

フェミニズムの挑戦は、マルクス主義にだけ向けられているのではない。フェミニズムの挑戦は、生産優位の「経済」概念そのものと、それを疑わない「経済学」に向けられている。フェミニストの批判がとりあえずマルクス主義経済学へ向かうのは、マルクス主義経済学が、この「経済学批判」をフェミニズムと共有しているからこそである。フェミニストの容赦のないマルクス主義批判は、この「経済学批判」の不徹底——少なくとも家族という再生産領域を不問に付した——に向けられる。この事情は、自らの男性性を疑ってフェミニズムに接近してきた男性が、フェミニストの集会でもっとも仮借のない糾弾の対象となるというパラドックスと似ている。

七〇年代以降、アカデミズムのあらゆる社会科学がフェミニズムのインパクトのもとで自省を迫られている時に、経済学(ことに近代経済学)だけは無風地帯のように見える。たしかに女性エコノミストはふえたが彼らは男性と同じ計量分析ができるという力量を示すのに汲々とするか、さもなければ女子労働市場のような「ゲットー」を扱ってより精緻な理論モデルをつくろうとする。彼らの中には、経済学のディシプリンに対する根源的な疑いやチャレンジはない。それはたんに経済学がそれほど完成度の高い社会科学の聖域だからであろうか。私には、それはただ、経済学者の閉鎖的な科学主義と操作主義、そして知的な怠慢のせいと思える。

過去二〇年ばかりの間に、経済学批判の中からマルクス主義フェミニズムは、「家事労働」「不払い労働」「家父長制」「再生産」のような、今日では女の問題にとって欠かすことのできない分析概念を、次々に作りだしてきた。それはその限りで、一定の説明能力と十分な理論的貢献度とを持っていた。(1)

だが、マルクス主義フェミニストがマルクス主義の概念の改訂と拡張とに成功し、「性に盲目」だった領域に適用すればするほど、この概念装置に対する不満はつのる。それは言い換えればこういうことだ——「女のやっていること」を、「(家事)労働」や「(再)生産」のような概念で記述するとき、何が失われるだろうか?

これまでのところ、マルクス主義フェミニストがやってきたのは「女のやっていること」をマルクスの用語で語ることであった。ところでマルクス理論は、市場と経済の理論であった。マルクス理論の拡張適用は、「労働」や「生産」のような経済用語が、「女のやっていること」のただ中に入りこみ、それを記述するということである。

「女のやっていること」を「生産」の代わりに「再生産」と呼んでみても、社会を基本的に「生産・再生産する単位」と見るマルクス主義の生産優位の考え方は変わらない。むしろ、性と生殖を「再生産」と定義することで、それを近代功利主義的で合目的的な活動へと切り下げる点で、市民的な性規範と合致する。(2) また、「家事」を「労働」と定義することは――それが使用価値の生産であれ交換価値の生産であれ――この概念がフェミニスト意識の形成にもたらした大きな貢献を割り引いても、不可避的に「労働」という概念の持つありとあらゆる属性を分析の中に持ちこむ。それはちょうど、近代人が自分の活動を労働としか見られなくなった限界を、そのまま女の領域に拡張することになった。「家事労働」論が家事の持つ「エロス的性格」を取り扱うことができないという、小浜逸郎氏のようなよくある批判が出てくる根拠もここにある[小浜 1986](3)。

13・3　「労働」概念の再検討

「女のやっていること」を「労働」と「生産」の概念で記述したあと、私たちに残されているのは、「労働」という概念、「生産」という概念を根本から問い直すことを通じて、理論の「手袋を裏返す」ことである。それには、近年、マルクス主義者の間で論じられている「労働」概念の再検討が示唆に富む。

鷲田小彌太氏は「「人間の本質は非労働である」に関する予備的考察」[鷲田 1987]と題する挑発的なタイトルのエッセイの中で、「マルクス主義における「生産中心主義」的傾向を「労働中心主義」的傾向と正確に規定しなおすべきだ」[鷲田 1987:106]と提言しながら、《人間の本質は労働である》とするマルクス主義の公準命題を疑うことをすすめる。

勧告1。このテーゼを歴史貫通的意味で把握する通念を、いったんは捨てよ。勧告2。このテーゼを、なによりも近代ブルジョア(市民)社会に固有なイデア・ロゴスであると把握する見地に立て。勧告3。したがってこのテーゼを、労働者解放の原理にすえて、社会主義・共産主義を構想することに、大いなる限定を付与せよ。[鷲田 1987:103]

マルクス理論によれば、人間は「労働」によって定義される。「労働」という概念の側から見れば、子供は労働力として形成途上の「未・半人間」、老人は「不用人間」であることは、鷲田氏の指摘するとおりである。氏は言及していないが、これに女を付け加えれば、女が労働力としては二流の「劣等人間」であることは言わずもがなであろう。(4)

「労働」概念は、人間の活動を、「労働」と「非労働」とに分割する。非労働は、「労働の残余にして労働の準備」のための「余暇=リ・クリエーション(再創出)」[鷲田 1987:105]にすぎない。

「労働」概念の再検討が、マルクス主義者の間で検討課題に挙がってきたのは、もちろん増大する余暇時間を背景にした「余暇社会 leisure society」化のせいである。だが、鷲田氏の指摘を俟つまでもなく、ここで言う「余暇」とは、「労働」の残余であり補完物である「非労働」にすぎない。

マルクス主義における余暇社会論の先駆は、ポール・ラファルグの『怠ける権利』(1880)であろう。ラファルグはマルクスの女婿、次女ローラの夫である。「一八四八年の〈労働の権利〉に対する反論」という副題を持つこの論文が、マルクスの女婿によって一九世紀にすでに書かれたことを考えると、マルクス主義が、その当初から「労働」概念への問い直しを含んでいたことを示唆している。

ラファルグを紹介した短いエッセイの中で、井上俊氏は、「『怠ける権利』とは端的に言って『余暇の権利』にほかならない」と指摘し、ラファルグの理論は、先駆的な余暇理論として『現代でも通用する』とした上で、なお、こう付け加えている。

だが、そういうとらえ方は、もちろんまちがってはいないけれども、ある種のせまさをもつと思う。単にことばの挑戦的なひびきにひかれただけでなく、ラファルグは、「余暇」ということばでは十分にあらわしきれない意味あいを「怠け」ということばに託したのではなかったか。［井上 1973：144］

「ラファルグにとって「怠けること」は、「〈労働〉の長子である〈進歩〉の神」への反逆であり、……「自由」の主張であった」[井上 1973：144]と井上氏は主張する。ラファルグにとって問題なのは、「労働」を「非労働」によってのりこえたり救済したりすることでも、「労働」を主体的で自発的な「自由な労働」に変えることでも、「労働」から逃がれて「非労働」へと亡命することでもなく、「労働」と「非労働」のこの分割それ自体を問題にすることであった。だが、彼にとって偉大な岳父の思想——それは産業社会形成期の禁欲的な生産倫理を反映していた——への異議申し立ては、「怠け」という諧謔に富んだ挑発的な表現をとるほかなかった。そしてこのマルクス一族の蕩児の声は、マルクス主義の系譜の中ではかぼそく立ち消えてしまった。

13・4　「自由な労働」と「労働からの自由」

マルクスは〈労働〉の神聖視を、彼が生きた時代から受け継いでいる。それは、ブルジョアジーによる「労働」観の革命だった。それ以前、ユダヤ＝キリスト教的な伝統の中では、「労働 labour」という概念は、楽園追放の時に人類に負わされたつらい苦役、というネガティヴな含意を持っていた。だから〈労働〉とは、牛馬や奴隷のように劣った者にこそふさわしく、貴族にはふさわしくないと考えられてきた。貴族はスコラ(同時に「余暇」でも「学芸」でもある)にその時間を費すべきだったのである。

この労働の卑賤視をひっくりかえして、紳士貴顕にふさわしい行為として賛美するには、労働観の革命が必要である。ブルジョアジーはそれを達成した。だが、「資本のための労働」というフェティッシュな倒錯のもとに置かれた疎外労働を、価値あるものとして賞揚するというトリックつきで。したがって、マルクスの「労働」批判は、このトリックをあばくこと、つまり「疎外労働」批判となった。

マルクスの意図は、労働をその疎外から奪還して、真に「自由な労働」を回復することにあった。だが、「真に自由な労働」とは一体何か。「疎外されない労働」の「本質」や「本来性」とは、ただイデオロギー的に構築される以外にどこにあるのか。こうした「自由な労働」のイデオロギーは「資本家社会においてよりも、よりいっそう労働者社会たる社会主義社会」に、より「グロテスク」なかたちで現実化する[鷲田 1987：105]。鷲田氏が指摘するように、アウシュヴィッツの入口の門にかかげられていたという「労働は自由をもたらす」という標語は、皮肉なことに、社会主義社会の標語でもある。

氏は「自由な労働」に代わって「労働からの自由」を、「人間の本質は労働である」というテーゼに代わって挑戦的で逆説的な「人間の本質は非労働である」というテーゼをうち出す。だが「労働」と「非労働」の間の振子の往復運動になってしまったら、議論は再び袋小路にはまる。私たちに必要なのは「〈労働〉からの解放」ではなくて「〈労働〉概念からの解放」、人間の活動 activity を「労働」と「非労働」とに分割するこの視座そのものの解体である。

「労働」を「非労働」の側から相対化するというこの往復は、私に「家事労働」の概念をめぐるフェミニストのプラス評価とマイナス評価との二極の間の往復運動を思い起こさせる。家父長制下の・不払いの・再生産労働と定義されたかぎりでの「家事労働」は、女にとってきわめつきの疎外労働である。この労働疎外からまぬがれる道は、ダラ・コスタの主張するように「家事労働の拒否」という女のゼネ・スト戦略しかないように見える。

だが他方、「家事労働」は「生産労働」に対比された意味での「非生産労働」、資本制下の「労働」から定義すれば「非労働」であるから「相対的に疎外がない」[Vogel 1973. Donovan 1985＝1987：120 に引用]という説がくり返し登場する。使用価値を産み出す労働である家事は、交換価値を産む労働よりは「相対的に疎外がない」。したがって家事労働の担当者である主婦は「疎外のない生産活動、という生産ヴィジョンに接近できる」[Donovan 1985＝1987：120]。

疎外されない労働の経験が、主婦が疎外された労働を批判するポイントを用意する

……。〔Donovan 1985＝1987：120〕

家事労働に対する相反する二極的な評価は、そのまま家事労働者である「主婦」の「革命性」をめぐる二面的な評価につながっている。主婦を「もっともおくれた」「もっとも疎外された」人々と見なすのか、それとも「もっとも解放された」「もっとも自由な」人間像と見なすのかという両極の間に、論理の振子はくり返し揺れてきた。私に言わせれば、この両極は、たんに同じ論理構成の楯の両面にすぎない。

反論はかんたんである。第一に、家事労働も労働である以上、「非労働」ではありえない。第二に「使用価値を生産する」という言い方は、資本制下の文脈ではたんに「交換価値を生産しない」ということ以上を意味しない。第三に、家父長制的資本制下に置かれた家事労働が、生産労働からはなれて、ひとり「自由」であることはできない。多くの論者が賞揚する「世帯あるいは私的な領域が、資本主義産業社会では、唯一の疎外のない空間を提供する」という見方さえ、翻せばこの「避難所」が、女や子供にとって瞬時にして「抑圧と暴力の専制王国」と化す可能性とウラハラである。もし生産労働が疎外されているとしたら、家事労働も同じくらい疎外されているのだし、逆に家事労働に何らかの喜びや自己実現があるとしたら、生産労働にもそれはありうる。

生産労働と家事労働のうち一方を特権化するのは、いずれもまちがっている。問題なのは労働のこの分割それ自体、そして「労働」と「非労働」の分割を可能にする、「労働」概念そのものである。

13・5 「労働」の転倒

安永寿延氏は『「労働」の終焉』と題するポレミークな書の中で、興味深い指摘を行なっている。アダムとイヴの神話は、人間に原罪と、その償いとしての労働＝苦役の起源を告げるが、そこでは、

人間は……呪われた「労働」と「出産」とによって、生命の生産と再生産に努めるようになる。そこでは「労働」と「出産」がパラレルであるだけでなく、むしろ「労働」のモデルは出産であり、男は日々、陣痛を経験しなければならない、というわけだ。生みの苦しみを免れた代わりに、日々「生命の糧」(ピオス)を生み出さなければならない。［安永 1985：8］

マルクス主義フェミニストは、出産を「再生産」と呼ぶことで「生産」の用語で語ることに努力してきたが、安永氏によれば「生産」はもともと「出産」のメタファーだった。となれば、マルクス主義フェミニストは、生産と再生産との関係について、大へんな倒錯

を行なってきたことになる。というよりは、この「倒錯」の中にこそ、マルクス主義フェミニズムが解こうとする〈近代〉の秘密がある。「再生産」を「生産」の用語で語るという倒錯は、マルクス主義フェミニストが犯したまちがいではなく、むしろ――ちょうどマルクス理論が、彼が分析した「産業社会」の生産至上主義を、歴史的に反映していたように――この〈近代〉の家父長制的資本制が犯している倒錯を、それを分析する理論が反映していたということなのだ。

この「労働＝出産」はギリシャ人のいうポノス(労苦)にほかならない。……まさしくポノスというギリシャ語の原義は、なによりもまず生みの苦しみであり、さらには生まれた子供を育てる際の気苦労であった。[安永 1985：8. 傍点原著者]

氏による「労働」の語源学的な考察は、たんなるペダントリーに終わらない。氏はこの「労働＝配慮」が「配慮＝労働」へ転化していく倒錯の過程を「中世から近代への過渡期」に見る。

かつての「労働＝出産」は、けっして「便益をうる目的で、あるものに投じる労働」(ホッブズ)ではなかった。今や自然は、人間の子供のように「臣従」するものとなる。自然は人間の下臣(サブジェクト)となり、人間は自然＝客体に対する主体(サブジェクト)となる。労働とは、まさしく、このような自然と人間の関係を規定する、きわ

めて歴史的な概念なのである。［安永 1985：9. 傍点原著者、（ ）内引用者］

したがって、「労働一般という表象は太古《ウルアルト》以来のものである」というマルクスは、氏の指摘するように「労働を発見した近代人は、それを超歴史概念として普遍化した」という事実の、「最大の元凶であったかもしれない」［安永 1985：28］。

労働力が商品化し、労働が資本のためのものとなった時から、労働概念のこの倒錯は始まっていた。生産がフェティッシュな錯視のもとに置かれている時に、再生産だけが、その倒錯から逃がれられるわけがない。むしろ、「家庭性 domesticity」の領域で「女がやっていること」を「再生産」という用語で記述したとたん、その概念が明らかにするのは、再生産が、いったい何に従属(サブジェクト)しているか、という倒錯の一切である。家父長制的資本制下で、ひとり家庭だけが抑圧から自由な「避難所 shelter」になる道理はない。「家庭性」もまた、女を従属させ子供を「人的資源」視する、ふかい倒錯と退廃の中に置かれている。「再生産」論が明らかにしたのは、この倒錯がどういうメカニズムによって成り立ち、この退廃がついにどこまで来たか、という分析ではなかったか。

「生産論」によって「生産」をのりこえることはできず、「再生産論」によって「再生産」をのりこえることもできない。安永氏は、ラファルグ同様、「労働からの解放」を処方策として提示するが、それが「労働」から「非労働」への解放を意味するとしたら、私たちは再び同じ罠の間で両極を往復するだけである。問題なのは「労働」概念からの解放である。それは同時に、人間の行為の新しい編成の提示である。

ただし、だからと言って、私が意識変革のような観念論的な提案をしているととられては困る。「労働」概念は、一定の歴史的な社会装置 asset の中に、埋めこまれて embeded いる。概念を変えるとは、その装置系を、それが置かれた文脈を、変えるということだ。
「労働」概念の再検討という課題の、フェミニスト的含意は何だろうか？

フェミニストがしなければならないのは、女性の経験を記述しているこれらの概念の妥当性そのものを疑い、それを産み出す基盤をつくり変えることである。そしてそのことは、これらの概念で女性の経験をかなりな程度までに記述してみた時にはじめて、限界としてあらわになる。

たとえば子育ては、ほんとうに「再生産労働」と言えるようなものだろうか？　それは何ものかを「再生産」するための、「労働」なのだろうか？　——子育てを「再生産労働」と呼ぶことは、資本制下の家父長制のもとの女性の経験を記述するには、一定程度の妥当性を持っている。なぜなら、家父長制的資本制は、そのようなものとして女性の社会的役割を指定したからである。だから、「再生産労働」の概念を疑い、それをつくり変えるということは、たんに理論的な枠組の変更だけを意味しない。家父長制的資本制が女性におしつけたこの役割を、疑い、つくり変える、ということを意味する。

それと同じように、女性が「労働」の場に参入していくことが、男性と同じ「労働」疎外のもとに置かれることであれば、何の意味もない。女性の「労働」参加は、「労働」の意味のつくり変えを、不可避的に要請する。逆にまた、「再生産」への男性の参加が、現在母親が行なっているのと同じことを生産／再生産の分業下で行ない、男の母親化をもたらす――子供にとっては一人の母親の代わりに二人の母親が登場する――のにすぎないのなら、たんなる役割の交換や男性の育児参加はそれ自体では何の意味もない。性支配と世代間支配のもとにおかれた「再生産」を、その功利的な目的―手段の系列から解き放つような「再生産」の質の変更を――そこではもはや、子育ては「再生産」とは呼ばれないだろう――もたらすのでなければ、家父長制をゆるがすことにはならないだろう。女性の経験を家父長制的資本制の用語で、できうる限り記述してみるというマルクス主義フェミニズムの努力は、ただそれが廃棄される対象であることを明らかにするためだけにある。

13・6　フェミニスト・オルターナティヴ

いったいどのような条件のもとであれば、女性は自分たちの状況を「自然」と「運命が定めた」ものと受けとらずにすむのだろうか？　これは主として生産過程における変化が原因で性別 gender システムが労働の性分業と矛盾対立関係に陥った時に、この両者の間に調和が存在しない時に生じると指摘したい。この両立不可能性は、(女性の)闘いと疑問に対して潜在的可能性を提供し、また両性間の対立と葛藤との原因にもなる。だがこうした闘いがとる方向を、前もって「見抜く」ことはできない。[Edholm et al. 1977：126]

エドホルムらが指摘するように、家父長制と資本制が矛盾・葛藤する時に、女性にとってオルターナティヴが現実化する。資本制と家父長制の間には、絶えざる「葛藤と緊張」がある。ウォルビーが言うように、「戦後一貫して生じた既婚女性のパートタイム労働も、女性の労働の収奪をめぐる資本制と家父長制との間の妥協の結果である」[Walby 1986：247]。「フェミニズムの二〇年をふりかえって」と題する回顧的なエッセイの中で、ミッチェルはこう書いている。

過去三〇〇年間にわたるフェミニズムの歴史をふり返って、その始動や高揚、ガタガタした発展ぶりを見れば、その開花の時期が特定の社会経済的な変動期に一致してはいないだろうか？　その移行期には、女性は生産への新たな参入、もしくは新たに認知された参入をつうじて、一時的にもっとも先駆的な位置を占める。[Mitchel 1986：

48]

ミッチェルによれば、女性が変動の先駆けになるのは、

社会全体が女性化 feminized もしくは両性具有化 androgynized しているからだけではない——たしかにそれも一部当たっているが——それは、女性が社会的に周辺部にいて、そのために変動の影響を受けやすい位置にいるからでもある。[Mitchel 1986：47]

今日私たちが経験しているのも、この急速な社会変動である。この変動期には、資本制も家父長制も、その再編成をめぐって共に危機を迎えている。ステイシイは、「近代核家族に対するフェミニストの批判は、その家族システムがあと戻りしない没落を始めたまさにその時に登場した」[Stacey 1986：237]と言う。だがこれは、

少しもパラドックスではない。効果的な批判というものは、現状にとって代わるヴィジョンを必要とするものであり、そしてこれは、変化が進行中の時期に、もっとも見えやすいからである。[Stacey 1986：237]

ある意味では、フェミニズムは、すでに危機を迎えているものを批判し、歴史が進行している方向を加速したにすぎないのかもしれない、とステイシイは指摘する。

同じことをミッチェルは、生産の場への女性の参入について言う。

この急速な変動期にあたって一般的に言って、中高年女性が新しい職種につく傾向があるように見える。中産階級の女性も労働者階級の女性も、この種の新しく創出された仕事に就いている。これは、私の信ずるところによれば、男も女も問わず将来の労働者階級の仕事になるような種類のものである。この時点では男はむしろ失業者にまわる。[Mitchel 1986 : 41]

この「男性失業者」と「新しく仕事についた中産階級の女性」の中から、新しいタイプの「自営業者 self-employed」や「企業家 entrepreneur」が生まれるであろう、とミッチェルは予言する。その予言は、九〇年代の日本についてもおそろしく当たっている。

ステイシイと同様、ミッチェルも、フェミニズムはこのプロセスに加担して、「すでに始まっていた資本制の変化を、たんに加速したにすぎなかったのだろうか?」[Mitchel 1986 : 47]と皮肉な問いを自分自身に向ける。だが、

私たちの展望に何らあやまちはなかった。それはただ、すでに進行中の歴史的な変化を反映していたにすぎない。[Mitchel 1986 : 48](5)

変革のイデオロギーと歴史とのこの関係は、マルクス主義の場合とよく似ている。マルクス主義の実践もまた、「すでに進行中の歴史的な変化」に加担し、それを加速することに終わるが、だからと言ってその運動がなくてよいことにはならない。

ステイシイは、「この変化がもたらす帰結は多くの女性にとって、必ずしもすべてがプラスに働くとは限らない」[Stacey 1986：238]と指摘する。女性の間で分解が起き、この変化から利益を得る女性と、それからとり残される女性とが不可避的に生じる。「変化の先駆け」の位置を占めるのは、すべての女性ではない。ミッチェルは、もっとも周辺的な部分である女性が、もっとも先駆的な位置を占める逆説を「新しい階級(編成)への移行期であり、まだ新しい階級編成が十分に確立していない時期」が生んだ結果だと見なす。

このプロセスの中で男と女、男性性と女性性のカテゴリーが、混乱し、再定義を迫られる。その中で「新しい男性 new men」も生まれるし、またこの性差の再定義の中で生まれる新しい価値がさしあたり「女性」と呼ばれているのだ、とミッチェルは言う[Mitchel 1986]。

> フェミニズムは現在あるようなかたちでの男性や女性、もしくは双方を変えようとしているのではない。それは男と女の間の関係を変えようとしているのである。[Barrett 1980：254. 強調引用者]

女の経験を男の概念で語りうる限り語り尽くそうと試みたあとで、フェミニストは、はじめて、男のボキャブラリーにない概念にたどりつき、それを再評価する。そのような試みの一つとして、もっとも果敢なマルクス主義フェミニストの一人、ハイジ・ハートマンの「発見」を引いておこう。

> 資本制下における性分業のおかげで、女性は、人間の相互依存と欲求とがどのようなものであるかを学ぶ経験を持ってきた。男たちは長い間資本に対抗して闘っているが、その一方で女たちは何を求めて闘うかを知っている。一般的な法則として、家父長制と資本制のもとにおける男性の位置は、配慮、分かち合い、成長などに対する人間的な欲求を認知することを阻み、こうした欲求を格差のない関係の中で、家父長制的でない社会で実現するという能力をも奪っている。……私たちが作り上げなければならない社会とは、相互依存を認めることが恥ではなく解放であるような社会である。
> [Hartman 1981：33. 強調原著者][6]

「女の経験を男の言葉で語る」ことではなく、「男のやっていることを女の言葉で相対化する」ことができた時に、はじめてマルクス主義フェミニズムの限界は、というより、資本制と家父長制のもとに置かれそのもとで定義された女性の経験は、それから脱してオルタナティヴを見つけることができるであろう。

(1)　この理論的貢献は、いくら強調しても強調しすぎることはない。「家事労働」という概念が、「家事」を「労働」として発見したのである。この概念の成立以前には、「家事」は「労働」ではなかった。

(2) 生殖が「人口資源」の「生産」という用語で語られる人口学的な視点は近代形成期に成立したものだし、性を生殖目的に奉仕するものと見なす生産至上主義的セックス観もまた、近代に固有のものである。

(3) 小浜氏によるフェミニズム批判は当たっている部分もあるが、他方、家事の中にある「エロス的性格」を強調するのも、「家事」に対する一種の近代主義的なファンタジーの投影であることは認識しておいた方がよいだろう。

(4) 本書第一章で、近代的「個人」の概念が、成人・男子に基準を置いているならば、必然的に子供は「人間以前」、老人は「人間以後」、女は「人間以外」の存在でしかない、と論じた。

(5) 八〇年代のイギリスと日本で、資本制の変貌に直面して女性(とフェミニズム)が経験している現実については、Ueno[1989]を参照。

(6) フェミニズムの成熟は、「依存 dependence」から「自立 independence」へ、さらに「相互依存 inter-dependence」へとたどりついた。かつてのような「孤立」や「援助の拒否」を意味するような狭い「自立」概念は支持されていない。これは、「近代個人主義」への疑問視でもある。

付論　脱工業化とジェンダーの再編成

――九〇年代の家父長制的資本制――

個人主義と平等の「神話」に反して〈近代〉がジェンダー〈性別〉に非関与的であることは、いまだかつて一度もなかった。合理的な資本制にとってさえ、ジェンダーは経済外の非合理な変数であるどころか、資本はきわめて合理的に、ジェンダーという変数を利用してきた。イヴァン・イリイチのように「資本主義が女と男を性のない個人へと還元した」と言うのは、近代資本制が流布した「神話」を彼がナイーヴに信じているという事実を示すにすぎない。皮肉なことに、彼自身が指摘しているとおり、産業社会は「生産に男を、家事に女を」という史上類例のない性的アパルトヘイト」をなしとげた社会なのである。

フェミニズムは、性の「区別」をこえて「差別」を問題にした点で、たしかに〈近代〉の産物であった。両性の間に「差別」の観念が成り立つには、まず、両性の間に人間としての「平等」の観念が成り立っていなければならなかった。ラディカル・フェミニズムは、性支配の構造を「家父長制」と呼んで定式化したが、フェミニズムはその成立の当初から、〈近代〉という時代に固有な性支配のあり方を問題にしてきた。

産業化は近代に固有な性別役割配当をつくり出した。男は生産、女は再生産というこの性別領域指定をさして、ナタリー・ソコロフは、資本制と家父長制の歴史的な妥協――「ヴィクトリアン・コンプロマイズ」――と言い、こうして成立した体制を家父長制的資本制と呼ぶ。だが、資本制と家父長制との間の妥協は、歴史上ただ一回だけ起きたのではなく、産業化の各段階に応じて、微調整をくり返している。資本制の変容に応じて、それにふさわしい性支配のあり方もまた、以前のままではありえない。私たちの問いは次のように立てることができる――資本制は、いったいいつまで、どのような形で、性という変数から利益をうるのであろうか?

資本制とジェンダーとの根源的な関係を、「資本の原始蓄積」という用語で説明しようとしたのが、ドイツのマルクス主義フェミニスト、クラウディア・フォン・ヴェールホフである。資本制は対等な交換ゲームであるはずだが、このゲームの場がいったん成立して自己運動を始めるまでに、まず資本を持つ者と持たざる者との分解が成立していなければならなかった。最初の資本はいかに成立したか? 収奪によって、とマルクスは答える。一八世紀のイギリスでは、囲いこみによって土地を奪われ、無理矢理「自由な労働者」になった農民たちが、労働力の供給源となった。資本の原始蓄積は、都市による農村の収奪によって成立した。これは、経済外的な政治的強制力によって行われた「資本の不正義」であった。

交換システムとしての資本制は、内部に、等価交換と不等価交換との両者を含んでいる。原理的には利潤は不等価交換からしか発生しない。資本を持つ者と持たざる者との分解、言いかえれば、労働力を買う者と売る者との間の分解が成立したあと、労働力の売買は、等価交換の見かけのもとで、その実不等価交換として行われるのを見抜いたのはマルクスである。つまり、資本は労働を買うと見せかけながら、その実労働力を買っている。言い換えれば、資本は、労働の生産物に対する対価ではなく、労働力の再生産コストに対する対価しか支払っていない。この不等価交換が可能なのは、生産領域と再生産領域との間に、落差があるからである。

資本制は、労働力を商品化した時から、この生産領域と再生産領域との間の落差を利用してきた。その意味では、資本は、農村と都市の格差ばかりでなく、性という変数をも収奪の手段にしてきた。資本の原始蓄積の後背地には、農村ばかりでなく、女性という広大な沃野が開けていたとヴェールホフは指摘する。

原始蓄積期の資本が利用したものに、もう一つ国境がある。産業資本主義の前段階に重商主義といわれる商人資本があるが、これは財を地域から地域へ移転することで莫大な利潤を産んだ。重商主義は、グローバル・エコノミーが成立する以前の地方的な交換コードの落差につけこんで利益を得た。産業資本主義は、重商主義を、未成熟な資本制もしくは不完全な資本制と呼んで、その前史を恥じる。が、イエール学派のエコノミスト、岩井克人は重商主義を再評価する。彼によれば、資本は本来的に差異から価値を生み出すものであり、その限りで、重商主義以来一貫して資本制は変わっていないと指摘する。

都鄙《とひ》格差も、国境格差も、そして性別による格差も、経済外的な変数である。ここでは格差は政治的であり、その格差をつうじて生み出される利潤は経済的である。政治から「離床」したと信じられている資本制は、少しも政治から自律的ではない。この体制(エコノミー)を称して、私たちは政治に骨がらみ汚染されたエコノミー——ポリティカル・エコノミーと呼ぶ。

フェミニズムが、資本制の変貌の各段階に見合って登場し、資本による性別の再編成の現実につけこみながらその変化を促進する役割をある程度果たした事実は否めない。ある意味で、資本制とフェミニズムは「手に手をとって」歴史的に変容してきた。フェミニズムが、性差の解消とそれによる〈近代〉の最終的な完成を唱えたように見えたとき、フェミニズムは、性別分業をビルト・インすることで成立した近代家父長制的資本制の存立基盤そのものに手をつけたのである。〈近代〉が生んだはずのフェミニズムは、自分が生まれた母胎そのものを食い破ろうとしていた。

ジェンダーという変数を無化することで〈近代〉は完成すると同時に解体を始める。それを可能にしたのは、資本制そのものが、近代産業資本主義の枠を超えようとしはじめていたという状況である。脱工業化といわれる資本制の新しい発展段階は、近代産業資本の諸属性を無効化し、〈脱近代〉と言われる新しい歴史状況をつくり上げつつあった。

一九七三年のオイル・ショック以降、先進工業国はどこも、第四次技術革新にともなう産業構造の転換を至上命題にして、脱工業化とよばれる歴史的プロセスを経験している。イギリスは「サッチャー革命」のもと、この産業構造の転換を成功裡に終えつつあるし、日本も経済のソフト化を果たし、未曾有の円高景気に湧いている。ヴェロニカ・ビーチイは、オイル・ショック以降のOECD諸国の女子雇用の比較研究の中で、一九七〇年代の構造不況下のOECD諸国で、高い失業率にもかかわらず、のきなみ女子雇用が増えていることを指摘している。「高い男子失業率のもとでの女子雇用の増大」というこの逆説は、「雇われるのは最後、首になるのは最初 last hired, first fired」という女子労働力予備軍説をくつがえす。ビーチイの説明によれば、第一に産業の情報化・サーヴィス化は「女向きの仕事」を新たにつくり出した。第二に「女向きの仕事」と考えられたからこそ、パートや臨時のようなイレギュラーな雇用機会が増えた。伝統的に男が占めてきた仕事を女が奪ったわけではない。新しく成立した周辺的な仕事に、女が大量に就いたのである。ここで起きたのは、女子労働の周辺化である。

日本でも産業構造転換期に女子雇用は大幅にのびた。ＯＥＣＤ諸国とのちがいは、日本では構造不況期も高い失業率に悩まなかったことである。日本では産業構造の転換が急速にすすんだために、没落産業部門の余剰労働力を、成長産業部門の雇用がスムースに吸収したからである。ＯＥＣＤ諸国では、失業率はまだ市場に参入していない若年労働力を直撃した。労働組合の強いヨーロッパ諸国では、中高年労働者が既得権を守った。日本では、産業構造の転換は熟練部門の中高年男性労働者を直撃した。彼らは直接的な失業には直面しなかったけれども、企業の体質転換にともなう配置転換や職種転換に耐えなければならなかった。その一方で、周辺的な女子雇用は著しく増大した。一九八六年にパートタイム労働者は五〇〇万人を突破、その七割は女性で、これは女子雇用者全体の二二・七％を占める。八五年から八六年にかけて女子雇用は前年比三六万人増、男子の三一万人を上まわる。そのなかみは、常用雇用者一七万人増に対して、パートタイマー一九万人増と、半分以上がパートタイマーの増加によるものである。

文明史の提唱者、文化人類学者の梅棹忠夫によれば、脱工業化は、女子労働にプラスの変化をもたらす。すなわち、労働の性別をなくすことで、工業化の時代にはまだつきまとっていた労働の性別配当を無効にする。情報産業においては、コンピュータ・ソフトの開発に「男らしいソフト」や「女らしいソフト」などがないように、情報生産物の性差は問題にならない。ここではテクノロジーの革新による経済の下部構造の変化が、性差の解消に物質的な根拠を提供する。

だが、他方では、ビーチイが言うように、「その仕事が女向きの仕事と考えられたから周辺的な雇用としてつくり出された」のも事実である。女性はそれまでは、インフォーマルな労働セクターで不払い労働 unpaid labor を担当する労働力として隔離されてきたが、今や、フォーマル・セクターとインフォーマル・セクターとの間を、必要に応じて自由に行き来する周辺労働力となった。だが、誰の「必要に応じて」？　第一は資本の必要に応じて、第二は、家父長制の必要に応じて。多くの女性が、自らの自由意志でパートタイマーにとどまることを選ぶというデータが出ているが、それは、彼女たちが「家父長制の必要」を内面化しているからである。多くは子育て期を終えた三五歳以上の彼女たちは、次に来るべき家父長制の必要、すなわち老人介護——主として夫の両親の介護——のために待機の状態にある。彼女たちは、いつでもインフォーマル・セクターに戻る準備ができていなくてはならない。それを「労働の自由の拡大」「余暇社会化」というイデオロギーがおおいかくす。労働の「余暇」の部分にある私的領域の「必要」の変動に、女性がつねに従属しているという事実が、女子労働の周辺化の背景にある。ヴェールホフは、これを「労働の主婦化 housewifization of labor」と呼ぶ。そして今日、第三世界を含むますます多くの女や男が労働のフォーマル・セクターとインフォーマル・セクターとの間の(資本にとっての)自由な移動に巻きこまれていることを指して「労働のグローバルな主婦化 global housewifization of labor」と呼ぶ。

日本については、労働力の鎖国状態のもとでの、内需拡大型経済成長が女性の雇用を大幅に拡大した事情を指摘しておかなければならない。第一に、経済成長期に日本は、他の先進工業国なら持っていたはずの移民労働力の導入というオプションを選ばなかった。女性が就いたのは、諸外国なら移民労働者が就いたような、低賃金・不安定雇用の非熟練労働力部門であり、決して労働市場の中核部分ではなかった。第二に、資本制は、家事労働をどんどん商品化することで、生産領域と再生産領域の間の境界を限りなく浸蝕していった。戦後植民地を失いかつ戦争経済にも頼れない日本にとっては、皮肉にも平和的成長をとげるほかなく、ちょうどタコが自分の脚を食うように自らの内なる差異、一億総中流階級化した社会における最後の辺境であるジェンダーを食いつぶすしかなかったのである。こうして女性たちは家電製品や加工食品、既製服などを買うために賃労働に従事し、軽減された家事労働はますます女たちを家庭から外へおしだした。家事領域をミニマムにしたのは、ほかならぬ資本制の企図だった。脱工業化は女子雇用を厖大につくり出し、また労働の性差を一定程度廃棄した。産業構造の転換がほぼ完了し、日本が「黄金の九〇年代」へと助走する一九八〇年代後半に入って、男女雇用機会均等法が成立する。この法律は、日本政府がしぶしぶ調印した国連女性差別撤廃条約の批准に間に合わせるためのエクスキューズにすぎなかったけれども、別な面から見れば、日本の資本制は、雇用機会均等法を受けいれる準備ができるほどには、一部ですでに性差に非関与になっていたとも言える。ポスト均等法の家父長制的資本制は、第四期、女性労働を性に非関与なエリート女性労働者と、性に関与的なマスの女性労働者とに分解する段階に入っている。雇用機会均等法は、女性の間の競合をつよめることで、エリートとマスとの間の二極分解を促進した。女性の地位向上のための施策が、一部の女性にはプラスに、他の女性にはマイナスに働くという両義的な状況がすでにあらわれている。「性に非関与な労働市場の編成を」というフェミニズムの要求は、資本制によって一部積極的に推進されてさえいる。フェミニストの中には「資本制は女性解放の味方」と断言する人々さえ現れた。

一九八一年に『マルクス主義とフェミニズムの不幸な結婚』の中で、マルクス主義に対して果敢な論陣を張ったハイジ・ハートマンは、一九八九年一一月の国際会議（一九八九年度国立婦人教育会館主催女性学国際セミナー"Global Perspectives on Changing Sex-Role")の席上、私とのやりとりの中で「資本制は女性にとって解放的である」と発言した。ハートマンによれば、過去十年間のアメリカの女子労働の最大の変化は、六歳未満の幼児を持つ女性の労働力化が大幅に上昇したことである。その結果、女子労働力率のカーブは完全にM字型を脱し、育児期は女性にとってハンディではなくなった。過去十年間のアメリカの資本制は、性差を解消する方向へ長足の進歩をとげたが、それは資本制が合理的にふるまった結果そうなったのである。今や女性の能力を活用しない企業は「不合理」な行動をとっているのであり、そのためになら企業は企業内デイ・ケアのようなサーヴィス・設備を供給する用意まである。他方で「マミー・トラック」(育児責任をかかえた母親労働者向けの負担の少ないコース)や「ガラスの天井」(女性労働者の昇進上の目に見えない壁)が問題とされるアメリカの女子労働市場について、ハートマンの評価は楽観的にすぎると思われるが、七〇年代以降の女子労働の急激な変化を見てきた目には、感慨深いものがあるのだろう。この変化は「予測を超えていた」と彼女は認める。

「資本制は女性にとって解放的か?」という同じ問いに対する私の回答は、イエス&ノーである。過去十年、同時期の日本の女子労働の変化は、たしかにアメリカに劣らず急激だった。だが資本制は、女性に雇用機会を提供した代わり、周辺労働市場に構造的に組みこんでいた。資本制は性差を解消する代わりに、新たに再編しなおしたのである。

ポスト均等法時代の女子雇用の新しい展開についても一言しておこう。七三年オイルショックから八五年雇用機会均等法成立までの産業構造転換期を「女子雇用の周辺化」期とすれば、八五年から「黄金の九〇年代」にかけては、新たな動向が見られる。統計的には(1)四年制大学卒女子の採用の大幅な上昇、(2)女子雇用者の平均勤続年数の延長の二つである。

前者について言うと、八五年六月均等法成立、八六年四月一日施行に至るまでの間に、各企業は、総合職と一般職というコース別人事管理制度を導入することで、すばやく均等法の「傾向と対策」に対応した。均等法が罰則なしの努力義務規定という「ザル法」であるのみならず、その運用の実態は、新卒採用者のうち男子の九九％が出張・配転・転勤ありの「総合職コース」、女子の九九％がそれのない「一般職コース」という、性差別的なものである。コース別人事管理制度は、「選択の自由」の名のもとに現実の性差別をおおいかくす。コース別人事管理制度の発明によって、企業は均等法の職場への影響をミニマムに食いとめた。均等法のタテマエとホンネのこの二重構造は、諸外国にはよく知られていない。

だが均等法の影響を待たなくとも、あるいは均等法に先駆けて、高学歴女性の採用は八〇年代から徐々に進行していた。四年制大卒女子の求人は大幅に増加し、代わって短大卒女子の求人市場は停滞気味である。「就職するなら短大」のかつての常識にかわって、四年制大卒女子の方が短大卒女子より有利になる状況が来るのも遠くない。

後者について言うと、一九七六年に五・三年だったフルタイム女子雇用者の平均勤続年数は、十年後の一九八五年には七・〇年と一・七年ののび。彼女らは均等法以前入社組だが、彼女らもまたやめなくなったのである。短大卒二〇歳で就職していれば七・〇年で二七歳、現在平均初婚年齢は二六歳に近づいているから、平均勤続年数の延長には晩婚化も与っている。だが逆に、晩婚化には、仕事と給与に恵まれたいわゆるOLが、結婚とシングルライフとを天秤にかけ始めた事情も影響している。彼女ら均等法以前入社組の女性は、一般に男子社員より学歴条件が低く、業務も補助型業務しか期待されていない。均等法によって採用後の差別的な教育訓練を禁止されたポスト均等法入社組の女子社員とは受けた教育訓練の内容も違っている。企業では、(1)均等法前入社組と均等法後入社組との女子社員の間に、処遇をめぐって軋轢があること、(2)それでもやめない均等法前入社組の女性に新しいモティベーションを与える必要から、入社後五年以上の女子社員に昇進の道を開いたり、研修を行なったりして中堅女子社員の「戦力再活性化」に積極的にとり組んでいる。均等法前入社組の女性への企業のこの対応は、均等法の思わぬ波及効果の一つである。

第一に高学歴女性の就労増加、第二に女子雇用者の勤続年数延長がもたらす帰結は、女子労働力率の「脱M字型」化である。アメリカで過去一〇年間に起きた事態が、日本でも起きつつある。この背後にあるのは、成長経済のもたらす全般的な人手不足、とくに成長産業部門での質の高い(教育歴のある)労働力の不足である。労働の性差を問わない部門では、今や性差よりも学歴差が大きくなった。現に均等法は、「学歴条件が同じならば」男女の差別を禁止しているけれども、学歴条件のちがう男女には、これは適用されない。したがって今でも大卒男子と短大卒女子との間の性差別は、「学歴差別」のもとに堂々とまかりとおる。同じように、女性の間の「学歴差」も、これまで以上に大きくなるだろう。少数とは言いながら大卒女子にはオファーされる総合職コースは、短大卒女子にはオプションの一つにもならない。これまでひとまとめに平等に差別されてきた女性の間に、クオリティによって差が導入され始めた。

この状況はアメリカのように、人種差、階級差の大きいところを見てみるとよりクリアーになる。教育歴の高い女性、すなわち競争力のある女性は、人種・階級要因よりも容易に性差をのりこえてしまっている。今後日本でも、労働市場に人種、国籍等多様なファクターが登場してくる可能性を考えると、「職業隔離 job segregation」の壁は、人種差、国籍差よりも、性差がまっ先にこわれやすいかもしれない。今や厳しい国際競争に巻きこまれつつある企業にとっては、クオリティの高い労働力に「性別」など問うてはいられない状況である。性差別は企業にとって、潜在的な人的資源を失うことでかえって高くつくものになりつつある。

今後増加していくであろうフルタイム就労継続型の女性が職場で占める位置には、次の三つのタイプがある。第一は専門職、第二は女性の多い職場での女性管理職、第三は性差を問わない真に競争的な職場でのサクセス・ウーマンである。第一のタイプはライン部門ではなくスタッフ部門、男性の同僚との競合を避けるメリットはあるが袋小路の「ゲットー」職である。第二は、サーヴィス・流通部門など、女性の雇用の多い職場で、「女を使う男性上司」に代わって「女を使う女性上司」が登場するケースである。これは、「初の女性重役誕生」と言われるケースが、百貨店や通信、保険、化粧品など、もともと女性の多い職場に生じやすいことからもわかる。第三は、デザインやコンピューターなど、クリエイティヴな能力を要求される部門で、性差を問わない激烈な競争があるところでしばしば生じる。しかしこれも非伝統的 unconventional なベンチャー・ビジネス、したがって中・小規模の企業ではありうるが、たとえば従業員五〇〇人以上をかかえる一部上場企業の社長が女性になるという可能性は、少なくとも二一世紀までにはありそうにない。

いずれにしても彼女らの「家事負担」がミニマムであることがそのための条件であろう。

第一に子供がないことによって、第二に三世代同居もしくは近接異居による夫の母または妻の母の援助によって、第三に私的な家事労働サーヴィス商品の購入によって、第四に徹底的なHA(ホーム・オートメーション)化によって、第五に、公共的な対人サーヴィスの充実によって。オプションのうちもっともありそうにないのが、「夫の対等な家事育児参加によって」妻の家事負担が軽減されるケースであろう。男性労働の機会費用が高いところでは、夫が家庭参加する代わりにその代替を第三者や商品化されたサーヴィスで置きかえることで、夫も妻もともに家庭責任から免責されるというオプションが、よりありえそうである。いずれにせよ、性差の生得説が否定された今日では、「家庭責任」さえなければ、女も男なみに働けることはとっくに立証ずみである。だがこのオプションは、労働機会費用の高い、競争力のある女性労働者に限られる。彼女らエリート女性労働者と、多数派の周辺的な女子労働者、そしてそのどちらにも属さない無業の主婦(「働かなくてすむ」ことで特権的な立場に立った専業主婦)に、女性は三極分解するだろう。そしてその女性の多様化を、「選択の自由」「個性化」イデオロギーが、あたかもそれが女性自身の選択であったかのように、おおいかくすだろう。それは九〇年代の日本の資本主義が新たな階層分解を「個性化」「多様化」イデオロギーのもとにもたらすプロセスと見合っている。

歴史的にふりかえってみると、フェミニズムはたしかに、どの時期にもいくばくかは資本制の変化と歩みを共にし、いくばくかは資本制の変化を促進した。だからと言ってフェミニズムが資本制の「共犯者」であると短絡的に言うのは当たらない。他のすべてのイデオロギー同様、フェミニズムもまた時代の産物であるが、同時につねに時代批判のイデオロギーであった。フェミニズムはつねに同時代の家父長制的資本制の歴史的な段階に批判的な言説をつきつけてきたのである。

だとすれば、資本制がジェンダーに非関与な労働市場の再編成をしようとしている時、フェミニストの課題は次のようなものでなければならない――資本による女性の競合と分断に抗して、女性の間にどんな「連帯」を打ちたてることができるのか？

資本制は私的領域をミニマムにすることで、家父長制の桎梏を脱しようとしているように見える。すくなくとも、女性を私的領域における再生産労働の専門的なにない手として排他的に割り当てることからは、以前のような利益をひき出さなくなりつつある。だがそれに代わって進行しているのは、労働市場全域におけるグローバルな家父長制の再編である。かつて女が家庭で行なっていたことを、いまは女性や高齢者や移民が周辺労働として行なう。家事労働の外部化や福祉労働の現場で、すでにその事態はすすんでいる。ここでは、性に加えて、年齢、階級、人種、国籍のような経済外の変数が、新たな政治的な差異として「辺境」をつくり出しつつある。国民国家という利益共同体のメンバーであり、階級集団の成員でもある女性は、いまや、多国籍化した資本制の受益者にして加害者でもある。フェミニズムは、成立の当初から一貫してインターナショナリズムであった。今日のフェミニズムの課題は、国境や階級、人種や年齢などの分断に抗して、フェミニスト・インターナショナリズムをいかに構築できるかにある。

最後に、ありとあらゆる変数を問わず、労働の編成に内在する格差の問題が残る――それは、なぜ人間の生命を産み育て、その死をみとるという労働(再生産労働)が、その他すべての労働の下位におかれるのか、という根源的な問題である。この問いが解かれるまでは、フェミニズムの課題は永遠に残るだろう。

〔本論文は、国立婦人教育会館主催・平成元年度女性学国際セミナー「変わりゆく女性の性役割」(一九八九年一一月)の基調講演原稿に加筆したものである。〕

参考文献

日本語文献（五〇音順）

青木やよひ編 1983a『フェミニズムの宇宙』(シリーズ「プラグを抜く」3)、新評論
青木やよひ 1983b「日本における近代化と儒教イデオロギーについての覚え書き」山本哲士編『経済セックスとジェンダー』(シリーズ「プラグを抜く」1)、新評論
足立真理子 1987「マルクス主義フェミニズムの現在」『クライシス』32、社会評論社
アルチュセール、L(Althusser, Louis) 1975 西川長夫編訳『国家とイデオロギー』福村出版 (Idéologie et appareils idéologiques d'état *et al.*)
磯野富士子 1960「婦人解放論の混迷」『朝日ジャーナル』一九六〇年四月一〇日号。上野[1982a]に収録
伊藤幹治 1982『家族国家観の人類学』ミネルヴァ書房
伊藤セツ 1985『現代婦人論入門』白石書店
伊田広行「家父長制的資本制と性差別構造——上野千鶴子氏の二元論的マルクス主義フェミニズムの検討を中心として——」(未発表)
井上俊 1973「怠けと自由」『死にがいの喪失』筑摩書房

今井賢一・金子郁容 1988『ネットワーク組織論』岩波書店
岩井克人 1985『ヴェニスの商人の資本論』筑摩書房
岩田昌征 1971『比較社会主義経済論』日本評論社
上野千鶴子編 1982a『主婦論争を読む』Ⅰ・Ⅱ、勁草書房
上野千鶴子 1982b「主婦の戦後史」上野編『主婦論争を読む』Ⅰ巻解説、勁草書房
上野千鶴子 1982c「主婦論争を解読する」上野編『主婦論争を読む』Ⅱ巻解説、勁草書房
上野千鶴子 1984「マルクス主義フェミニズムの挑戦」Kuhn & Wolpe, eds., 1978, 訳者解説
上野千鶴子 1985『資本制と家事労働――マルクス主義フェミニズムの問題構制』海鳴社
上野千鶴子 1986a『女は世界を救えるか』勁草書房
上野千鶴子 1986b「女性にとっての性の解放」『女という快楽』勁草書房
上野千鶴子 1986c「女性学とは何か」山村・大越編[1986]所収
上野千鶴子 1986-88「マルクス主義フェミニズム」(14回連載)『思想の科学』七四―九八号
上野千鶴子 1987a「新しいシャドウワーク」上・下『毎日新聞』一九八七年一〇月二六日、二七日付夕刊
上野千鶴子 1987b「八〇年代の日本女性・現状と課題」一九八七年一〇月六日、中国女性学会交流会(於上海社会科学連合会)での講演原稿(未発表)
上野千鶴子 1989「日本の女の二〇年」『女性学年報』第一〇号、日本女性学研究会
梅棹忠夫 1959「妻無用論」『婦人公論』一九五九年六月号、中央公論社。上野[1982a]に収録

江原由美子 1985『女性解放という思想』勁草書房

江原由美子 1988「フェミニズム理論への招待――ブルジョワ的フェミニズムからポスト・モダン・フェミニズムまで」『フェミニズム入門』(別冊宝島85)、JICC出版局

江原由美子編 1990『フェミニズム論争――七〇年代から九〇年代へ』勁草書房

大熊信行 1956「家族の本質と経済」『婦人公論』一九五六年一〇月号、中央公論社。上野[1982a]に収録

沖藤典子 1979『女が職場を去る日』新潮社

落合恵美子 1985a「フェミニズムの諸潮流」『ジュリスト』増刊総合特集「女性の現在と未来」有斐閣。落合[1989]に収録

落合恵美子 1985b「〈近代家族〉の誕生と終焉」『現代思想』一九八五年六月号、青土社。落合[1989]に収録

落合恵美子 1987「江戸時代の出産革命」『現代思想』一九八七年三月号、青土社。落合[1989]に収録

落合恵美子 1989『近代家族とフェミニズム』勁草書房

小野寺英夫 1986「資本制社会における労働力の再生産システムと家父長制――"learning to labor"再考」(東京大学教育学部教育学科教育社会学コース一九八五年度卒業論文)

柏木博 1988『ミクロユートピアの家族』筑摩書房

桂容子 1982「主婦論争年表」上野[1982a]所収

金井淑子 1985『転機に立つフェミニズム』毎日新聞社
金子郁容 1986『ネットワーキングへの招待』中公新書
金塚貞文 1986『人工身体論』創林社
加納実紀代 1985「社縁社会からの総撤退を」『新地平』一三一号、一九八五年一一月号、新地平社
川副詔三 1990『フェミニズムからの挑戦にこたえて――上野千鶴子理論によせて――マルクス主義者より』ぶなの木出版
河村貞枝 1982「ヴィクトリア時代の家事使用人」角山栄・川北稔編『路地裏の大英帝国』平凡社
菅孝行 1984『女の自由・男の自立』毎日新聞社
久場嬉子 1987a「マルクス主義フェミニズムの課題――女性抑圧からの解放の理論と解放の戦略をめぐって」女性学研究会編『女の目で見る』(講座女性学第四巻)、勁草書房
久場嬉子 1987b「新しい解放理論としてのマルクス主義フェミニズム」『クライシス』32、社会評論社
古庄英子 1987「母性保護論争をどう超えるか――社会主義とフェミニズムを揚棄しようとすること」『婦人通信』一八二号、一九八七年四月号、社会主義婦人会議
小浜逸郎 1986「家族のみかた・とらえかた」『家族の現在』(共著)、大和書房
駒尺喜美 1978『魔女の論理』エポナ出版

駒尺喜美 1982『魔女的文学論』三一書房
斎藤茂男 1984『妻たちの思秋期』共同通信社
桜井哲夫 1984『「近代」の意味——制度としての学校・工場』NHKブックス
下村満子 1982『アメリカの男たちはいま』朝日新聞社
鈴木裕子 1986『フェミニズムと戦争』マルジュ社
住沢とし子 1985「ブルジョア女性運動とナチズム」『思想』七二七号、岩波書店
瀬地山角 1990a「家父長制をめぐって」江原由美子編『フェミニズム論争——七〇年代から九〇年代へ』勁草書房
瀬地山角 1990b「主婦の誕生と変遷」『相関社会科学』第一号(東京大学大学院総合文化研究科相関社会科学専門課程修士論文)
総理府編 1982『婦人の現状と施策(国内行動計画第二回報告書)』ぎょうせい
総理府編 1983『婦人の現状と施策(国内行動計画第三回報告書)』ぎょうせい
総理府編 1985『婦人の現状と施策(国内行動計画第四回報告書)』ぎょうせい
ソ連科学アカデミー哲学研究所編 1974『マルクス-レーニン主義哲学の基礎』上、青木書店
武田京子 1972「主婦こそ解放された人間像」『婦人公論』一九七二年四月号、中央公論社。上野[1982a]に収録
竹中恵美子 1985『私の女性論』啓文社
竹中恵美子 1989「一九九〇年代マルクス主義フェミニズムについての若干の覚え書き」『経済

学雑誌』九〇巻二号、大阪市立大学経済学部
田嶋陽子 1989「「冠つきフェミニズム」批判――フェミニズムを阻害する日本の文化的土壌について」『日本女性学会ニュース』三七号
田間泰子 1985「つくられた母性愛神話」『女性学年報』第六号、日本女性学研究会
ダラ・コスタ、M(Dalla Costa, Mariarosa) 1986 伊田久美子・伊藤公雄訳『家事労働に賃金を――フェミニズムの新たな展望』インパクト出版会(イザラ書房)
千本暁子 1981「明治期紡績業における男女間賃金格差」『経営史学』一六巻一号
都留重人 1959「現代主婦論」『婦人公論』一九五九年五月号、中央公論社。上野[1982a]に収録
鶴見良行 1986『アジアの歩き方』筑摩書房
中川スミ 1987「家事労働と資本主義的生産様式――私的・無償労働としての家事労働の性格づけをめぐって」『高田短期大学紀要』五号
二神恭一 1986「日本企業における労働力の国際化の課題」『国際問題』三三一号、一九八六年一二月号、日本国際問題研究所
服部範子 1986「家族における性差別」山村・大越編[1986]所収
林郁 1985『家庭内離婚』筑摩書房
樋口恵子 1985「「主婦」という名の座権」『世界』一九八五年八月号、岩波書店
樋口恵子・中島通子・暉峻淑子・増田れい子 1985「シンポジウム・女たちのいま、そして未

来は？」『世界』一九八五年八月号、岩波書店
藤枝澪子 1985「ウーマンリブ」『朝日ジャーナル』一九八五年二月二二日号、『女の戦後史』Ⅲに収録、朝日新聞社
婦人教育研究会編 1988『統計にみる女性の現状』(一九八八年度版)、垣内出版
松田道雄 1979『女と自由と愛』岩波新書
水田珠枝 1979『女性解放思想史』筑摩書房
水野朝雄編 1984『経済ソフト化時代の女性労働』有斐閣
村上信彦 1977『明治女性史』第三巻「女の職業」講談社文庫
村上信彦 1978『日本の婦人問題』岩波新書
矢木公子 1981「家庭性の崇拝――産業化の生み出した女の神話」『女性学年報』第二号、日本女性学研究会
安永寿延 1985『「労働」の終焉』農山漁村文化協会
矢野恒太郎記念会編・矢野一郎監修 1981『数字でみる日本の一〇〇年』国勢社
山村嘉己・大越愛子編 1986『女と男のかんけい学』明石書店
湯沢雍彦 1973『図説家族問題』NHKブックス
鷲田小彌太 1987「「人間の本質は非労働である」にかんする予備的考察」『クリティーク』7、青弓社
渡辺多恵子 1987「階級闘争と性別闘争――マルクス主義フェミニストの提起した問題に答え

て」『経済労働研究』7、経済労働研究会

外国語文献（ａｂｃ順）

Ardener, E., 1972, Belief and the problem of women, in J. La Fontaine ed., *The interpretation of ritual*. London: Tavistock.

Ariès, Philippe, 1960, 1973, *L'enfant et la vie familiale sous l'Ancien Régime*. Paris: Plon, Editions du Seuil. ＝1980 杉山光信・杉山恵美子訳『〈子供〉の誕生』みすず書房

Armstrong, Pat & Hugh, 1978, *The double ghetto: Canadian women and their segregated work*. Toronto: McLelland and Stewart.

Bachofen, J. J., 1861, *Das Mutterrecht*. Basel: Beno Schwabe, 1967, *Myth, religion and mother rights: selected writings of J. J. Bachofen*. trans. by R. Manheim. Princeton: Princeton University Press. ＝1989 吉原達也訳・上山安敏解説『母権論序説』創樹社

Badinter, Elisabeth, 1980, *L'amour en plus*. Paris: Librairie Ernest Flammarion. ＝1981 鈴木晶訳『プラス・ラブ』サンリオ

Barrett, Michelle, 1980, *Women's oppression today: problems in Marxist feminist analysis*. London: Verso.

Barrett, Michelle, & Mary McIntosh, 1979, Christine Delphy: towards a materialist feminism? *Feminist Review*, no. 1: 95–105.

Becker, Gary, 1982, *Family treaty*. Chicago: The University of Chicago Press.

Beechy, Veronica, 1982, A discussion, *Socialist Economic Review*(*special issue on socialist feminism*): 99–101.

Beechy, Veronica, 1987, *Unequal work*. London: Verso.

Beechy, Veronica, 1988, Rethinking the definition of work: gender and work, in J. Jensen, E. Hagen & C. Reddy eds., *Feminization of labour force: paradoxes and promises*. Cambridge: Polity Press.

Benston, M., 1969, The political economy of women's liberation. *Monthly Review*, sept. 1969: 13–27, in Evans, M. ed., 1982: 192–202.

Berch, B., 1982, *The endless day: the political economy of women and work*. New York: Harcourt Brace Jovanovich.

Blumenfeld, E., & Susan Mann, 1980, Domestic labor and reproduction of labor power: towards an analysis of women, the family and class, in Fox ed., *Hidden in the household: women's domestic labor under capitalism*. Toronto: The Women's Press.

Bowlby, J., 1951, *Maternal care and mental health*, WHO. =1962 黒田実郎訳『乳幼児の精神衛生』岩崎書店

Braverman, H., 1974, *Labor and monopoly capital: the degradation of work in the twentieth century*. New York: Monthly Review Press.

Bruegel, I., 1982, Women as a reserve army of labor: a note on recent British experience, *Feminist Review*, no. 3: 12–23, in Evans, M. ed., 1982: 273–288.

Burnham & Louie, 1985, The impossible marriage: a Marxist Critique of socialist feminism. *Line of March: a Marxist-Lenist Journal of Rectification*, no. 17.

Chodorow, N., 1978, *The reproduction of mothering*. Berkeley: The University of California Press. ＝1981 大塚光子・大内菅子訳『母親業の再生産』新曜社

Cott, Nancy F., 1977, *The bonds of womanhood: women's sphere in New England, 1780–1835*. New Haven & London: Yale University Press.

Coulson, M., Megas & Wainwright, 1975, The housewife and her labor under capitalism —— a critique, *New Left Review* no. 89: 59–71.

Coward, R., 1983, *Patriarchal precedents: sexuality and social relations*. London: Routledge & Kegan Paul.

Dalla Costa, M. & Selma James, 1972, *The power of women and the subversion of the community*. Bristol: Falling Wall Press.

Davin, Anna, 1978, Imperialism and motherhood. *History workshop: a journal of socialist historians*, no. 5: 9–65.

Delphy, Christine, 1980, A materialist feminism is possible, trans. by Diana Leonard, *Feminist Review*, no. 4: 79–105.

Delphy, Christine, 1984, *Close to home: a materialist analysis of women's oppression*, trans. by Diana Leonard. Amherst: The University of Massachusetts Press.

Donovan, J., 1985, *Feminist theory: the intellectual traditions of American feminism*. New York: Frederick Ungar Publishing. ＝1987 小池和子訳『フェミニストの理論』勁草書房

Eagleton, Terry, 1982, *The Rape of Clarissa*. Oxford: Basil Blackwell. ＝1987 大橋洋一訳『クラリッサの凌辱』岩波書店

Edholm, F., Harris & Young, 1977, Conceptualizing women, *Critique of Anthropology*, special-issue: Women's issue, vol. 3, nos. 9/10: 101–131.

Eisenstein, Zillah ed., 1978, *Capitalist patriarchy and the case for socialist feminism*. New York: Monthly Review Press.

Eisenstein, Zillah, 1984, *Feminism and sexual equality: crisis in liberal America*. New York: Monthly Review Press.

Elder, G. H., 1974, *Children of the great depression: social change in life experience*. Chicago: The University of Chicago Press. ＝1986 本田時雄他訳『大恐慌の子どもたち』明石書店

Elson, Diane & Ruth Peason, 1981, 'Nimble fingers make cheap workers': an analysis of women's employment in the Third World export manufacturing, *Feminist Review*, no. 7. ＝1987 編集部訳「「器用な指は安い労働者をつくる」――第三世界の輸出産業における女性雇用の分析」『経済労働研究』7、経済労働研究会

Engels, Friedrich, 1891, *Der Ursprung der Familie, des Privateigenthums und des Staats — Im Anschluß an Lewis H. Morgan's Forschungen.* =1965 戸原四郎訳『家族・私有財産・国家の起源』岩波文庫

Evans, Mary, ed., 1982, *The woman question: readings on the subordination of women.* London: Fontana Paperbacks.

Evans-Prichard, E. E., 1965, *The position of women in primitive societies and other essays.* New York: The Free Press.

Finch, J., & Groves, eds., 1983, *A labor of love: women, work and caring.* London: Routledge & Kegan Paul.

Folbre, Nancy, 1983, Of patriarchy born: the political economy of fertility decisions, *Feminist Review*, no. 2: 261-284.

Foucault, Michel, 1976, *La volonté de savoir.* Paris: Editions Gallimard, English translation, 1980, *The history of sexuality, Volume 1: An introduction.* New York: Vintage Books, Random House. =1986 渡辺守章訳『性の歴史I　知への意志』新潮社

Fox, Bonnie, ed., 1980, *Hidden in the household: women's domestic labor under capitalism.* Toronto: The Women's Press.

Fox, Bonnie, 1986, Never done: The struggle to understand domestic labour and women's oppression, in Hamilton & Barrett eds., *The politics of diversity: Feminism, Marxism &*

Nationalism. London: Verso.

Friedan, Betty, 1963, *Feminine mystique*. New York: Dell. =1975 三浦冨美子訳『新しい女性の創造』大和書房

Gardiner, J., Himmelweit & Mackintosh, 1975, Women's domestic labor, *Bulletin of the Conference of Socialist Economists*, no. 4: 1-11.

Gardiner, J. & S. Smith, 1982, Socialist feminism and economic strategy, *Socialist Economic Review*: 29-45.

Gregory, C. A, 1982, *Gifts and commodities*. London: Academic Press.

Hamilton, Roberta, 1986, Working at home, in Hamilton & Barrett eds., *The politics of diversity: Feminism, Marxism & Nationalism*. London: Verso: 139-153.

Hamilton, Roberta & Michele Barrett eds., 1986, *The politics of diversity: Feminism, Marxism & Nationalism*. London: Verso.

Hareven, Tamara, 1982, *Family time and industrial Time*. New York & Cambridge: Cambridge University Press. =1990 正岡寛司監訳『家族時間と産業時間』早稲田大学出版部

Harrison, John, 1973, The political economy of housework, *Bulletin of the Conference of Socialist Economists*.

Hartman, Heidi, 1981, The unhappy marriage of Marxism and feminism: towards a more progressive union, in Lydia Sergent ed., *Women & Revolution*: 1-42. London: Pluto Press.

=1987 編集部訳「マルクス主義とフェミニズムの不幸な結婚――より前進的な結合のために」『経済労働研究』7、経済労働研究会。1991 田中かず子訳『マルクス主義とフェミニズムの不幸な結婚』勁草書房所収

Hellerstein, E. O., L. P. Hume & K. M. Offen, eds., 1981, *Victorian women: a documentary account of women's lives in nineteenth century England, France and the United States*, Stanford: Stanford University Press.

Himmelweit, Susan & Mohun, 1977, Domestic labor and capital, *Cambridge Journal of Economics*, (1): 15-31.

Himmelweit, Susan, 1984, The real dualism of sex and class, *Review of Radical Political Economy*, vol. 16 no. 1. =1987 編集部訳「性と階級の現実的二元論」『経済労働研究』7、経済労働研究会

Honey, Maureen, 1981, The "woman power" campaign: advertising and recruitment propaganda during World War II, *Frontier*, vol. 5, no. 7.

Humphries, Jane, 1983, The 'emancipation' of women in the 1970's and 1980's: from the latent to floating, *Capital and Class*, no. 20, Summer: 6-28.

Illich, Ivan, 1981, *Shadow work*. London: Marion Boyers. =1982 玉野井芳郎・栗原彬訳『シャドウ・ワーク』岩波書店

Kaluzynska, Eva, 1980, Wiping the floor with theory――a survey of writings or housework,

Feminist Review, no. 6: 27–54.

Keohane & Rosaldo eds., 1982, *Feminist theory: a critique of ideology*. London: Harvest Press.

Kuhn, Annette & AnnMarie Wolpe, eds., 1978, *Feminism and materialism: women and modes of production*. London: Routledge & Kegan Paul. =1984 上野他訳『マルクス主義フェミニズムの挑戦』勁草書房

Kuhn, Annette, 1985, *The power of the image: essays on representation and sexuality*. London: Routledge & Kegan Paul.

La Fontaine, Jane ed., 1972, *The interpretation of ritual*. London: Tavistock.

Land, Hilary, 1980, The family wage, *Feminist Review*, no. 6: 55–78. in Evans, M. ed., 1982: 289–296.

Lévi-Strauss, Claude, 1949, *Les structures élémentaires de la parenté*. Paris. =1977, 1978 馬淵東一・田島節夫監訳『親族の基本構造』上・下，番町書房

Lévi-Strauss, Claude, 1962, *La pensée sauvage*. Paris: Librairie Plon. =1976 大橋保夫訳『野生の思考』みすず書房

Mackinnon, Catharine A., 1982, Feminism, Marxism, method and the state: an agenda for theory, in Keohane & Rosaldo eds., *Feminist theory: a critique of ideology*. London: Harvester Press.

Mackintosh, Maureen, 1977, Reproduction and patriarchy: a critique of Claude Maillassoux,

"Femmes, greniers et capitaux", *Capital and Class*, no. 2, Summer: 119–127.

Macleod, M. & E. Saraga, 1987, Abuse of Trust, *Marxism Today*, Aug. 1987.

Maillassoux, Claude, 1975, *Femmes, greniers et capitaux*. Paris: Librairie François Maspero. ＝1977 川田順造・原口武彦訳『家族制共同体の理論』筑摩書房

Marx, Karl H., 1857–1858, Formen, die der kapitalistischen produktion vorhergehen, in *Grundrisse der Kritik der Politischen Ökonomie*(*Rohentwurf*) Anhang, 1850–1859. Dietz Verlag Berlin 1953. ＝1959 岡崎次郎訳『資本制生産に先行する諸形態』青木文庫

Marx, Karl H., 1867, 1885, 1894, *Das Kapital*. I, II, III. ＝1969–70 エンゲルス編、向坂逸郎訳『資本論』全九巻、岩波文庫

Masnick, G., & Bane, 1980, *The nation's families: 1960–1990*, Joint Center for Urban Studies of MIT & Harvard University. ＝1986 井手生監修、青木久男・久門道利訳『アメリカの家族 1960–1990』多賀出版

Matthews, Glende, 1987, *"Just a house wife", the rise and fall of domesticity in America*. Oxford: Oxford University Press.

McCormack, Gaban & Yoshio Sugimoto, eds., 1988, *Modernization and beyond: the Japanese trajectory*. New York & Cambridge: Cambridge University Press.

Milkman, Ruth, 1976, Women's work and economic crisis: some lessons of the great depression, *Review of Radical Political Economy*, vol. 8, no. 1.

Millet, Kate, 1970, *Sexual Politics*, New York: Doubleday (1977, Virago). =1973 藤枝澪子他訳『性の政治学』自由国民社。1985 ドメス出版

Mitchel, Juliet, 1974, *Psychoanalysis and feminism*. London: Kern Associates. =1977 上田昊訳『精神分析と女の解放』合同出版

Mitchel, Juliet, 1986, Reflections on twenty years of feminism, in Mitchel & Oakley eds., *What is feminism?* Oxford: Basil Blackwell: 34–48.

Mitchel, Juliet & A. Oakley, eds., 1986, *What is feminism?* Oxford: Basil Blackwell.

Molyneux, Maxine, 1979, Beyond the domestic labor debate, *New Left Review*, no. 116: 3–27. =1987 編集部訳「家事労働論争をのりこえて」『経済労働研究』7、経済労働研究会

Morton, Peggy, 1972, A woman's work is never done, in Morton ed., *Women unite!* Toronto: The Women's Press.

Oakley, A., 1974, *Woman's work: the housewife past and present*. New York: Vintage Books. =1986 岡島茅花訳『主婦の誕生』三省堂。

O'Laughlin, Bridget, 1977, Production and reproduction: Maillassoux's 'Femmes, greniers et capitaux', *Critique of Anthropology*, no. 8: 3–32.

Patterson, James T., 1981, *America's struggle against poverty, 1900–1980*. Cambridge: Harvard University Press.

Pimia, Daola, Thomas & Michele, 1978, The strategy and campaign for wages for housework. *Scarlet Woman* 8: 3–5.

Polanyi, Karl, 1944, *The Great Transformation.* New York: Rinehart and Co. =1975 吉沢英成・野口建彦・長尾史郎・杉村芳美訳『大転換』東洋経済新報社

Polanyi, Karl, 1977, *The livelihood of man*, New York: Academic Press. =1982 玉野井芳郎・栗本慎一郎訳『人間の経済』I・II、岩波書店

Riesman, D., 1950, *The lonely crowd.* =1955 佐々木徹郎他訳『孤独な群衆』みすず書房

Rosaldo, E. Z., 1974, Woman, culture and society: a theoretical overview. in Rosaldo & Lamphere eds., *Woman culture and society.* Stanford: Stanford University Press.

Rostow, Walt Whitman, 1960, 2. ed. 1971, *The stages of economic growth: a non-communist manifesto.* =1974 木村健康・久保まち子・村上泰亮訳『増補・経済成長の諸段階』ダイヤモンド社

Rousseau, Jean-Jacques, 1761, *Julie ou la Nouvelle Héloïse, lettres de deux amants habitants d'une petite ville au pied des Alpes.* 1967, Garnier Flammarion. =1979 松本勤訳『新エロイーズ』上・下、ルソー全集第九、十巻、白水社

Rousseau, Jean-Jacques, 1762, *Émile ou de l'Education.* =1962–64 今野一雄訳『エミール』上・中・下、岩波文庫

Rowbotham, Sheila, 1973, *Women's consciousness, men's world.* London: Penguin Books. =1977 三宅義子訳『女の意識・男の世界』ドメス出版

Ruberty, J. & R. Tarling, 1982, Women in the recession, *Socialist Economic Review*: 47–75.

Rutter, M., 1972, *Maternal deprivation ceassessed*. London: Penguin Books. =1979 北見芳雄他訳『母親剥奪理論の功罪』誠信書房

Sacks, K., 1982, *Sisters and wives: the past and future of sexual equality*. Champaign: University of Illinois Press.

Sahlins, M., 1974, *Stone age economics*. London: Tavistock Publications. =1984 山内昶訳『石器時代の経済学』法政大学出版局

Schneider, D., 1961, *Matrilineal kinship*. Berkeley: The University of California Press.

Seccombe, Wally, 1974, The housewife and her labor under Capitalism, *New Left Review*, no. 83: 3–24.

Seccombe, Wally, 1986a, Patriarchy stabilized: the construction of the male breadwinner wage norm in nineteenth-century Britain, *Social History*, vol. 11, no. 1. London: Matheuen.

Seccombe, Wally, 1986b, Reflections on the domestic labour debate and prospects for marxist-feminist synthesis, in Hamilton & Barrett eds., *The politics of diversity: Feminism, Marxism & Nationalism*. London: Verso.

Smeal, Eleanor, 1985, The universal structure of discrimination and the worldwide movement for change.(unpublished manuscript).

Smith, Paul, 1978, Domestic labor and Marx's theory of value, in Kuhn & Wolpe eds., 1978:

198–219.

Sokoloff, Natalie, 1980, *Between money and love: the dialectics of women's home and market work*. New York: Praeger publishers. =1987 江原由美子他訳『お金と愛情の間――マルクス主義フェミニズムの展開』勁草書房

Spock, Benjamin McLane, 1946, *The common sense book of baby and child care*. =1975 高津忠夫・奥山和男監訳『スポック博士の育児書』暮しの手帖社

Stacey, J., 1986, Are feminist afraid to leave home?: the challenge of conservative pro-family feminism, in Mitchel & Oakley eds., 1986: 219–248.

Tilly, Louis A. & Joan W. Scott eds., 1978, *Women, work and family*. New York: Holt, Rinehort & Winston.

Ueno, Chizuko, 1983, On the Japanese domestic labor debate. Paper presented at NWSA '83 at Ohio(unpublished manuscript).

Ueno, Chizuko, 1985, Japanese women's movement: the counter-values to industrialism, in McCormack, Gaban & Y. Sugimoto eds., 1988: 167–185.

Ueno, Chizuko, 1989, Women's labor under patriarchal capitalism in the eighties, *Review of Japanese Culture and Society*, vol III, no. 7. Center for Inter Cultural Studies and Education, Josai University.

Van Allen, T., 1984, Capitalism without Patriarchy, *Socialist Review*, no. 77. =1985 加地永都

子訳「家父長制をはなれた資本主義」『新地平』一二八号、一九八五年八月号、新地平社

Vogel, 1973, The earthly family, *Radical America* 7, nos. 4–5.

Walby, Sylvia, 1986, *Patriarchy at work: patriarchal and capitalist relations in employment.* Cambridge: Polity Press.

Werlhof, Claudia von, 1983, *Die Frauen und die Peripherie. Der Blinde Fleck in der Kritik der politischen Ökonomie,* Arbeitspapiere Nr. 28, Universität Bielefeld. ＝1986 丸山真人編訳『家事労働と資本主義』岩波書店所収

Werlhof, Claudia von, 1983, Zum Natur-und Gesellschaftsbegriff im Kapitalismus, in: C. v. Werhof, M. Mies und V. Bennholdt-Thomsen, *Frauen, die letzte Kolonie, Die Zukunft der Arbeit* 4, Technologie und Politik 20. ＝1986 丸山真人編訳『家事労働と資本主義』岩波書店所収

Werlhof, Claudia von, 1984, »Schattenarbeit« oder Hausarbeit? Zur Gegenwart und Zukunft von Arbeit. Eine feministische Kritik an Ivan Illich, in Olk, Th. und Otto, H.-U.(Hg.), *Soziale Dienste in gesellschaftlichen Wandel,* 2(3 Bande), Neuwied, ＝1986 丸山真人編訳『家事労働と資本主義』岩波書店所収

Young, Iris, 1981, Beyond the unhappy marriage: a critique of the dual systems theory, in Sergent ed. 1981: 43–70.

あとがき

本書は完成までに、十年かかっている。

水田珠枝さんの『未来』誌上の連載で、マルクス主義フェミニズムの存在を知ったのが一九八〇年。その中でクーンとウォルプの『フェミニズムと唯物論』を知り、それを訳したいと思い立った。当時まったく知られておらず、売れるあてのないこの訳業を、勁草書房の編集者、町田民世子さんが引き受けてくれ、女性学の研究仲間である矢木公子さんや住沢(姫岡)とし子さんらの協力を得て、『マルクス主義フェミニズムの挑戦』と邦題をつけて刊行したのが八四年。八二年に私は渡米し、小林富久子さんの友人ダイアン・シンプソンさんの紹介でナタリー・ソコロフの仕事『お金と愛情の間』を知った(ソコロフの邦訳は八七年に江原由美子さん他の訳で勁草書房から出版されている)。八二年に勁草書房から『主婦論争を読む』Ⅰ・Ⅱを出していた私は、女の問題を考えるには「家事労働」の理解が核心的であると思うようになり、この課題に応えてくれそうなマルクス主義フェミニズムに強い関心を持つようになった。

八三年夏、アメリカから一時帰国した私を、日本女性学研究会の仲間は「資本主義と家事労働」というテーマのサマーセミナーに迎え、発言のチャンスを与えてくれた。このセミナーの企画は、その年の春、大阪市大に社会人学生として入学した森屋裕子さんと、竹中恵美子さんとの出会いから生まれた。八月と九月にわたってパートⅠとパートⅡにわかれて行なわれたこのサマーセミナーの記録は、日本女性学研究会'83サマーセミナー・プロジェクトチーム編『女性解放の視点から見た家事労働』というパンフレットに収められている。この時の私の講演録は、海鳴社の渡部基之さんの尽力で八五年にモナドブックスの一冊として『資本制と家事労働』のタイトルで刊行された。竹中さんの講演録は、彼女の『私の女性論』[1985]に収録されている。

「マルクス主義フェミニズムの問題構制」と副題を付した海鳴社の本は小著ながら思いがけず版を重ね、関心を呼ぶとともに、いくつかの批判も寄せられた。講演録として荒削りな骨格のまま出まわってしまった私のマルクス主義フェミニズム論を、批判をとり入れてきちんとした論文のかたちにしたいと、私は思うようになった。

八四年にアメリカから帰国して以来、多忙にまぎれて宿題が果たせないでいた私をあきらめずにせっついて、『思想の科学』編集部に紹介してくださったのは、塩沢由典さんである。「マルクス主義フェミニズムについて三十枚書いて下さい」という『思想の科学』

からの依頼を「三十枚はイヤです。三百枚なら書きましょう」と私は切り返したが、編集部の増井淳さんは少しも驚かずに「やりましょう」と答えた。それから、八六年三月から八八年一月まで足かけ三年計十四回にわたる「マルクス主義フェミニズム――その可能性と限界」の連載が始まった。「夏休み」や「閑話休題」を含むわがままな断続的連載に、増井さんは驚異的な忍耐力でつきあってくれた。約二年にわたって、情報をインプットしながら毎月三十枚から四十枚の理論的な論文を書きつづけるというのは予想以上のハードワークだった。長尺ものの書き下ろしを書く余裕が全くなく、いつ終わるともしれない積んだり崩したりの理論的な作業のプロセスに、むりやり〆切りという形の切断を持ちこんだ連載の形式をとったおかげでこの論文はようやく日の目を見ることができた。その場を与えてくれた『思想の科学』編集部には心から感謝している。

八七年夏に私はロンドンに一カ月滞在し、アネット・クーンやアンマリー・ウォルプをはじめ、ロンドンの社会主義フェミニストのサークルの人々と会う機会を得た。リン・シーガルやヴェロニカ・ビーチイにコンタクトしたのもこの時である。その間、フォーセット・ライブラリーとロンドン・スクール・オブ・エコノミックス(LSE)の図書館で資料収集にあたった。LSEの日本研究者ジャネット・ハンターさんは図書館へのアクセスの便宜をはかってくれた。彼女のウィンブルドンの家は、最後の一週間を、十一章から十三章までの約百五十枚の原稿を書いて過ごした思い出ぶかい場所である。この時入手した新資料は連載に反映されている。

八八年に連載完結後、ただちに単行本にしようという申し出が、いくつかの出版社からあった。有難い申し出だったが、私は首をタテにふらなかった。連載時の原稿をそのまま確定稿にすることがためらわれたからである。何とか手を入れて最終的な完成稿にしない限り、単行本のかたちにはしたくありません、と私はノーを言いつづけたが、ある編集者は「それではいつになるかわかりません。今すぐに出しましょう」と熱心に言ってくれた。それは事実だったが、私は彼女の熱意にも動かされなかった。

その間にも「あの連載、いつ本になるのですか」と問い合わせがつづいたが、その中で「あの連載を本にしましょう。ただし、待ちますから書き直して下さい」と要求したのが、唯一、岩波書店の編集者、高村幸治さんだった。私は高村さんと組むことに決めた。

高村さんは、それから一年以上、待った。過去の仕事をふり返りたくなく、いつも前倒しに次の仕事に駆け出している私は、まったく余裕のない生活を送っていた。さすがの忍耐づよい高村さんもしびれを切らして、今年の三月、ついに私は他の仕事をすべて投げ出してこの仕事に集中することを余儀なくされた。連載は二年間にわたっているから、初めと終わりとでは内容や構成にもズレがある。その間に私の理解も状況も変わっている。その上、連載はすでに、関連分野の人たちから引用されたり批判の対象になったりしていた。平均三十枚、計十四回、五百枚近くの原稿を整理する作業は思ったよりてこずった。構成を大幅に変え、リライトや補足を大幅につけ加えた本書は、連載時より論点が整理されてわかりやすいものになっているはずである。

連載時、マルクス主義フェミニズムがどういうものか、ほとんど理解されていなかった。私は観客のいないグラウンドを独走するランナーの孤独を味わったが、その後、研究会やシンポジウム等をつうじてマルクス主義フェミニズムに対する理解は広まり、共感や批判を含む論文もまたつぎつぎに登場した。理論というものは、単独の営為からではなく、同時代の多くの人たちとの議論、交流、相互批判から生まれる。私はまず、英米諸国のマルクス主義フェミニストたちの貢献から非常に多くを学んだし、次に日本の研究者たちとのディスカッションによって鍛えられた。私の仕事に否定的であれ肯定的であれ関心を払ってくれたすべての人々に、深く感謝している。また私に報告や討論のチャンスを与えてくれた人たち、そしてその場の聴衆になってくれた人たちにも感謝している。そして、これまでにお名前をあげたすべての人々、とりわけ本書の直接・間接の産みの親である増井淳さんと高村幸治さんのお二人には、最大の感謝を捧げたい。

本書がこの分野での議論の発展を促すことを願っている。

一九九〇年九月　京都にて

上野千鶴子

自著解題

1　はじめに

再読して、本書を再刊することにためらいを覚えた。今ならこうは書かないと思うことが多く、改訂しようと思えば、ほとんど全面的に書き改めなければならないと思ったからである。本書がもしわたしの指導学生の博士論文であれば、大幅な改訂を求めたであろう。

いまから約四半世紀前、わたしが三〇代のころに、本書は書かれた。あれから二〇年以上経過して、わたし自身も変化しただけでなく、ジェンダー研究の水準も社会的環境も大きく変化した。

だが、本書が世に出た当時、マルクス主義フェミニズムとは何かが、まだ多くの人々には知られておらず、あとがきで書いたように、わたしは観衆のいないトラックを独走するランナーの孤独を味わった。「本書がこの分野での議論の発展を促すことを願っている」と書いたとおり、本書は多くの反応(その多くは批判)を受け、事実、「この分野での議論」

は飛躍的に発展した。もし本書を書き換えたとすれば、その過程で受けた本書に対する批判の内容を、なかったことにするから、歴史を改ざんすることになる。あらゆる研究史は、先行の研究に対する批判や応答の蓄積から成り立っているから、それがどんなふじゅうぶんなものであれ、あったものをなかったことにするわけにはいかない。

ほんらいならば、これまでの研究史の蓄積のうえで、わたし自身の応答として二一世紀の「家父長制と資本制」論が書かれなければならないだろう。が、その余力も準備も今のわたしにはない。再刊にあたって、わたしができるのは、二十余年前の著書に、「後知恵」のような解説を付け加えることだけである。

その当時も現在も、殺人的な忙しさのなかで、書き下ろしなどとうてい手がけることのできない状況のもとで、本書は一九八六〜八八年の足かけ三年、計一四回にわたって『思想の科学』誌上に連載された。毎月締切りがくるというプレッシャーのもとにでなければ、この長尺の論文は書かれなかっただろうし、月刊誌の連載という性格上、論文の構成も内容も、時間軸に沿って変化し、一貫性を欠くうらみがある。単行本にするにあたって、構成を含めて大幅な変更を加えたが、それでも行きつ戻りつの読みにくさはいなめない。

だが、逆にいえば、本書は三〇代のわたしが走りながら考え、学びながら書き、批判を受けながらそれをとりこんで応答していったものであり、その痕跡は本文に残されている。そして理論とはそのような応酬のなかからしか育たないし、鍛えられない。きびしい批判を含めて、本書が真剣に向き合ってくれる読者を得たことは感謝に堪えないし、その過程で本書のアイディアは種子の段階から成長していった。その限りで、どのような研究も、その時点における「中間レポート」である。これが当時のわたしの能力の限界であったとなれば、いまとなっては、そのライブ感を読者に共有してもらうほかない。

2　日本におけるマルクス主義とフェミニズムの不幸な関係

本書の成立に「一〇年かかっている」と書いたのは誇張ではない。思えば「家事労働」が「主婦」の問題の核心にあると思ったのは、戦後主婦論争の研究[上野 1982]を手がけて以来のことだった。その過程で「不払い労働」という概念に出会い、それが市場と家族という、公／私に分離された領域をつなぐミッシング・リンクであることを確信した。その確信は、欧米の社会主義フェミニストのあいだでの「家事労働論争」を知るに及んでますます深まり、わたしはマルクス主義フェミニズムの研究にのめりこんでいった。それがたんなる輸入思想でなかったことは、六〇年代の日本における「第二次主婦論争」が、「日本版家事労働論争」の性格を持っており、その論争の歴史的な早さにおいても、水準の高さにおいても、けっして欧米にひけをとらないことを知ったからである。そして第二波フェミニズム以後の「家事労働論争」を経由した後では、それ以前の「日本版家事労働論争」がなぜ撤退を余儀なくされたかの理由も理解できるようになった。「不払い労働」という概念はマルクス主義の概念であり、日本では戦前に山川菊栄がすでに使っている。だが、それ以降の理論的発展を見ていない。

わたしがマルクス主義フェミニズムの研究にのりだした頃には、日本のフェミニストの多くはマルクス主義に理解も関心もなく、その反対に、マルクス主義陣営ではフェミニズムに理解も関心もなかった。もちろん「マルクスを知らなくても革命はできる」し、フロイトを知らなくても家父長制の抑圧については知ることができる。だが、日本の女性学研究者の多くは、アメリカ経由の女性学に影響を受けており、フェミニズムがマルクス主義とのどのような格闘のもとで、理論形成してきたかという経験をじゅうぶんに共有していなかった。アメリカは「言論の自由」の保証された国などではない。五〇年代マッカーシズムのもとで「反共・赤狩り」の嵐が吹き荒れた後、マルクス主義者であることが知識人であることと同義であるような状況は、考えることすらできなくなっていた。ヨーロッパでは事情が違っていた。ヨーロッパのフェミニストの多くは、まずマルクス主義との対決のなかから、「女性の問題」を剔抉《てっけつ》しなければならなかった。それ以前に、ヨーロッパ・

マルクス主義者たちは、東西冷戦構造のもとで現存する体制内マルクス主義との対決のもとで、みずからをマルクス主義者として位置づけなければならなかった。よく言われるように、ヨーロッパのマルクス主義者とは、「ソ連邦があったから」ではなく、「ソ連邦があったにもかかわらず」マルクス主義者であることを選んだ人々のことである。マルクス主義フェミニズムは、そのような背景のもとで、マルクスの古典に挑戦し、その改訂を辞さないラディカル・フェミニストの手によって成立した。

日本はそのなかで固有の位置を占める。あとになって竹中恵美子さんが指摘したとおり[竹中 1989：3；上野 1995a, 2002：114]、日本には世界的に見て非常に高水準のマルクス理論派、本国よりも厳格で忠実なマルクス・コメンタールの潮流が存在したために、かえってマルクス主義フェミニズムの早期の成立は阻まれた。社会主義婦人解放論の人々は存在したが、この人々は、マルクス護教派の立場に立ち、「分派主義」と呼ばれるのをおそれて、男性マルクス主義者の教典解釈の範囲を逸脱することがなかった。日本における社会主義の伝統の強さ、そのもとでの社会主義婦人解放論の影響の強さは、のちにリブとフェミニズムが登場したときに、この人々が示した不快と反発から逆に理解することができる。彼女たちの多くは、リブを「プチブル急進主義」と批判し、フェミニズムを「ブルジョア女性解放思想」と解釈した。九五年に「歴史学とフェミニズム――「女性史」を超えて」という論文を書くにあたってわたしは呻吟し、最初の一行、「日本女性史とフェミニズムの出会いは、不幸なものであった。」[上野 1995b, 2002 : 56]を思いついたときに、はじめて「これで書ける」と思ったものだが、そのように社会主義婦人解放論の影響の下にあってすでに確立していた日本の女性史と、リブから始まった第二波フェミニズムとの出会いは、すんなりとはいかなかったのである。この事情は前述の論文に詳論されている。

そう考えれば、日本におけるマルクス主義フェミニズムの最初の著作が、新左翼の周辺(にいたことのある)の女性学研究者の手になったことはふしぎではない。本書は保守本流のマルクス主義陣営(『赤旗』から!)から、「上野はマルクス主義のなんたるかを理解していない」と批判を受けた。その批判は当たっている。わたしのマルクス理解は独学で断片的なものだし、系統的な経済学の訓練を受けたこともない。だが、もしわたしがマルクス理論に通暁しており、護教的なマルクス解釈に従っていたとしたら、本書は生まれなかったことであろう。

本書が「マルクス主義」を名のったことで、さまざまな無用の誤解を受けた。いまでもなくなっていない「アカ攻撃」のもとで、フェミニズムもマルクス主義の一派であるかのようにレッテルを貼られ、あまつさえ、ポスト冷戦期にすっかり評判を落としたマルクス一派がその隠れ蓑としてフェミニズムを選んだというバックラッシュ派のデマゴギーすら登場した。いずれにもまったく根拠はないが、そうした攻撃は、もともとフェミニズムに無理解なマルクス主義者たちにいっそうの不快感を与え、その反対にもともとマルクス主義に関心のないフェミニストの多くを、マルクス主義フェミニズムからさらに遠ざける効果を持った。その点では、「マルクス主義」を名のることは、その当時から、けっして有利な選択ではなかった。

だが、何度でもいうが、マルクス主義フェミニストとは、女性の経験を理論が説明しないなら、マルクス理論の改訂をも辞さないチャレンジングな人々のことである。社会主義婦人解放論者がまず(女性)社会主義者であるのに対して、マルクス主義フェミニストとは、まず第一義的に「フェミニスト」であり、ラディカル・フェミニズムを経由したあとに、その視点をマルクス主義に持ち込んだ人々なのである。そうでなければ、「マルクスはセックス・ブラインドである」(ハートマン)という命題は登場しなかったであろう。

そしてソンな選択であるにもかかわらず、本書が「マルクス主義フェミニズム」の看板を下ろさないのは、理論というものが真空地帯で成立する単独の営為ではなく、先行の研究者の多くの学恩に支えられているからである。本書の概念や理論装置は、マルクス主義フェミニズムの潮流から生まれた成果に多くを負っている。今日では「マルクス主義」のみならず、「フェミニズム」という用語すら販売戦略上不利な用語であることを承知している。だが、それでもわたし(たち)が「フェミニスト」の看板を下ろさないのは、「女の経験」を語るコトバの多くを、同じようにフェミニストを名のる先行の女性たちに負っていることを自覚しているからにほかならない。

3　マルクス主義フェミニズムの展開

「この分野での議論の発展」が急速に蓄積した後、わたしが本書のポストスクリプトとして書いた論文がある。九五年に書いた「「労働」概念のジェンダー化」[上野 1995a, 2002]である。そのなかで、「錯綜した議論の内容をいくつかに分類すれば次のようになるだろう」と述べてそれ以降の議論を簡略に整理した部分がある。少し長いが、引用しよう[上野 2002：115–116]。

(1) あいかわらず伝統的マルクス主義の立場から、マルクス主義フェミニズムの議論はマルクス理論の「誤解」もしくは「誤用」であり、「マルクス批判」は「批判」になっていないからまともに相手にするに足りないというもの。[伊藤 1992；矢野 1994]

(2) 逆に近代主義の立場から、マルクス主義フェミニズムの主張する「不払いの家事労働」の男性による「領有」や「搾取」を否定するもの。[落合&落合 1991；立岩 1994]

(3) 「家父長制」概念そのものの社会理論としての妥当性を疑うもの。[瀬地山 1990a；

1990b；1994〕

(4) マルクス主義フェミニズムの問題構制を受け入れたうえで、それを一元的な経済理論の枠のなかにふたたび統合しようとする試み。〔竹中 1989；竹中・久場 1994；伊田 1992〕

(5) 私的家父長制から公的家父長制への理論的展開のなかで、労働のジェンダー分割を含み込んだ資本制下の「本源的蓄積」や「国際分業」を統合的に説明しようとする試み。〔古田 1994〕

(6) 「市場」と「家庭」の二元論からなるマルクス主義フェミニズムに欠けている決定的な第三の行為者、「国家」の役割を強調する立場。〔足立 1987；大沢 1993a；1993b〕

この分類でもじゅうぶんとは言えないし、書かれた時期から考えて、九〇年代半ばまでの文献しかフォローしていない。ほんらいならば、今日の時点であらたに包括的なポストスクリプトが書かれなければならないが、わたしにはその用意がない。

もちろん以上に挙げた主として批判的な言及のみならず、マルクス主義の側からも「女性の問い woman question」を真摯にとりあげてそれに応答しようとした試みは生まれた。それだけでなく、フェミニズムがもっとも参入することのむずかしいと思われた経済学の分野でも、フェミニスト経済学が誕生した〔Ferber & Nelson eds. 2003；Cullenberg et al. eds. 2001＝2007〕。フェミニスト経済学は、「「労働」概念のジェンダー化」を受けて「労働」概念そのものを拡張的に再定義し、「経済」の対象を財の生産や市場の交換にとどまらず、ほんらいの意味、すなわち人間の生命と生活の再生産へととりもどそうとした。だが、経済学の分野でのその後の発展をフォローする能力もない。

本稿では、これまでの議論のなかではじゅうぶんに触れられないままに終わったが、二〇〇〇年代の今日から見てあらたに重要性を持つに至ったと考えられる論点のうち、以下の四点に絞って補論を試みよう。それは(1)再生産労働、(2)国家、(3)統一理論か多元論か、(4)リベラル・フェミニズムの問題点である。

4　不払い労働から再生産労働へ

マルクス主義フェミニズムの理論的貢献のうち、「不払い労働」の概念が持ち込んだインパクトの大きさはいくら強調しても強調しすぎるということはない。このために、「労働」の概念はドラスティックに変わった。「家事に専従している人」を「働いていない人」と呼ぶことはもはや許されなくなった。それどころか、家庭における育児や介護は、支払われない労働として大きく問題化されるようになった。いまや労働には「支払い労働」と「不払い労働」の両方が含まれるようになり、九〇年代以降、政府の労働時間統計にすら、支払い労働と不払い労働の合計労働時間が登場するようになった。そこからわかったことは、(1)女性にくらべて日本の男性の「不払い労働時間」がいちじるしく短いことであり、また(2)支払い労働時間と不払い労働時間とを合計すれば女性の平均労働時間のほうが男性の平均労働時間を上回るという事実である。政府の統計は、「不払い労働」という用語を、「無報酬労働」「無収入労働」と置き換える。原語はいずれも unpaid work だから、直訳すれば「不払い労働」にもっとも近い。わたしたち女性学の研究者は、「不払い労働」という訳語をきっぱりと選ぶ。それというのも、「不払い労働」という概念には、それ自体に、(1)女が家でやっていることがれっきとした労働であること、(2)しかも不当に支払われない不利な労働であることが含意されているからである。

「不払い労働」の概念は、世界的に普及し定着した。九五年の国連北京女性会議では「行動綱領」のなかに「不払い労働のサテライト勘定(1)」が各国政府に要請されるまでになった。日本ではこの行動綱領を受けて、急遽、経済企画庁に「家事労働の値段」を貨幣換算するプロジェクトチームが生まれ、九七年に『あなたの家事の値段はおいくらですか?』[経済企画庁経済研究所国民経済計算部 1997]という報告書となった。政府が算出した専業主婦の「家事労働の値段」年額二七六万円という価格は、七〇年代にダラ・コスタらが「家事労働に賃金を!」と叫んだ要求への答えだっただろうか? もちろんＧＮＰにも計上されないサテライト勘定は、たんに名目上のものであり、計上したからといって誰かに支払ってもらえるわけではない。だが、「見えない労働」を「見える労働」に変えたこと、しかもその換算の基準が(機会費用換算法であれ、代替費用換算法であれ[2])不当に低いことがあきらかになったことの功績は大きい。女の労働は、たとえそれが有用で不可欠なものと認められていてさえ、その価値を低く見積もられているのだ。

ところで資本制が市場化しなかった不払い労働の主要な部分を、再生産労働が占める。本文で何度も強調するとおり、何が支払い労働で、何が不払い労働であるかは、歴史的に境界が変動する。欧米圏でもケアワークと呼ばれる再生産労働は主として育児労働に集中しており、高齢者介護を含むことは少ない。またわたしの初期の議論のなかで、家事労働に主として育児が含まれながら、介護に言及されていないことは、早い時期から竹中恵美子さんらによって指摘されてきた。批判を受けて、本文では家事労働を育児のみならず介護へと拡張する用法が採用されているが、ケアの概念のもとに、「産み育てる」ことのみならず「死を看取ること」が含まれるようになったのは、本格的な高齢社会が登場してからのことである。わたし自身は批判を受けて、「ケア」の概念に「高齢者介護」を含むことの理論的な正統性を、あとになって論じるに至った[上野 2004-2009]。

「不払い労働」と「再生産労働」との関係も一筋縄ではいかない。家庭のなかでケアが家族によって行われればそれは「不払い労働」だが、家族以外のにない手によって報酬を伴う労働となれば「支払い労働」になる。その場合も、「支払い労働」が「市場」にあるか「準市場」(3)にあるかで、商品か否かが変わってくる。また家族以外の者によって代行されても、報酬を伴う場合と伴わないボランティアや、再生産費用を下回る低価格の有償ボランティアの場合もある。比較福祉レジーム論のエスピン＝アンデルセン[Espin-Andersen 1990 : 1999]が、「脱家族化」や「脱商品化」という概念を用いたのは、再生産労働の布置が多様化したからである。

もともとマルクス主義の概念である「不払い労働」という概念は、家事労働だけを含んでいるわけではない。伊藤セツさん[1985]が言うように、「不払い労働」とは、市場・非市場、ジェンダーを問わず、その価値に対して資本が支払わない労働、剰余価値を生産する労働を含んでいた。その意味では、イリイチの「シャドウワーク」[Illich 1981]に見るとおり、通勤労働もまた不払い労働だし、サービス残業はわかりやすい不払い労働である。不払い労働それ自体はジェンダー非関与な概念である。

そう考えれば、マルクス主義フェミニズムの不払い労働論の根底にあったのは、性差別がそれから淵源する産育、そして看護や介護など、広い意味の再生産労働の布置を問うことであったと言い換えることができる。したがって「不払い労働」問題とは、のちになって「再生産費用の分配問題」と置き換えられるようになる。

マーサ・ファインマン[Fineman 1995；2004]が指摘するように、近代家族とは依存の私事化 privatization of dependency を伴う制度であり、女性の依存のほとんどは、幼児や病人、高齢者など「一次的依存 primary dependency」を抱えることによって生じる「二次的依存 secondary dependency」による。「女性問題」と言われるものの、全部ではないがその大半は、「一次的依存」がなければ生じないものである。だが、福祉多元社会のもとで進行しているのは、依存の「脱私事化」である。二〇〇〇年に日本で施行された介護保険も、介護の「脱私事化」「脱家族化」の巨大な一歩だった。

ヒトの再生産が「本能にゆだねられた」自然過程でないことは、急速な少子高齢化によって歴然となった。その過程で、「だれがケアの負担をになうのか」という問いは、その組み合わせの多様性を含めて、さらに重要性を高めている。しかもグローバリゼーションの進行のもとで、ケア労働の国際移動がますます増大した。ケアが「支払い労働ではない」「支払い労働であってはならない」と考える人々は、急速な現実の変化に押されてもはや少数派でしかないが、とはいえ、「ケア労働の値段」は適正なのか、どうやって決まるのか、だれがだれに支払うべきなのか、ケアする側とされる側との非対称性はどうやったら埋まるのか……等々の問いは解かれないままに残っている。わたし自身が『季刊 at』で足かけ五年にわたって連載中の「ケアの社会学」はそれらの問いに答えようとしたものだ。その点では、この仕事は、八〇年代のわたしの「不払い労働」論の直接の継承と言えよう。

5　国家というアクター

批判を受けたことのひとつに、わたしの資本制理解に国家が欠けているというものがあった。

わたしの資本制理解がまちがっていること、わたしが資本制を「市場システム」と狭義に理解したこと、資本制の全域性を市場の全域性と等値したこと、その結果、市場の限界を資本制の限界と見なしたこと、を認めてもよい。またわたしが資本制を「市場」と等値したことの背景には、わたしが依拠したナタリー・ソコロフのマルクス主義フェミニズム理解が、タイトルの『お金と愛情のあいだ――女性の家庭と市場労働の弁証法』通り、国家というアクターを最初から欠いていたこと、それは「あまりにアメリカ的な」偏向であったかもしれず、そのソコロフの限界をそのまま引き継いだという事情があったかもしれない。

マルクスの『資本論』はたしかに「商品」から始まっており、商品とは市場に登場して交換価値を持つ財のことだが、労働力が商品となったあとも、商品と非商品の区別、市場内労働と市場外労働の区別、生産労働と不生産労働の区別、支払い労働と不払い労働の区別はイコールではない。資本制とは市場を含みこみながら、さらにその上位にあるイデオロギー装置と物質基盤の総体であり、市場とはそのもとでの「財とサービスの配分システム」にすぎないから、資本制は市場に還元されつくさない。市場に登場するアクターには、国家、企業(者)、家計の三者があるが、それぞれの内部構造は市場原理によらない。だからこそ資本制を分析する理論であるマルクス主義には、マルクス主義的な権力論や国家論、さらには暴力装置論までがあるのだ。マルクス主義に欠けていたのはマルクス主義的家族論というものだったが、これもエンゲルスの『家族、私有財産および国家の起源』にすでにあるという見方もある。たしかにエンゲルスは人類史上もっとも古い分業は性分業であるとし、男性による女性の支配があらゆる階級対立の根底にあると説いた。だが、定義上、無産階級である労働者の家庭には性支配は存在しないことになっており、階級の廃絶と女性の解放とは同時に達成されることになっていた。この理論がマルクス主義の「家族分析」を阻んだのである。

わたしのマルクス主義フェミニズムにおける国家の軽視もしくは不在については、足立真理子さんや大沢真理さんから早い時期に指摘を受けていた。これについても批判に応答して、本文では国家をアクターとしてとりこんだ。

国家をたんなる総資本と見なさないとすれば、国家には自律的な領域を想定しなければならなくなる。たとえ国家を総資本と見なしてすら、総資本の「意思」は、個々の資本の意思の総和以上の「創発性」を持つ。事実、国家は法的財政的統制を通じて市場にさまざまに介入しており、その規制が市場の重要な変数であることを認める経済学の立場、レギュラシオン学派というものもあるくらいである。近年の「一〇〇年に一度」の世界不況のもとでは、市場の自律性にはかつてなく疑問が付されており、市場の限界を認めた上で、それに国家が介入することの正統性が、資本主義国家であるアメリカ合衆国でさえ、多数派の支持を得ている。

市場労働のジェンダー配置についても、工場法を初めとして、さまざまな労働法制の介入や規制が影響していることは否定できない。とりわけ九〇年代以降の「労働の柔軟化」については、労働市場の「規制緩和」が決定的な役割を果たした。「規制緩和」とは「規制の不在」ではなく、「柔軟な労働」を合法化するという「規制の一種」である。その点では、一九八五年の男女雇用機会均等法の成立と同年に、労働者派遣事業法が成立したことの歴史的な意味は看過されてはならない。九〇年に刊行された本書には、九一年に起きたバブルの崩壊の予兆はない。それどころか本文中には「黄金の九〇年代」という表現が登場し、そのオプティミズムに違和感を感じる読者もいるだろう。いいわけをすれば、八〇年代後半のバブル景気の時代、「土地神話」をもとに永遠に続くと思われた「錬金術」(4)の経済のもとでは、来るべき「九〇年代」は、アメリカを凌駕する日本の時代の到来と予感されていたのである。

にもかかわらず、バブル崩壊後の「失われた一〇年」を通して、本書が分析篇で示した予測の多くは当たったように思える。女性間の格差が拡大してそれが世帯間の格差の拡大につながること、婚姻率が低下して晩婚・非婚・離婚が増加すること、専業主婦が特権化し少数派になっていくことなどである。また性差別を克服するための政策的な提言として、高齢者に所得保障をすることや、介護の社会化、児童給付の実現などは今読み返しても先駆的だし、当時は非現実的だったかもしれない提案が、今日では現実性を帯びてきてもいる。

本書の分析篇は九〇年までしか射程に含めていない。それ以降の二〇年間については、『家父長制と資本制』の妥協と葛藤について、だれかによって続編が書かれなければならない。八〇年代後半、「家父長制なき資本制」のかけ声の下で、資本制のいっそうの進行が家父長制的な家族の解体を促進するという、これまたいくらか楽観的な観測があった。九〇年代以降のフェミニストの経済分析からあきらかになったのは、産業構造の転換やニューエコノミーへの世界史的変化は、ジェンダーを解体したのではなく、たんに再編したことだった。その再編が「男性稼ぎ主 male breadwinner 型」の雇用構造を強固に維持したままおしすすめられた社会では、日本に限らず、どこでもいちじるしい少子化に悩むようになった。生産と再生産とは、別の用語でいえば生産様式と再生産様式、もしくは生産関係と再生産関係とは、それを共に射程に入れて考察しなければならない必要はますます高まっている。もし家族がいまだに再生産の制度であることをやめないとすれば、家族と市場との弁証法、そしてそれに介入するアクターとして国家やそれに加えて国際社会の統制や関与は、ますます重要になっているのである。

6　さらなる多元理論へ

変動を記述できる歴史理論として、マルクス主義フェミニズムが有効性を持っていたことは強調されてよい。『家父長制と資本制』の弁証法、性支配と階級支配の二元論の対立と葛藤の理論図式は、上述のように歴史的な変化の記述を可能にしたから、マルクス主義フェミニズムは超歴史的で非歴史的な「性支配」を唱える必要もなく、その起源を論じたり、性支配の普遍性を主張したりする必要もなかった。だが、性支配と階級支配とのうち、別言すれば資本制と家父長制のいずれが、変動の決定因、すなわち「最終審級 ultimate class」なのかはつねに争われた。それはマルクス主義フェミニズムのふたつの潮流、統一理論と二元論の対立としてあらわれた。

現状分析にとっては、とりあえず、家父長制と資本制のふたつの変数の存在を認めておきさえすればそれでよい。両者のあいだの関係は変わるから、それを記述すればじゅうぶんであり、どちらが決定因であるかを争う必要はない。だが、理論家には理論の整合性と説明力をめぐるメタレベルの問いが残る。理論は循環的で内閉的な完結性へと向かう、それ自体の内在的な運動原理を持っている。また「オッカムの剃刀」のたとえのとおり、より説明変数の少ない、簡潔で説明力の高いモデルへ向かう傾向も持っている。とりわけマルクス主義者にとっては、マルクス理論の全域性(なにもかもを説明し尽くすことができる)についての信念は冒してはならないものだったから、かれらはつねに統一理論へと傾斜する傾向があった。その点から考えれば、統一理論がつねに優位に立つ事情も理解できる。

マルクス主義フェミニズムの理論的なアゴーンは、決着がつかないまま収束を迎えたように見える。ロンドンの社会主義フェミニスト・サークルに属した論者の多くは、ウォルビーをはじめとして、実証的で経験的な女性労働研究に向かい、比較分析を重視した。日本では、マリア・ミース[Mies 1991]やクラウディア・フォン・ヴェールホフ[Werhof 1983]のフェミニスト版世界システム論の紹介を経て、資本制を家父長制の近代的形態ととらえる資本主義的家父長制という家父長制一元論が登場した[古田 2006]。ミースやヴェールホフにすれば、資本の「本源的蓄積」にとっては階級支配よりは性支配の方が普遍的であり、しかも国際分業のもとで進行している事態を、「労働の主婦化」と名づけることには一定の説明力があった。だが、「主婦」がそう遠くない過去の歴史概念であることはあきらかだし、労働のフォーマルセクターがインフォーマルセクターに依存し、前者から後者への移行が起きていることを「主婦化」と名づけるのは、一種のメタファでしかない。この過程には、ジェンダーだけでなく、人種、民族、国籍、学歴、階級などさまざまな要因が関与している。ジェンダーから人種概念を類推することはできるが、人種はジェンダーに還元できない。言い換えれば、資本制はありとあらゆる差異、人種やジェンダー、階級だけでなく、文化や生活様式、価値観の差までを利用してその落差から価値を得る、と考えた方がよい。その点では、『差異の政治学』でわたし自身が述べたとおり、「どんな領域も、ジェンダーだけで解くことはできないが、ジェンダー抜きに論じることはできなくなった」[上野 2002：88]のである。

ところでウォーラーステインの「世界システム論」[Wallerstein 1974]は一元論であろうか？　最後のマルクス主義者、グローバル化する世界のもとでの資本制支配を階級分析で説明しようとする彼ですら、人種、国籍、文化のような市場外的な変数を説明変数に持ってこなければならない。単一の市場が世界をおおいつくしているわけではないからこそ、その差異から価値が発生する。そうなれば分析はハッジパッジ(寄せ集め的)なものにならざるをえないが、現実が首尾一貫性のない寄せ集めだからこそ、それに対する分析もさまざまな分析装置の「ブリコラージュ bricolage」(5)で行うほかない、と考えてはどうなのだろう? 世界を全域的な統一理論で説明し抜くことは可能でもないし、必要でもない。

現在のわたしは統一理論に説得されたわけでも、二元論をギブアップしたわけでもない。むしろより多くの変数をとりこんで、より多元理論的になったというべきだろうか。アルチュセールがマルクス主義を改訂したように、「さまざまな審級」に「重層的な非決定」があることこそが、現実の理解によりふさわしい。それが世界史というオープン・システムを動かしているなら(だからこそ歴史は予測できないのだ)、変化の原因を説明することを放棄したとしても変化を記述する仕事は残されている。フーコーの系譜学 genealogy が目的論的な歴史観(その最たるものが唯物史観だが)を最終的に廃棄した後、わたしたちにできるのは変化の後追いの記述にすぎないが、それはとるに足りない仕事では決してない。

7　近代へのパラドックス

最後に、ずっと懸案だったリベラル・フェミニズムについても、またとない機会なので論じておこう。というのも、近代とリベラリズムについての見解が、フェミニズムにとっての最大の試金石となると考えるからである。

九〇年に本書が出た後、『思想』に水田珠枝さんによる長文の書評[1991]、それも辛辣で手厳しい批評が載った。今日に至るまでわたしはそれに答えていない。九五年に書いたポストスクリプトにも、水田さんの批判には言及していない。それは彼女の批判が、マルクス主義フェミニズムの土俵の上で行われたものでなく、その土俵の設定そのものに向けられていた、すなわちわたしが本書の冒頭で、リベラル・フェミニズムを「解放の理論」ではない、と一蹴したことに主として向けられていたからである。そしてリベラル・フェミニズムの側からのこのような批判は、水田さんからのものを除いて、他にない。

本書の冒頭にわたしはこう書いた。

「解放の思想は解放の理論を必要とする。(中略)女性の抑圧を解明するフェミニズムの解放理論には、次の三つがあり、また三つしかなかったと言える。

1　社会主義婦人解放論

2　ラディカル・フェミニズム

3　マルクス主義フェミニズム」(本書三ページ)

水田さんは問う。

「著者は、近代フェミニズムをフェミニズムの系譜に入れないというのだから、(中略)無用であり、切り捨てるべきだというのである。果たして切り捨ててしまっていいものだろうか。」[水田 1991：145]

たしかにフェミニズム思想の系譜に近代フェミニズムを入れないのは、フェアとはいえないだろう。本書を書いていた当時にも、わたしにこう断言することにためらいがなかったわけではない。だが、それ以上に、近代フェミニズムに対する反発が、過剰な表現を生んでしまったと思える。不遜な若書きの勢いであろう。水田さんの書評を再読すれば、無知蒙昧な若者に向かって、怒りを抑えながらじゅんじゅんと説き聞かせる先輩格の研究者の忍耐強い口調が伝わってくる。本書を書くにあたって、きっかけとなったのが、水田さん自身の『未来』誌上の連載だったのだから(毎月、どんなに待ちかねて読んだことだろう)、彼女には学恩があるというべきなのだが、書評を読んだあとも、それに同意することはできなかった。そしてそれはなぜかを、わたしはその後も考えてきた。その回答は、二〇〇〇年代になってさらに明確になったような気がする。

水田さんが「近代フェミニズム」と呼ぶものは、彼女の定義によれば「ブルジョワ女性解放思想」の別名である。そのなかにも多様性があるが、わたしは彼女のいう近代フェミニズムを、近代リベラリズムの女性解放思想、リベラル・フェミニズムと解することにする。というのは、リベラリズムこそは近代市民社会の公準ともいうべき「人権」思想をもたらしたものであり、今日の法体系の原理となっている思想だからである。近代フェミニズムをたんに「近代のフェミニズム」と解するなら、近代のフェミニズムには早い時期から社会主義女性解放論もエコロジカル(反近代・反都市的、そして母性的な)フェミニズムも含まれていた。それこそ「近代(の)フェミニズム」を「ブルジョワ女性解放思想」に限定することはできない。だが水田さんにとっては「近代フェミニズム」とは何よりも市民社会の基礎をつくったリベラリズムのフェミニスト版、リベラル・フェミニズムのことであり、そしてそれこそが近代を代表するフェミニズム思想であることに、わたしは同意する。

リベラル・フェミニズムはたしかに女性解放思想であり、思想にはかならず理論がある。だからリベラル・フェミニズムを「理論でない」ということはできない。わたしはリベラル・フェミニズムに理論がないといったのではなく、正確に言えば、リベラル・フェミニズムには、近代社会における女性の抑圧を解明する理論装置がないと述べた。そしてその点には、水田さんも「著者のいう家父長制と資本制を分析する道具としては使えないという意味であれば、そのとおりであろう」と同意している。リベラリズムが分かった当の近代を構成する公私のふたつの領域、そのそれぞれの支配原理である資本制と家父長制とを分析する道具として使えないということなら、リベラル・フェミニズムはやはり近代の抑圧を解明するために有効ではないということになる。

リベラル・フェミニズムは近代市民社会の人間観、自然権思想をもとにしている。水田さん自身の『女性解放思想の歩み』[1973]を代表とするリベラル・フェミニズムの思想史的検討は、この「天賦人権」を与えられた「自由で自律的な個人」が、男性しか含まないリベラリズムの性差別性を暴き、批判することに捧げられてきた。その点では彼女のいうとおり、リベラル・フェミニズムは、近代とともに誕生し、その誕生の時から近代批判の思想として成立したことは事実である。だが、リベラル・フェミニズムは、なぜ男性に与えられた「人権」が、女性にも及ばないのか？という問いには答えられなかった。

わたしが「過剰な表現」を用いた背景には、彼女の推察通り、リブを含む第二波フェミニズムをそれ以前のフェミニズムと差別化したいという強い(今となっては過剰なまでの)欲求があった。同じような差別化への欲求は、リブのにない手が後続のフェミニズムと過剰なまでの断絶を主張することでよく理解できるが、そうした差別化への要求はしばしばそれと区別される思想や運動への一面的な裁断や貶価につながる。水田さんは、江原由美子さんが同様の近代フェミニズムについての「一面的理解」、すなわち「近代フェミニズムは女性が法的平等と参政権を獲得すれば解放されると考え、家族という私的領域に追いやられている状況を分析できない」としていることを、同じ書評のなかで批判する［江原 1990：水田 1991：154］。同じように第二波フェミニズムのなかにも、第一波フェミニズムを「女権拡張運動」や「婦人参政権運動」に還元してしまう見方や、「男並み解放」を求めたという誤解にもとづく批判とも言えない批判、「藁人形叩き」の言説があった。言説の政治のなかには、「定義の権力」の行使が含まれており、後から来た者は、先行者に対してそのような権力を行使する特権を持っている。フェミニストも例外ではない。実際には第一波フェミニズムのにない手だった市川房枝、与謝野晶子、平塚らいてう、伊藤野枝等の発言には、政治的権利のみならず、セクシュアリティ、家族、恋愛、結婚、産育、売買春など多様な声が含まれ、「第一波フェミニズムは女権拡張運動にすぎなかった」という命題がたんなる誤解、もしくはためにする曲解であることがわかる。わたしもまた、リベラル・フェミニズムに対して、そのような暴力を行使したことになるだろうか。

わたしだけに限られないが、リブとそれにつづく第二波フェミニストのリベラル・フェミニズムに対する一種の冷淡さは、第二波フェミニズムが、女性の法的平等を獲得した後に成立したことと深い関係がある。女性に人権があることを疑う者はもはやだれもいない。

だが、形式平等が達成されたあとにも、根強く残る実質的な不平等の原因は何か？　この問いにリベラル・フェミニズムが答えるための理論装置は、存在しなかった。それればかりか、「自由で自律的な個人、しかも自己決定できる個人」からなる契約社会である市民社会の外側に、それとは不可侵な私領域を措定することで、公私の領域分離を作り出したのはほかならぬリベラリズムであり、リベラル・フェミニズムはリベラリズムの基本前提を共有するものと見えた。第二波フェミニズムは私的領域を問題化することで、このリベラリズムの公私の分離規範そのものを性差別の根拠として問い、私的領域に囲い込まれた者が「自律的個人」となりえないメカニズムを暴くことで、リベラリズムの人間観そのものに挑戦したのである。

たしかにリベラリズムの「人権」思想は、それを人種や階級、ジェンダーを超えて拡張することで「平等化」する傾向がある。アメリカの公民権運動はそのような「平等化」の成果である。だが、「人権」を主張するには、すでに人権を認められた者たちと「同じ人間」であることを証明しなければならない。リベラル・フェミニズムはそこで隘路に陥る。「同じ」であることを証明するためには「差異」を否認しなければならず、「差異」を認めれば「同じ」であることを断念しなければならない、というあのおなじみの「平等か、差異か」のディレンマに立たされるからである。近代フェミニズムはその成立の初めから、この「平等か、差異か」のディレンマを孕んでおり、したがってフェミニズムにとっては近代とどのような関係を結ぶかはつねに逃れることのできない踏み絵となってきた。この問いとまともに格闘したひとり、江原さん[1995]は、「平等か、差異か」は近代が女におしつけた「疑似問題」だと喝破する。同じことをジョアン・スコット[Scott 1996]は「フェミニズムのパラドックス」と呼ぶ。オランプ・ド・グージュ以来のフランス・フェミニズムの足跡を追いながら、彼女はフェミニズムは近代に対して「ただパラドックスを提示するOnly Paradoxes to Offer」ために登場したのだと、深いため息をつく。近代にとってフェミニズムがそのようなパラドックスだとしたら、逆にフェミニストにとって近代とは、自分が股裂きになるほかない解くに解けない問い、支持を与えることも不支持を与えることもできないダブルバインドな問いだったのである。

リブに始まる第二波フェミニズムは、「おんな」という自称詞を多用したことからもわかるように、「女も人間だ」と叫ぶ代わりに「わたしはおんなだ」と開き直るところから出発した。「そのどこが悪い」と。こういう直観的な用語でリブが表現しようとしたのは、やや図式的にいえば、「同じである」権利よりも、「違っていてよい」権利だった、と言ってもよいだろう。言い換えれば、「違っていても差別されない」権利、と。第二波フェミニズムのその後の展開、ポストモダン・フェミニズムやクィア・フェミニズムの流れを見ていると、この図式的な対比もあながちまちがっているとは思われない。第二波フェミニズムの流れは、差異と多様性の承認へと向かったからである。

もちろん「違っていてよい」権利の前提には、あらかじめ「同じ」であることの権利がすでに成立していなければならない。その点では水田さんの指摘通り、「人権」思想がなければ「差別の不当性」を訴えることもできない。「人権」には定義上、性別がないからである。だが、「同じ」であることを証明するためには、マイノリティはつねにマジョリティへの「同一化 identification」を強いられる。「人間」のモデルが男性にしかないところでは、それは「男性」への「同化 assimilation」を意味する。フランス革命の人権宣言の持つ普遍主義には、すべての者を「文明化 civiliser」しようとする「同化主義」が組みこまれていた。その限りで「人権」思想とは、性差別と植民地差別との随伴物だったのである。「人権」批判にはこのような同化主義への批判が含まれる。

リベラル・フェミニズムはつねに女性にダブルバインドな問いを押しつけてきた。いや、正確にいえば、リベラリズムがフェミニズムにダブルバインドな問いを強いてきたというべきであろう。リベラル・フェミニズムは誕生した時から、その問いと格闘してきたのだ。典型的な例をあげれば、「中絶の自由」をめぐる「女性の権利」問題がある。フェミニズムは歴史的に一貫して「中絶の自由」を主張してきたが、それをリベラリズムの法体系の用語で語ろうとたん、それは「自己決定できる主体」としての「女性の権利」として構成される。そしてもし妊娠した身体が「個人」ならば、個人が自己に属する身体のパーツをいかように処分しようとも自由という権利の承認となるが、他方、もし胎児もまた「個人」ならば、中絶は母親という個人が胎児という個人の権利を侵す触法行為となる。妊娠した女性の経験はそのいずれでもなく、その両極のあいだをゆれ動いており、また「自己決定」と見える選択は実はそれほど「自由な選択」ではありえない。それがリベラリズム法学の「権利」の用語に回収されることで、中絶が合法化されようが違法化されようが、そのいずれに対しても、多くの女性は「自分がのぞんだのはそのいずれでもなかったのに」という埋めがたいズレを感じてきたはずだ［山根 2004］。

第二波フェミニズムのなかで、リベラル・フェミニズムの潮流もまた重要な一角を占めていたことは否定できない。「第二波」という時期区分をたんに七〇年代以降に活発になったフェミニズムの動きととらえれば、国際婦人年以後の国連政治や行政の男女共同参画政策のもとで、リベラル・フェミニズムはむしろ力を発揮した。近代法のもとでは、リベラル・フェミニズムはもっともわかりやすく、訴えやすい論理を持っていたから、ラディカル・フェミニズムよりはずっと反発も少なく、幅広い支持者を得ることもできた。リベラル・フェミニズムの形式平等は法のもとの平等、実質平等は、「あらゆる領域への男女の共同参画」である。そのわかりやすい指標は、国連が定義するGDI(ジェンダー開発指数 Gender Development Index)、GDI(ジェンダーエンパワメント指数 Gender Empowerment Index)であり、それは教育、経済、政治などの分野(主として公的領域)への女性の参画の程度で指標化されている。リベラル・フェミニズムの公式目標は、これらの指標において「女性の過小代表性 under-representation」を正すことであり、最終的には人口学的な性比を反映するまでに、指標が増加することである。

ここまで書けば、わたしは自分がリベラル・フェミニズムにいかに深い疑念を持っているかを逆に確認することができる。男がつくりあげた社会の構造とルールとを不問にしたままで、そのもとでの「女性の過小代表性」を修正することがなぜフェミニズムの目標となりうるのか? とりわけ、「あらゆる分野への男女の共同参画」が現実性を帯びた達成目標となり、そのなかに「軍隊への男女の共同参画」まで含まれようとしているときに?

戦前の社会主義フェミニスト、山川菊栄は、リベラル・フェミニズムの婦人参政権運動にすこぶる冷淡だった。女性が参政権を獲得しても、「戦争反対」につながらないとすら考えていた。そして山川の予想は当たっていた。一般に社会主義フェミニストはブルジョア女性解放思想に冷淡だが、わたしもまたこの轍を踏んだにすぎないのだろうか? ちょうど唯物史観派の女性史家たちが、リブやフェミニズムに冷淡だったように? だが、

「人権」概念をうたがわず、それを根底的につくりかえようとしないかぎり、リベラル・フェミニズムは、リベラリズムの忠実な姉妹、その同伴者に終わるだろう(6)。

二〇〇〇年代の世界的な環境変化は、わたしにリベラル・フェミニズムへのもうひとつの深い疑念をもたらした。世界的なネオリベ改革は、リベラリズムの復興という性格を持っていた。日本のネオリベ改革のもとで、男女共同参画行政は優先課題のひとつとなった。女性を競争のもとに投げこみ選別することに、ネオリベラリズムが利益を見いだしたからである。そしてリベラル・フェミニズムの一部はこの過程に自ら参入していった。ネオリベ改革がジェンダー変数をすすんで解体していこうとするとき、それに抵抗することはむずかしい。だが、自己決定する主体の間の競争と選別の原理に参入していくことがフェミニズムのゴールではない、という気持ちをわたしは強めるようになった。

ネオリベラリズムという「小さな政府」と「市場万能主義」を掲げる原理は、わたしたちの目の前で破綻を示した。市場の失敗を補完するものは、ふたたび国家と家族であろうか。それも家父長的な?

「市場と家庭の弁証法」は、とどまることがない。それに国家というアクターを入れれば、さらに関係は複雑になる。そればかりか、人種、民族、国籍、性別、年齢、セクシュアリティ、文化等々の多様な変数を加えれば、分析はますます多元的に、ふくざつにならざるをえないだろう。わたしたちが必要としているのは「ふくざつな現実をふくざつなままに」理解し、記述する方法なのである。

二〇〇九年四月

著者

(1) サテライト勘定とは、「サテライト」すなわち衛星の意味が示すように、GNP本体には繰り入れられないが、その延長上に計上される国民経済システムのこと。

(2) 「機会費用換算法 opportunity cost」とは家事に従事している女性がもし他の仕事についていたら得べかりし利益で計算した家事労働の価格、実際には労働市場における女性の平均賃金で換算され、「代替費用換算法 replacement cost」とは、もしその家事に代替すべきサービスを市場で購入したらいくらかかるかという費用で計算した家事労働の価格をいう。一般に「機会費用換算法」で算出した価格の方が、「代替費用換算法」で算出した価格よりも高い。ということは家事労働者の平均賃金は、女子労働者一般の平均賃金よりも低いということを意味する。

(3) 準市場とは、財やサービスが商品と同じように貨幣と交換されるが、需要や供給、価格が公的に統制されていて、市場メカニズムに従わないあり方を言う。配給システムのもとでの米穀、公定価格の統制のもとに置かれた電気やガスなどのエネルギー価格、介護保険のもとでの介護サービスなどが準市場におかれた財・サービスである。

（4）土を金に変える、すなわち土地資産を担保に金融資産に変える経営手法。
（5）レヴィ＝ストロースの用語。手持ちの材料を組み合わせて、まにあわせの道具をつくる未開社会の工夫。
（6）「人権」概念のジェンダー視点からの検討は、上野[2006]参照。

〈参考文献〉

足立真理子 1987「マルクス主義フェミニズムの現在」『クライシス』32
伊田久美子 1992「資本主義批判の可能性」『現代思想』20–1、青土社
伊藤セツ 1985『現代婦人論入門』白石書店
伊藤セツ 1992「書評・上野千鶴子『家父長制と資本制』」『経済研究』43–1
上野千鶴子編 1982『主婦論争を読む』Ⅰ・Ⅱ、勁草書房
上野千鶴子 1995a「「労働」概念のジェンダー化」脇田晴子&S・B・ハンレー編『ジェンダーの日本史』下、東京大学出版会
上野千鶴子 1995b「歴史学とフェミニズム――「女性史」を超えて」朝尾直弘ほか編『岩波講座　日本通史　別巻　歴史意識の現在』岩波書店
上野千鶴子 2002『差異の政治学』岩波書店

上野千鶴子 2004–2009「連載　ケアの社会学」『季刊 at』1–13、太田出版
上野千鶴子 2006『生き延びるための思想』岩波書店
江原由美子 1990「フェミニズム理論への招待」『別冊宝島　フェミニズム入門』宝島社
江原由美子 1995「フェミニズムとしてのジェンダー」『装置としての性支配』勁草書房
大沢真理 1993a『企業中心社会を超えて――現代日本を〈ジェンダー〉で読む』時事通信社
大沢真理 1993b「『家事労働はなぜタダか』を手がかりとして」『社会科学研究』45–3
落合仁司・落合恵美子 1991「家父長制は誰の利益か――マルクス主義フェミニズム批判」『現代思想』19–11、青土社
経済企画庁経済研究所国民経済計算部 1997『あなたの家事の値段はおいくらですか？――無償労働の貨幣評価についての報告』
瀬地山角 1990a「家父長制をめぐって」江原由美子編『フェミニズム論争――七〇年代から九〇年代へ』勁草書房
瀬地山角 1990b「主婦の誕生と変遷」『相関社会学』1、東京大学総合文化研究科
瀬地山角 1994「再生産費用分担システムの比較社会学――アジア女性の社会進出を支えるもの」『創文』355、創文社
竹中恵美子 1989「一九八〇年代マルクス主義フェミニズムについての若干の覚書――Patriarchal Capitalism の理論構成をめぐって」『経済学雑誌』90–2

竹中恵美子・久場嬉子編 1994『労働力の女性化――21世紀へのパラダイム』有斐閣
立岩真也 1994「妻の家事労働に夫はいくら支払うか――家族／市場／国家の境界を考察するための準備」『人文研究』23、千葉大学
古田睦美 1994「女性と資本主義――「マルクス主義フェミニズム」の理論的枠組」『女性学』vol. 2、新水社
古田睦美 2006「ジェンダーと世界システム・従属理論」江原由美子・山崎敬一編『ジェンダーと社会理論』有斐閣
水田珠枝 1973『女性解放思想の歩み』岩波新書
水田珠枝 1991「マルクス主義フェミニズムの再検討のために――上野千鶴子『家父長制と資本制』を読む」『思想』804、岩波書店
矢野俊平 1994「マルクス主義フェミニズムにおける家事労働把握――上野千鶴子『家父長制と資本制』入門」岡村東洋光・佐々野謙治・矢野俊平『制度・市場の展望』昭和堂
山根純佳 2004『産む産まないは女の権利か』勁草書房
Cullenberg Stephen et al. eds., 2001, *Postmodernism, Economics and Knowledge*. London & New York: Routledge. ＝2007 長原豊監訳『経済学と知――ポスト／モダン・合理性・フェミニズム・贈与』御茶の水書房

Espin-Andersen, Gøsta, 1990, *The Three Worlds of Welfare Capitalism*. London : Polity Press. ＝2001 岡澤憲芙・宮本太郎監訳『福祉資本主義の三つの世界――比較福祉国家の理論と動態』ミネルヴァ書房

Espin-Andersen, Gøsta, 1999, *Social Foundations of Post-Industrial Economies*. London & Oxford : Oxford University Press. ＝2000 渡辺雅男・渡辺景子訳『ポスト工業経済の社会的基礎』桜井書店

Ferber, Marianne A., and Julie Nelson eds., 2003, *Feminist Economics Today : Beyond Economic Man*. Chicago : University of Chicago Press.

Fineman, Martha, 1995, *The Neutered Mother, the Sexual Family and Other Twentieth Century Tragedy*. New York : Taylor and Francis Books. ＝2003 上野千鶴子監訳・解説『家族、積みすぎた方舟』学陽書房

Fineman, Martha, 2004, *The Autonomy Myth : A Theory of Dependency*. New York : The New Press. ＝2009 穐田信子・速水葉子訳『ケアの絆――自律神話を超えて』岩波書店

Illich, Ivan, 1981, *Shadow Work*. London : Marison Boyers. ＝1982 玉野井芳郎・栗原彬訳『シャドウ・ワーク』岩波書店

Mies, M., V. Benholdt-Thomsen and C. von Werlhof, 1991, *Women : The Last Colony*. Zed Books. ＝1995 古田睦美・善本裕子訳『世界システムと女性』藤原書店

Scott, Joan W., 1996, *Only Paradoxes to Offer : French Feminists and the Rights of Man*. Cambridge, MA : Harvard University Press.

Wallerstein, Immanuel, 1974, *The Modern World-System : Capitalist Agriculture and the Origins of the European World-Economy in the Sixteenth Century*. New York : Academic Press. ＝1981 川北稔訳『近代世界システム』Ⅰ・Ⅱ，岩波書店

Werlhof, Claudia von, 1983, *Die Frauen und die Peripherie. Der Blinde Fleck in der Kritik der politischen Ökonomie*. Arbeitspapiere Nr. 28, Universität Bielefeld. ＝1986 丸山真人編訳『家事労働と資本主義』岩波書店所収

本書は一九九〇年一〇月、岩波書店より刊行された。

人名索引

(斜体数字は引用文献のページ)

あ 行

か 行

さ 行

た 行

な 行

は 行

ま 行

や 行

ら 行

わ 行

家父長制と資本制――マルクス主義フェミニズムの地平

2009年5月15日　第1刷発行
2025年4月4日　第12刷発行

著　者　上《うえ》野《の》千《ち》鶴《づ》子《こ》

発行者　坂本政謙

発行所　株式会社 岩波書店
〒101-8002 東京都千代田区一ツ橋2-5-5
案内 03-5210-4000　営業部 03-5210-4111
https://www.iwanami.co.jp/

印刷・精興社　製本・中永製本

ISBN 978-4-00-600216-9　Printed in Japan

岩波現代文庫創刊二〇年に際して

二一世紀が始まってからすでに二〇年が経とうとしています。この間のグローバル化の急激な進行は世界のあり方を大きく変えました。世界規模で経済や情報の結びつきが強まるとともに、国境を越えた人の移動は日常の光景となり、今やどこに住んでいても、私たちの暮らしは世界中の様々な出来事と無関係ではいられません。しかし、グローバル化の中で否応なくもたらされる「他者」との出会いや交流は、新たな文化や価値観だけではなく、摩擦や衝突、そしてしばしば憎悪までをも生み出しています。グローバル化にともなう副作用は、その恩恵を遥かにこえていると言わざるを得ません。

今私たちに求められているのは、国内、国外にかかわらず、異なる歴史や経験、文化を持つ「他者」と向き合い、よりよい関係を結び直してゆくための想像力、構想力ではないでしょうか。

新世紀の到来を目前にした二〇〇〇年一月に創刊された岩波現代文庫は、この二〇年を通して、哲学や歴史、経済、自然科学から、小説やエッセイ、ルポルタージュにいたるまで幅広いジャンルの書目を刊行してきました。一〇〇〇点を超える書目には、人類が直面してきた様々な課題と、試行錯誤の営みが刻まれています。読書を通した過去の「他者」との出会いから得られる知識や経験は、私たちがよりよい社会を作り上げてゆくために大きな示唆を与えてくれるはずです。

一冊の本が世界を変える大きな力を持つことを信じ、岩波現代文庫はこれからもさらなるラインナップの充実をめざしてゆきます。

（二〇二〇年一月）

岩波現代文庫[学術]

G467
コレモ日本語アルカ？
―異人のことばが生まれるとき―
金水 敏

ピジンとして生まれた〈アルヨことば〉は役割語となり、それがまとう中国人イメージを変容させつつ生き延びてきた。〈解説〉内田慶市

G468
東北学／忘れられた東北
赤坂憲雄

驚きと喜びに満ちた野辺歩きから、「いくつもの東北」が姿を現し、日本文化像の転換を迫る。「東北学」という方法のマニフェストともなった著作の、増補決定版。

G469
増補 昭和天皇の戦争
―「昭和天皇実録」に残されたこと・消されたこと―
山田 朗

平和主義者とされる昭和天皇が全軍を統帥する大元帥であったことを「実録」を読み解きながら明らかにする。〈解説〉古川隆久

G470
帝国の構造
―中心・周辺・亜周辺―
柄谷行人

『世界史の構造』では十分に展開できなかった「帝国」の問題を、独自の「交換様式」の観点から解き明かす、柄谷国家論の集大成。佐藤優氏との対談を併載。

G471
日本軍の治安戦
―日中戦争の実相―
笠原十九司

治安戦(三光作戦)の発端・展開・変容の過程を丹念に辿り、加害の論理と被害の記憶からその実相を浮彫りにする。〈解説〉齋藤一晴

2025.3

岩波現代文庫[学術]

G472
網野善彦対談セレクション
1 日本史を読み直す
山本幸司編

日本史像の変革に挑み、「日本」とは何かを問い続けた網野善彦。多彩な分野の第一人者たちと交わした闊達な議論の記録を、没後二〇年を機に改めてセレクト。（全二冊）

G473
網野善彦対談セレクション
2 世界史の中の日本史
山本幸司編

戦後日本の知を導いてきた諸氏と語り合った、歴史と人間をめぐる読み応えのある対談六篇。若い世代に贈られた最終講義「人類史の転換と歴史学」を併せ収める。

G474
明治の表象空間（上）
―権力と言説―
松浦寿輝

学問分類の枠を排し、言説の総体を横断的に俯瞰。近代日本の特異性と表象空間のダイナミズムを浮かび上がらせる。（全三巻）

G475
明治の表象空間（中）
―歴史とイデオロギー―
松浦寿輝

「因果」「法則」を備え、人びとのシステム論的な「知」への欲望を満たす社会進化論の跋扈。教育勅語に内在する特異な位相の意味するものとは。日本近代の核心に迫る中巻。

G476
明治の表象空間（下）
―エクリチュールと近代―
松浦寿輝

言文一致体に背を向け、漢文体に執着した透谷・一葉・露伴のエクリチュールにはいかなる近代性が孕まれているか。明治の表象空間の全貌を描き出す最終巻。〈解説〉田中 純

2025.3

岩波現代文庫[学術]

G477
シモーヌ・ヴェイユ
冨原眞弓

その三四年の生涯は「地表に蔓延する不幸」との闘いであった。比類なき誠実さと清冽な思索の全貌を描く、ヴェイユ研究の決定版。

G478
フェミニズム
竹村和子

最良のフェミニズム入門であり、男/女のカテゴリーを徹底的に問う名著を文庫化。性差の虚構性を暴き、身体から未来を展望する。〈解説〉岡野八代

G479
増補 総力戦体制と「福祉国家」
―戦時期日本の「社会改革」構想―
高岡裕之

戦後「福祉国家」とは全く異なる総力戦体制=「福祉国家」の姿を、厚生省設立等の「戦時社会政策」の検証を通して浮び上らせる。

G480-481
経済大国興亡史 1500-1990(上・下)
チャールズ・P・キンドルバーガー
中島健二訳

繁栄を極めた大国がなぜ衰退するのか――国際経済学・比較経済史の碩学が、五〇〇年にわたる世界経済を描いた。〈解説〉岩本武和

G482
増補 平清盛 福原の夢
髙橋昌明

『平家物語』以来「悪逆無道」とされてきた清盛の、「歴史と王家への果敢な挑戦者」としての姿を浮き彫りにし、最初の武家政権「六波羅幕府」のヴィジョンを打ち出す。

2025.3

岩波現代文庫[学術]

G483-484

焼跡からのデモクラシー(上・下)

―草の根の占領期体験―

吉見義明

戦後民主主義は与えられたものではなく、戦争を支えた民衆が過酷な体験と伝統的価値観をもとに自ら獲得したことを明らかにする。

2025. 3